KB201391

기적의 복음한자

記蹟의 福音韓字

서재현 지음

신교횃불

Contents

목차

Ⅱ. 복음과 관련된 한자들

프롤로그

할렐루야! '기적(記蹟)의 복음한자(福音韓字)'가 세상에 나오도록 지혜와 환경을 주신 하나님께 진심으로 감사드립니다. 저는 지난 2002년부터 18년 동안 청소년 독서 사역으로 아이들에게 기독교적 세계관을 형성해 주고자 노력을 많이 해 온 목사이자 기독교 독서사역자입니다. 그동안 사역의 열매로 기적의 복음한자를 집필하게 된 것은 참으로 하나님의 귀한 선물이 아닐 수 없습니다.

지금 한국교회는 다음 세대 복음 교육의 방향을 잃고 있습니다. 그동안 많은 교회들이 여러 대안 교육으로 다음 세대 부흥을 시도해 왔습니다만, 번번이 입시교육에 막혀 그 빛을 제대로 보지 못한 것이 사실입니다. 설상가상으로 극도의 출산율 저하와 반기독교적 사회 정서는 아이들의 전도를 막고, 맞벌이로 인한 교회 내 교육 봉사자의 감소는 교회들의 다음 세대 교육의 사기를 크게 떨어뜨리고 말았습니다.

그럼에도 불구하고 우리가 다음 세대 교육을 포기할 수 없는 이유는 우리 주님의 지상 명령이기 때문입니다. 주님이 오시는 그날까지 끊임없이 교육을 연구하고 새로운 대안을 제시하며 다음 세대를 교육해야 하는 것은 교회의 사명입니다. 그런 의미에서 기적의 복음한자가 크리스천 가정의 가정교육으로, 교회의 다음 세대 교육 대안으로 섬겨지길 간절히 소망합니다.

우리 사회는 극한 실력 중심 사회입니다. 아무리 인격과 비전이 있어도 실력이 없으면 인정받지 못합니다. 이는 다음 세대 그리스도인에게도 마찬가지입니다. 다음 세대가 예수 그리스도의 인격과 하나님 나라 비전을 가지고 있어 세상에 선한 영향력을 크게 펼치고 싶어도 세상이 인정하는 실력을 갖추고 있지 못하면 아무것도 할 수 없습니다.

실력은 언어능력에서 시작됩니다. 언어능력은 어휘력의 다소에 달려있는데, 70% 이상 우리 말이 한자여서 한자를 배우지 않고 우리말 어휘력을 늘리는 것은 한계가 많습니다. 따라서 한자를 배우는 것은 실력을 높이는 데 필수입니다. 문제는 다음 세대가 한자를 익히기에 그 수가 너무 많고, 낱글자를 하나하나 배우기에 너무 까다롭다는 점입니다.

'기적의 복음한자'는 그러한 문제를 효과 있게 해결했습니다. 일점일획(ヽ, ㅡ)의 단순 글자로부터 획을 더해가며 복잡한 글자로 나아가되 비슷한 글자들을 한데 모아 단번에 많은 글자를 익히도록 '한자맵'을 제시했습니다. 다시 말해, 지면의 가장 윗단 박스에 모양이 비슷한 한자들을 맵으로 묶어 제시하여 학습자가 한자의 연관성을 숙지하고, 획을 더하며 일어나는 한자의 변화를 터득하도록 도왔습니다. 나아가 각 한자마다 그 앞에 숫자를 매겨 학습자가 관련 한자를 쉽게 찾아 더 많은 한자를 한꺼번에 습득할 수 있도록 고안하였습니다.

그뿐만이 아닙니다. 기적의 복음한자는 첫 글자부터 마지막 글자까지 한자를 파자하여 스토리텔링으로 복음을 담았습니다. 이는 학습자가 스토리텔링으로 연상법을 활용하여 암기보다 이해를 통한 장기 기억 학습을 돕는 장치입니다. 그와 동시에 복음을 스토리텔링화하여 학습자가 한자를 익히는 동안 자연스럽게 복음을 접하고 그 복음이 무의식 속에 새겨져 학습 중 성령의 능력을 맛보도록 고안하였습니다.

이처럼 기적의 복음한자는 가정과 교회, 다음 세대에 한자를 효과 있게 학습하고 복음을 자연스럽게 접하도록 도움을 구체적으로 주고자 기획하였습니다. 1부는 복음한자에 대한 이론적 배경을 설명하고, 2부는 한자를 구체적이고 효과적으로 배울 수 있게 재배열하여 구성하였습니다. 즉, 1부에서는 '왜 복음한자여야 하는가?', '복음한자를 가르침으로 어떤 효과를 얻을 수 있는가?', 그리고 '복음한자를 어떤 방식으로 공부해야 하는가?'를, 2부에서는 복음 관련 한자를 배경 지식으로 숙지하고, 어떻게 복음한자가 일점일획부터 파생되어 수많은 글자들로 파생되어 가는지를 논리적으로 구성하여 쉽게 제시하였습니다.

기적의 복음한자에 담긴 복음 관련 해석은 기존 성경한자 책들에서 주장하는 창세기 이야기에만 국한되지 않습니다. 하나님의 창조와 심판, 십자가 죽음과 구원, 부활과 승천, 그리고 재림에 관한 성경 전반 복음 내용을 해석에 담았습니다. 기적의 복음한자를 배우다 보면, 한자가 결코 기존에 내려오는 인문학적 해석처럼 인간에 의해 우연히 진화론적으로 만들어진 문자가 아님을 발견하게 될 것입니다. 오히려 한자는 하나님이 복음을 담기 위해 창세 전부터 기획하고 인간을 통해 만든 계획된 문자임을 확신하게 될 것입니다.

기적의 복음한자는 유치부에서 초·중학생까지, 그 자녀를 둔 학부모, 손자손녀를 둔 노년층까지 다양한 분들이 익힐 수 있습니다. 또한 복음한자에 관심 있는 기독교인, 다음 세대를 교육하는 교회학교 또는 대안학교 선생님, 다음 세대 목회 대안을 찾는 목회자, 그리고 복음 전파에 관심 있는 기독교인도 하시는 사역에 사용할 수 있습니다. 나아가 다양한 교육기관들, 즉 교회학교 또는 실버대학, 교회 관련 작은 도서관, 기독교 대안학교, 신학대학원 또는 평생교육원, 기타 기독교 관련 복지센터까지 기적의 복음한자로 다양한 프로그램을 만들어 다음 세대 교육에 대안으로 활용할 수 있습니다. 부디 기적의 복음한자가 주의 이름으로 널리 쓰임을 받아 교육의 주도권을 교회가 가져오기를 소망합니다.

마지막으로, 기적의 복음한자를 출판하기까지 도와주신 모든 분들에게 진심으로 감사드립니다. 독서교육을 통해 여기까지 올 수 있도록 지지해주신 목민교회 이상욱 목사님, 기적의 복음한자를 연구할 수 있도록 배려해 주신 신일교회 정능규 목사님과 성도님, 끝까지 포기하지 않고 달려올 수 있도록 옆에서 늘 힘을 주신 하늘빛도서관 선생님들과 심재형 전도사님, 책 내용을 보고 진심으로 격려해 주신 상담학 동기 박사님들, 그리고 일

일이 지명할 수 없지만 멀리서 기도로 후원해 주신 분들과 책을 출판하기까지 도와주신 수지선민교회 김홍양 목사님과 선교햇불 김수곤 장로님과 직원분들에게 진심으로 감사드립니다. 그리고 늘 곁에서 기도하며 품어주고 함께 해 준 사랑하는 아내와 두 아들에게도 진심으로 고마움을 전하며, 지금까지 모든 것을 인도하신 하나님께 이 모든 영광을 올려드립니다. 할렐루야!

2020. 5. 15.

조국 교회에 교육의 봄이 다시 오길 기도하며

서재현 삼가 씀.

I

기적의 복음한자에 대하여

1. 한자(漢字)에 대해 기존에 알려진 기원(起源)

한자(漢字)의 기원(起源)에는 여러 설(說)이 있다. 첫째, 결승설(結繩說)과 서계설(書契說)이다. 결승(結繩)은 사람들이 문자 발명 이전에 기억 보조 수단으로 여러 색깔의 끈이나 새끼로 매듭을 지어 의사를 전달하는데 사용한 방법이었으며[1], 서계(書契)는 막대기나 나무봉에 틈이나 홈을 파 글자를 쓰고 새겨서 의사를 전달하는 수단이었다.[2] 이러한 결승(結繩)과 서계(書契)에서 한자(漢字)가 비롯되었다고 중국인들은 믿고 있다. 그러나 결승과 서계는 중국뿐 아니라 이미 전 세계에서 사용되던 수단이었으며, 문자에는 갖추어야 할 세 가지 요소, 즉 형체(形)와 의미(意), 그리고 독음(音)이 있어야 한다는 점에서 결승-서계설(結繩-書契說)은 한자의 기원이 될 수 없다.

둘째, 팔괘기원설(八卦起源說)이다. 한(漢)대에 생겨난 이 설은 여덟 개의 괘[3]가 자연계의 물상을 상징한다고 한 것을 그대로 받아들여 팔괘(八卦)를 한자의 기원으로 보았다. 송(宋)대에 와서 정초(鄭樵)도 "감(坎)을 따랐던 것이 점차 수(水)가 되었고, 리(離)를 따랐던 것이 점차 화(火)가 되었으며 곤(坤)을 따랐던 것이 점차 천(巛)이 되었다."고 하여 팔괘의 한자기원설을 적극 주장하였다. 하지만 숫자를 조합하여 만든 팔괘는 숫자가 생긴 후 만들어졌으며, 문자가 없는 상태에서 팔괘가 만들어질 가능성이 희박하다는 점에서 한자의 기원이라 할 수 없다.[4]

셋째, 창힐조자설(倉頡造字說)[5]이다. 이 설은 중국의 십팔사략(十八史略)에 나오는 삼황오제 시절, 삼황(복희, 신농, 황제) 중 황제(黃帝)의 사관이었던 창힐(倉頡)이 사냥터에서 짐승을 쫓아다니다 바닷가에 이르러 새와 짐승이 남긴 발자국을 보고 문자를 만들었다는 설로서 중국인들이 가장 선호한다. 하지만 창힐은 실존이 확인되지 않은 전설상의 인물이요, 창힐 혼자 그 많은 한자를 만들었다고 할 수 없어 이 또한 한자의 기원으로 보기에 부적당하다.

마지막으로, 한자기원설 중 그나마 가장 합리적인 설은 도화기원설(圖畫起源說)이다.

---

1) 결승설(結繩說)은 『周易 繫辭(주역 계사)』에 나오는 「上古結繩而治(상고결승이치), 後世聖人易之(후세성인이지) 以治(이치), 萬民以察(만민이찰)」에서 비롯되었다.

2) 『尚書(상서)』 「十三經注疏(십삼경주소)」, 藝文印書局, 22. 서계설(書契說)은 『周易(주역)』, 『尚書(상서)』에서 비롯되었다. 「古者伏羲氏之王天下也(고자복희씨지왕천하야), 始書八卦(시서팔괘), 造書契(조서계), 以代結繩之政(이대결승지정), 由是文籍生焉(유시문적생언).」

3) 양동숙, 『中國文字學』, 차이나하우스, 2006, 56. "八卦(팔괘)는 陰爻(음효)와 陽爻(양효)를 3층으로 결합하여 만들고 이를 다시 두 개씩 포개 조합하여 64괘를 이룬다."

4) 중국학 위키백과 SinoWiki.
   http://chinesewiki.uos.ac.kr/wiki/index.php/%ED%8C%94%EA%B4%98

5) 창힐조자설(倉頡造字說)은 『呂氏春秋(여씨춘추)』, 『韓非子(한비자)』의 「倉頡作書(창힐작서)」라는 기록에 근거한다. 한대(漢代) 허신(許慎)이 『說文敍(설문서)』에 이를 언급함으로 창힐조자설(倉頡造字說)이 더욱 알려졌다. 「倉頡之初作書(창힐지초작서), 舊依類象形(구의류상형), 故謂之文(고위지문), 其後形聲相益(기후형성상익), 即謂之字(즉위지자), 文書物家字之本(문서물가자지본), 字者言(자자언) 孳乳而浸多也(자유이침다야).」

도화기원설은 사물을 간소하게 그림(☼ ◐ ◑=日)으로 그려 초기 한자로서 문자(글)로 사용했다고 하는 설로서 학자들 사이에서 가장 설득력 있다. 하지만 기껏해야 5백여 자에 불과해 그 많은 한자의 어원을 그림에서 모두 찾는 것은 불가능하다.[6]

따라서 도화기원설에 근거하여 실존 자료를 바탕으로 체계를 갖춘 한자의 기원을 말한다면, 은대(殷代)의 갑골문자(甲骨文字)가 최초다. 갑골문자는 1903년 은허(殷墟)에서 발견된 한자로서 당시 중대사, 즉 신에게 드리는 제사와 관련된 내용을 거북의 배 껍질(甲)이나 짐승 뼈(骨)에 새겨 넣은 글자다. 따라서 금속을 이용해 글자를 새기다 보니 서체가 가늘고 길며 회화적 요소가 강한 원시 문자 성격을 띠고 있어 문자로서 손색은 없지만 상당수 글자가 해독이 어렵다.

[7]

갑골문자 이후에 만들어진 글자로는 주(周)나라 금문(金文)이 있다. 동이족과의 전투로 약해진 상(商)나라를 몰락시키고 중원의 지배자가 된 주나라는 자신만의 독특한 문화적 색채를 담아 청동(靑銅)을 매개체로 문자를 만들었다. 주나라의 금문은 갑골문의 상형성을 대거 기호화하고 단순화하여 갑골문보다 더 서체를 규격화하고 정형화함으로써 가변성을 높였다. 나아가 제사를 목적으로 하던 갑골문과는 달리 금문은 권력자의 정치적 선전과 사람과 사람, 또는 국가와 국가 간의 약속을 기록하기 위해 많이 만들어 사용하다 보니 같은 글자가 여러 형태로 나타나는 이자체(異體字)가 많다.[8]

이러한 갑골문과 금문이 가진 원시 상형의 회화성을 탈피하고 기호적 성격이 강한 문자로서 전서(篆書)가 만들어진다. 전서는 진시황(秦始皇)이 춘추전국시대를 평정하고 전국을 통일하면서 당시 승상이던 이사(李斯)를 통해 문자(文字)를 통일(統一)하기 위해 새롭게 계량하여 만든 인장(印章)문자다. 전서에는 통일 이전 복잡한 조형을 가진 대전(大篆)과 통일 이후에 새롭게 만들어진 소전(小篆)이 있는데, 전서라 함은 주로 진 나라 때 만

---

6) 정학진, 『기독교한자 이야기』, kmc, 2013, 47-48.
7) 갑골문자에서 행서까지 서체 그림은 인터넷 이야기 한자여행에서 인용한 것임을 밝힌다.
   http://hanja.pe.kr/han_7/h7_07.htm
8) 중국학 위키백과 SinoWiki.
   http://chinesewiki.uos.ac.kr/wiki/index.php/%EA%B8%88%EB%AC%B8

든 전서인 진전(秦篆), 즉 소전을 의미한다.[9] 이러한 소전은 갑골문자와 금문으로 전해진 다양한 글자를 인위적으로 통일하여 서체가 획일적이고 의미가 단순하여 의사전달에 뛰어나다. 그러나 문자가 통일되는 과정에서 문자 속에 담겨 전해 내려오던 문자의 다양한 뜻이 정치적으로 일부 훼손되거나 변형·왜곡·상실될 수 있어 현대 고문자 연구에 큰 어려움을 주고 있다.

다음 예서(隷書)부터는 우리가 지금 사용하는 한자의 모양을 그대로 이어진다. 예서(隷書)는 회화적 요소를 완전히 벗고 기호적 요소가 완성된 문자로서 진(秦)나라가 군현제(郡縣制)를 실시하면서 행정적 실용성을 중시하여 더욱 빠르고 쉽게 문자를 사용하려고 고안한 문자다. 즉 당시 형리(刑吏)들이 죄수들을 관리하려고 간편하고 쉬운 행정 문서를 다루려고 만들었다 하여 '노예 예[隷]' 자를 써서 예서(隷書)라 이름한다. 이 예서는 진(秦)나라 분서갱유(焚書坑儒)에 이어 한(漢)나라 초기까지 체제가 완성되지 않아 자형에 자주 변형이 일어나 후대에 한자의 자형만으로 의미를 이해하는데 다소 부적절하거나 어려움을 주는 원인을 제공하였다.

다음 해서체(楷書體)부터는 문자학적 논의보다 예술적 논의 대상이다. 특히 해서(楷書)는 '楷'자가 '본보기'나 '모범'이라는 의미를 지니고 있어 정서(正書)나 진서(眞書)라 불린다. 해서(楷書)는 위(魏)·진(晉), 남북조(南北朝)시대에 그 기틀이 완성되어 자형의 전체 윤곽이 다소 가로로 퍼진 예서(隷書)와 달리 세로로 퍼진 형태를 지니고 있다. 이는 서체가 더욱 부드러우면서도 명확한 양식으로 발전하고 있음을 보여주는 것으로 현대까지 한자 교본의 전형이 되고 있다.

---

9) 이야기 한자여행
   http://hanja.pe.kr/han_7/h7_03.htm

고대(古代)에서 중세(中世)로 접어들면서 문자(文字) 활용이 활발해지면서 더욱 실용적으로 신속하게 쓸 수 있는 문자를 필요로 한다. 극히 흘려 써 문체가 아주 거칠고 단정하지 못하다하여 이름한 초서(草書)는 글자의 윤곽이나 일부만 표현하여 자연스럽게 흘려 쓰는 기법을 사용하여 예서(隸書)나 해서(楷書)의 복잡하고 난해함을 극복하려 하였다. 그러다 보니 초서는 문자로서의 실용성을 넘어 예술의 경지까지 발전하여 그 멋을 자랑하게 된다. 하지만 너무 지나치게 간소화시키고 흘려 쓰게 됨으로써 해독(解讀)이 어려워 오히려 실용성을 잃는 결과를 낳았다.

서체 변형의 마지막 서체는 행서(行書)다. 행서는 규격체여서 비능률적인 해서(楷書)의 단점과 지나치게 간소화하여 난해해진 초서(草書)의 단점을 보완한 글자다. 후한(後漢) 말기부터 시작되어 진(晋)의 왕희지(王羲之)가 등장하면서 틀이 확고하게 완성된 행서(行書)는 해서(楷書)의 필기체(筆記體) 형태를 띠면서 초서(草書)처럼 획을 연결해 지나치게 간소화를 막고 쓰기 쉽고 보기 좋게 만든 글자다. 즉 자형(字形)의 복잡함에서 간단함으로 변형하고, 필기(筆記)와 이해의 난해함에서 편리함으로 변화를 주었다는 것이 행서의 특징이다. 따라는 행서(行書)는 현대인에게 친근한 필기체다.

2. 기존 한자(漢字)에 묻다

오늘날 대부분 한자 자전(字典)의 효시는 <설문해자(說文解字)>다. 설문해자는 후한시대(AD 30~124) 유가(儒家)에 정통한 허신(許愼)이 유교 또는 도교적 관점으로 고대 한자의 모형(形)과 뜻(意)과 음(音)을 육서법(六書法)-상형(象形), 지사(指事), 회의(會意), 형성(形聲), 전주(轉注), 가차(假借)-에 따라 체계적으로 분류하여 해설한 최초의 자전이다. 설문해자는 진시황 때 허신이 소전을 중심으로 해설하였으며, 소전이 고문과 다를 경우 갑골문이나 금문을 사용하여 부가 설명하였다.

진(秦)나라 전서 이후, 한자가 예서, 해서, 초서로 발전하면서 많은 글자가 생성·변형·퇴화 되자 새로운 자전을 만들어야 할 필요성을 느낀다. 송나라 초기에는 서현(徐鉉,

986)이 <교정설문(校正說文)>을, 그의 동생 서개(徐鍇)는 <소서본(小徐本)>(40권)과 <설문전운전(說文篆韻顚)>을 편찬했다. 청나라 강희제(康熙帝)는 장옥서(張玉書)·진정경(陳廷敬) 등 30인을 시켜 <설문해자> 이후 모든 글자를 집대성한 <강희자전(康熙字典), 1716>을 만들었고, 1827년 왕인지(王引之)가 <자전고증(字典考證)>을 만들면서 오늘날 한자 해설 체계가 완성되기에 이른다.[10]

이렇게 한자가 만들어지고 정비되는 과정에서 형태와 뜻에 변형이 일어났음을 알 수 있다. 실례로 갑골문자에서 금문으로 넘어오는 과정에서 정치적 의도가 끼게 된다. 갑골문자는 본래 제사 문자로서 신을 위한 문자였다. 그러나 주나라 때 정치적 선전과 사람들 간, 국가 간 약속을 기록하기 위해 금문이 만들어지면서 신을 위한 문자가 인간을 위한 문자로 활용목적이 바뀌게 된다.

특히 문자에 대한 형태와 의미 변형에 정치적 의도가 가장 많이 끼어든 때가 진시황(秦始皇) 때다. 진시황은 춘추전국시대를 평정하고 전국을 통일하면서 BC213~206?년에 분서갱유(焚書坑儒)를 일으킨다. 분서갱유는 승상 이사(李斯)의 건의에 의해 한비자(韓非子)의 법치에 의한 전국의 사상을 통제할 목적으로 의서와 농서를 제외한 죽간(서적)들을 불태우고 460명의 유생을 생매장한 사건이다.

이때 진시황은 BC220년에 전국의 문자를 소전(小篆)으로 통일하는 과정에서 그동안 문자에 담겨 전해 내려오던 고대 문자 내 다양한 사상들을 자기중심적으로 왜곡·변형·훼손·상실시킨다. 그 증거가 중국 개국 초기(BC 2,230~BC 721) 왕들의 행적을 기록한 공자의 역사서인 서경(書經)이다. 서경은 본래 진시황의 분서갱유(焚書坑儒) 때 사라진 책이지만, 노나라 공왕(恭王, BC140)이 공자의 옛집 담장을 헐다가 발견한다. 서경에는 공자 이전의 왕들이 2천 년간 봉선제(封禪祭-짐승을 잡아 드리는 피의 희생제)를 드려 유일신을 섬겼다는 내용이 나온다.[11] 이러한 내용이 발견되자 중국의 어용학자(今文學派)들은 중국 역사의 진시황을 황제의 반열에 올리기 위해 그 내용의 일부를 왜곡하여 종묘사직을 섬긴 것으로 세상에 알렸다.[12]

이후에도 한자의 실용성 때문에 한(漢)나라 초기까지도 한자의 자형과 의미에 잦은 변화가 일어났다. 이렇게 한자 유래 과정에 의미 변형이 많이 일어났음에도 불구하고 한자 학자들은 정치적 의도와 타 종교적 관점에서 과거 학자의 권위와 그 기록에만 의존한 채 기존에 내려오던 인본주의적 한자 해석 방식에만 치중하고 있다. 그러다 보니 한자의 의미에 대한 과거 학자들의 억지 해석들이 곳곳에 난무한데도 이에 의문을 제기하고 이를 바로 잡아 진실을 드러내려 하기보다는 그대로 인용하고 침묵하거나 회피하려는 듯 보인다.

---

10) 임번삼, 『설문해자에 나타난 창세기』, 크리스챤서적, 서울, 2015, 99-100.
11) 김희영 역해, 『서경(書經)』 개정판, 청아출판사, 서울, 1999, 177. "성탕(成湯)으로부터 제을(帝乙)에 이르기까지는 은(殷)나라 임금들 가운데 덕을 밝히고 제사를 정성껏 드리지 않은 임금이 한 명도 없었다."
12) 임번삼, 『설문해자에 나타난 창세기』, 122.

3. 복음한자(福音韓字)로 재발견(再發見)하다

이에 병리학 의사인 에델 R. 넬슨(Dr. Ethel R Nelson)과 리차드 브로드베리(Dr. Richard E. Broadberry)는 <고대한자 속에 감추어진 창세기 이야기(Genesis and The Mystery Confucius Couldn't Solve), 1994>라는 책을 통해 지금까지 한자 해석의 근간으로서 자리를 굳건하게 지켜오던 허신의 <설문해자>에 대한 근본적인 의문을 제기했다.

"설문해자에 의한 문자 분석법에는 현실적으로 사전식 설명에 치우쳐 있을 뿐 분석은 거의 찾아볼 수 없다. 허신은 청동문자나 갑골문자에는 접근하지 않았다. 그는 거의 인장문자들만 쓰고 있다. 결과적으로 그의 한자어에서 초기 고대 한자 형태(갑골문자 및 청동문자)를 다루지 못하고 있다는 점은 커다란 약점이다. 따라서 그의 설명은 설득력이 부족하다."[13]

나아가 에델 R과 리차드는 그 책에서 다음과 같이 결론짓는다.

"허신은 대체로 문자의 의미만 정의하고 있을 뿐, 해석은 거의 하지 않았다. 그는 왜 한자들이 특정한 부수로 이루어져 있는지에 대해서 분석해 보지 않았다. 그의 시대에는 대부분의 고대 한자에 대한 접근 방법이 없었을뿐더러, 그는 인류의 기원에 대한 역사적 기록, 즉 성경과 같은 히브리 문서에 대해서 알지 못했다."[14]

이는 에델 R. 넬슨(Dr. Ethel R Nelson)이 중국인 강(C. H. Kang) 목사의 영향을 받아 <설문해자>를 연구한 결과다. 이 주장을 하기 전에 에델 R. 넬슨은 중국인 강(C. H. Kang) 목사와 함께 1979년에 고대 한자(갑골문자와 금문자 등) 속에서 성경 창세기 1장~11장까지 내용에 근거한 한자 연구에 상당한 성과를 거둬 <The Discovery of Genesis(창세기의 발견)>이라는 책을 먼저 발간했다.

이러한 발표가 있은 후, 성경에 근거한 한자 해석을 다룬 책들이 잇달아 출간되어 많이 나온다. 하지만 모두 이 책들이 제시한 연구 범위 안에서 한자가 성경과 연관되어 있음을 세상에 더욱 알리기 위해 펴낸 책들이 대부분이다. 박재성의 <성경이 만든 한자>(드림북스, 2008), 박필립의 <신비한 성경 속 한자의 비밀>(가나북스, 2013), 김병섭의 <갑골문자의 기원은 무엇인가>(목동출판사, 2013), 강상식의 <성경한자>(유로, 2007), 임번삼의 <설문해자에 나타난 창세기>(크리스챤서적, 2015), 김신령의 <우리한자>(우리한자, 2010) 등이 그것이다.

---

13) 에델 R. 넬슨·리차드 브로드베리, 전광호·우제태 옮김, 『고대 한자 속에 감추어진 창세기 이야기(*Genesis and The Mystery Confucius Couldn't Solve*)』, 도서출판 예향, 인천, 2015, 200.
14) 위의 책, 206.

복음한자(福音韓字) 또한 그 연구를 바탕으로 썼다. 앞에서 성경과 연관된 한자를 '성경한자(聖經漢字)' 또는 '창세기한자(創世記漢字)'라고 이름하였다. 그런데도 굳이 '복음한자(福音韓字)'라고 부른 이유는 한자 안에 복음(福音)이 담겨 있기 때문이다. 물론 한자가 기원전 고대 구약의 창세기 이야기를 담았다 하여 '창세기 한자'라 하고, 성경 내용을 담고 있다 하여 '성경한자'라 부를 수 있다. 하지만, 하나님(神)으로부터 문자(文字)가 주어졌다(授)는 '문자신수설(文字神授說)'에 근거하여 인류가 복음을 훼손시키지 못하도록 하나님이 한자 속에 복음(福音)을 넣어 주셨다는 점에서 복음한자(福音韓字)라 명명하였다. 따라서 복음한자는 인류의 메타이야기인 성경 내 복음에 근거하여 한자를 해석했다.

본래 한자는 <설문해자>에 '육서(六書)의 원리(原理)'로 정리되어 소개된다. 사물의 구체적인 모양을 본뜬 상형문자(象形文字-日), 눈에 보이지 않는 추상적인 내용을 구체적으로 표현한 지사문자(指事文字-上), 상형문자와 지사문자를 합쳐 그 글자들의 뜻만 모아 새롭게 뜻을 표현한 회의문자(會意文字-男), 회의문자들을 합쳐 뜻이나 음을 표현하게 함으로써 전혀 다른 뜻을 나타내는 형성(形聲文字-福), 그리고 같은 한자를 사용하면서 뜻만 더 늘려 사용하기 위해 만든 전주문자(轉注文字-惡)와 사물과 전혀 관계없이 비슷한 소리만 빌려 사용하는 가차문자(假借文字-基督)가 그것이다.

복음한자는 육서의 원리 중 상형문자와 지사문자, 그리고 회의문자까지를 하나님(위)으로부터 복음을 받아 담아낸 '수직(垂直)문자'로서 한자를 형성시킨 기본 글자다. 나머지 형성문자와 전주문자, 가차문자는 인간의 사상과 문화를 담아내기 위한 '수평(水平)문자'로서 기본문자에서 음과 뜻을 파생시키거나 확장시켜 만든 문자다. 따라서 복음한자는 수직글자에 해당하며 글자도 약 천 여자밖에 없다. 하지만 복음한자를 기본으로 배우게 되면 거기에서 파생된 확장자인 형성문자와 전주문자, 가차문자는 쉽게 터득할 수 있다.

복음한자는 한자의 서체 중 해서체를 바탕으로 해석하였다. 해서체는 현대까지 전해져 오는 한자 교본의 전형이요, 가장 정제된 본보기 서체다. 따라서 해서체 한자를 구성하는 점과 획 속에는 문자를 만들던 당시 사람들의 생각이 가장 명확하게 담겨 있다고 본다. 물론 갑골문자와 금문자, 그리고 예서체로 한자가 발전하면서 한자의 본래 의미에 변화가 일어났을 수도 있다. 본래 한자에 문화적인 여러 의미들이 덧붙여지거나 정치적인 의미의 왜곡도 일부 일어났을 수 있다. 그런데도 복음한자에 해서체를 근간으로 해석한 이유는 한자가 해서체에 와서야 형태가 정리·고정되었다는 점과 해서체 후에 발전하는 초서나 행서는 의미보다 예술적인 면을 강조하는 서체이기 때문이다.

4. 한자에 복음(福音)을 담다

복음한자는 '태초의 빛(ヽ)'으로부터 시작된다. 태초의 빛을 의미하는 불똥 주(ヽ)가 좌우로 뻗치면 한 일(一)이 되고, 위아래로 뻗치면 뚫을 곤(丨)이 된다. 이 빛은 세상을 밝히고 온기를 주는 빛이다. 또한 태초의 빛(ヽ)이 만물 속에 파고들어 바람과 물처럼 흐르면 삐침 별(丿)이 되는데, 이는 만물에 생명을 불어넣는 빛이다. 이렇게 복음한자는 빛(ヽ)으로 사방에 뻗치고 흐르며 빅뱅한다.

빛으로 시작하는 네 글자(ヽ, 一, 丨, 丿)는 하나님을 의미한다. 한 일(一)은 하나님의 '유일하심'을, 뚫을 곤(丨)은 진리이신 성부 하나님의 '곧으심'을, 불똥 주(ヽ)는 은혜로운 성자 예수님의 '피 흘리심'을, 그리고 삐침 별(丿)은 성령 하나님의 '생명'을 의미한다. 결국 일점일획[15]을 이루고 있는 이 네 글자는 '은혜(ヽ)와 진리(丨)요, 유일하신(一) 생명(丿)의 하나님', 즉 삼위일체 하나님을 의미한다. 이는 복음한자가 하나님으로부터 시작되었음을 증거한다.

복음한자는 하나님이 서로 하나가 되어 구원의 일을 하심을 증거한다. 예를 들어, 주(ヽ)와 일(一)이 하나가 되면 '피(ヽ) 흘리는 하나님(一)'으로서 인자를 의미하는 '구결자 야(ㄱ)'가 된다. 주(ヽ)와 곤(丨)이 하나가 되면 '은혜(ヽ)와 진리(丨)되신 하나님'이 인간을 갈고리로 낚듯 구원하신다는 '갈고리 궐(亅)'이 되고, 주(ヽ)와 별(丿)이 하나가 되면 은혜(ヽ)의 영(丿)이신 성령께서 인간 속에 흘러 들어가 숨어계신다는 '숨을 은(乚)'이 된다. 다시 말해 구결자 야(ㄱ)와 갈고리 궐(亅), 그리고 숨을 은(乚)을 한 획으로 봄은 삼위일체 하나님이 생명의 피(ヽ)로써 인간 구원에 완전히 하나 되어 있음을 의미한다.

나아가 두 획이어도 하나님을 의미하는 글자들이 합쳐지면 그 속에 복음이 담긴다. 즉, 주(ヽ)와 일(一)이 하나가 되면 생명(ヽ)의 하나님(一)이 만물의 머리가 되셨다는 '머리 두(亠)'가 되고, 일(一)과 곤(丨)이 하나가 되면 진리(丨)의 하나님(一)의 십자가에 죽으심이 완전하다는 '열 십(十)'이 된다. 일(一)과 별(丿)이 합쳐지면 하나님(一)의 영(丿)이 함께 안식하신 날이 '일곱 칠(七)'이 되고, 별(丿)과 별(丿)이 합쳐지면 바람 같은 성령(丿)이 인간 안에 흘러들어와(丿) 죄를 베는 '벨 예(乂)'가 된다.

이렇게 복음한자는 한자와 한자의 '하나 됨'의 원리를 통해 또 다른 복음한자로 지속 확장된다. 예를 들면, 십자가 죽음을 의미하는 십(十)과 사람을 의미하는 인(人)이 합쳐지면 예수님(人)이 매달려 죽는(十) 나무 목(木)이 되고, 나무 목(木)에 하나님을 의미하는 일(一)이 합쳐지면 하나님(一)의 십자가(木)가 생명의 근본이 되는 의미의 근본 본(本)이 된다. 나무 목(木)에 생명을 의미하는 삐침 별(丿)이 합쳐지면 인간이 생명(丿)을 유지하기 위해 먹어야 할 생명나무(木)인 벼 화(禾)가 되고, 나무 목(木)에 에덴동산을 의미하는

---

15) 참고: 진실로 너희에게 이르노니 천지가 없어지기 전에는 율법의 '일점일획'도 결코 없어지지 아니하고 다 이루리라(마5:18)

- 15 -

밭 전(田)이 합쳐지면 선악을 알게 하는 실과 과(果)가 된다. 이처럼 복음한자는 하나님이 한자 속에 복음을 담기 위해 일점일획부터 특별히 고안하여 인간에게 만들게 한 하나님의 문자임을 알 수 있다.

더불어 복음한자는 복음의 형이상학적인 의미를 담아낸 지사문자(指事文字)를 바탕으로 이를 쉽게 익혀 오래 기억하게 만들려고 사물의 형상을 본 따 상형문자(象形文字化)로 표현하였다. 예를 들어, 산(山)은 지사문자인 뚫을 곤(丨)과 불똥 주(丶), 들 입(入) 자를 합쳐 산 모양을 본 딴 상형문자다. 다시 말해, 산(山)은 단순히 산의 모양만 따서 만든 상형문자처럼 보이지만, 사실은 그 안에 '은혜(丶)와 진리(丨) 되신 하나님이 인간 세계에 들어오셔서(入) 인간과 만나는 곳'이라는 복음이 담긴 지사문자(指事文字)이기도 하다.

丶	一	丨	丿	亅	乚	乛
불똥 주	한 일	뚫을 곤	삐침 별	갈고리 궐	숨을 은	구결자 야
성부(丨), 성자(丶), 성령(丿) 삼위일체 하나님(一)이 피 흘리는 인자(乛)가 되셔서 인간의 영혼(乚)을 구원하셨다(丨).						

<표1> 복음한자 기초글자

	丶 불똥 주	一 한 일	丨 뚫을 곤	丿 삐침 별	亅 갈고리 궐	(乙=己=乚) 숨을 은	(乛,乛) 구결자 야
丶 불똥 주	八(丷) 여덟 팔	乛 구결자 야	卜 점 복	人 사람 인	小 작을 소	氺(氵,水) 물 수	心(忄,⺗) 마음 심
一 한 일	亠 머리 두	二 두 이	十(扌) 열 십 / 丄(丄) 위 상	厂(=人) 기슭 엄 굴 엄 사람 인		七 일곱 칠	
丨 뚫을 곤	丫 가닥 아	丅 아래 하		亻 사람 인			
丿 삐침 별	乀 파인 불	丁 구결자 면	丰 예쁠 봉 산란할 개	乂 벨 예 / 彡 터럭 삼		匕 비수 비	
亅 갈고리 궐		丁(丁) 장정 정	刂(刀) 칼 도				
(乙=己=乚) 숨을 은		匚 상자 방 (터진에운 담) 감출 혜 (튼입구 몸)	凵 입벌릴 감	九 아홉 구 / 儿 어진사람 인 / 几 안석 궤			乙 새 을
(乛,乛) 구결자 야	冖 덮을 멱		力 힘 력	卩(㔾) 무릎마디 절 병부 절(신표)		口 입 구	

<표2> 복음한자 기초글자 빅뱅도

5. 한자(漢字)는 한자(韓字)다!

한자는 '한나라 한(漢)'과 '글자 자(字)'로 이뤄져 있다. 뜻풀이로만 보면, 한자(漢字)는 '한나라 글자'로서 마치 중국 한나라 때 한족(漢族)이 만든 글자처럼 보인다. 하지만 한자는 은대의 갑골문자를 기원으로 보는 정설에 비추어볼 때, 한나라보다 1500년 전에 만들어진 글자로서 한나라 사람들이 만든 한나라 문자가 아님을 쉽게 알 수 있다. 따라서 '한자(漢字)'라고 표기하고 부르기에는 그 이름이 마땅하지 않다.

그런데도 한자를 '한자(漢字)'라고 부르게 된 것은 일본의 영향이 크다. 일본인들은 한자를 변형해 '가나'라는 글자를 만들고 기존 한자와 구별하기 위해 '한자(漢字)'라 칭하였다. 일본인인 보기에 중국의 한(漢)나라 위세가 크고 여러 선진문물과 문화가 동양의 각국과 후대에 끼친 영향이 컸기에, '계(契), 서계(書契), 서(書), 명(名), 문(文), 자(字), 문자(文字)'로 불리던 한자를 자기들 관점에서 '한자(漢字)'라 칭했던 것이다.

따라서 '한자(漢字)'라는 말은 20세기 초까지 일본에서만 사용되던 단어다. 물론 15세기 명나라(1368~1644) 때 극히 일부 지역과 분야에서 사용된 기록은 있지만 널리 퍼지지는 않았다. 한자(漢字)라는 말이 본격적으로 중국, 한국, 일본, 베트남, 말레이시아 등 동아시아 지역에 널리 퍼져 사용하게 된 것은 근대 일본이 2차대전 중 점령지에 자신들의 문물을 이식하는 과정에서 비롯되었다. 우리나라에서도 대한제국 병탄 후 1930년대에 와서야 일제가 학교 교육을 하면서 비로소 '한자(漢字)'라는 말을 사용하게 된다.

앞에서도 말했듯이 한자의 본래 이름은 '계(契)'라고 알려져 있다. 계(契)는 서로 약속이나 계약할 때 장차 위반하여 발생할 수 있는 분란을 방지하기 위해 돌이나 나무에 새긴 것을 말한다. 이 계(契)는 수나라 음운서 '전운(全韻)'에 그 발음이 '기흘절(欺訖切)'로 기록되어 있다. 즉, 수나라 때 '契'는 '계'가 아니라 欺(기)의 전 반절인 'ㄱ'과 訖(흘)의 후 반절음 'ㅡㄹ'을 합하여 '글'이라고 발음하였다는 것이다. '글'이라는 단어는 한민족만 쓰는 단어로서 이를 근거로 학자들은 한자가 처음에 고대 중원을 차지하였던 동이족(東夷族)이 만든 글자라고 주장한다.

한자가 한족이 아닌 동이족, 즉 한민족의 조상이 만들었다고 하는 주장은 한국 학자들만 하는 주장이 아니다. 언어학의 대가 진태하 교수는 2011년 뉴데일리 기자와 인터뷰에서 다음과 같이 말했다.

> "우리나라 초대 문교부장관인 안호상(1902~1999) 박사가 장관시절, 중국의 세계적 문호 임어당(林語堂, 1895~1976)을 만났을 때 여담처럼 말했죠. '중국이 한자를 만들어 놓아서 우리 한국까지 문제가 많다'고요. 그러자 임어당이 놀라면서 '그게 무슨 말이오? 한자는 당신네 동이족이 만든 문자인데 그것도 아직 모른단 말입니까?'라는 핀잔을 들었답니다."
>
> "중국의 사학자 왕옥철(王玉哲), 장문(張文), 문자학자 이경재(李敬齋) 등의 연구 고증에 따

르면 <한자의 연원은 동이족 문화유산으로서 '중국의 문자는 모두 동이인(東夷人)이 창조'하였
으며 공자(孔子)도 동이족 은나라의 후예>라고 밝히고 있습니다."

그러므로 한자(漢字)는 동이족, 즉 한민족(韓民族)이 만든 글자임이 분명하다. 그렇다면
'한자(漢字)'는 '한자(韓字)'로 표기함이 마땅하다. 따라서 복음한자(福音韓字)에서 한자를
'한자(漢字)'라 사용하지 않고 '한자(韓字)'라 사용하였다. 복음한자의 명칭을 복음적으로
해석하자면 다음과 같다. '복 복(福)'은 '示+一+口+田'으로 이뤄진 한자로서 '유일(一)하신
하나님(示)이 에덴동산(田)에서 하신 말씀(口)'이며, '소리 음(音)'은 '立+曰'로 구성된 한
자로서 '한 말(曰)이 세상에 나타나다(立)'이다. '나라 한(韓)'은 '十+早+韋'로 만들어진 한
자로서 '일찍(早)이 짐승을 죽여(十) 만든 구원의 가죽(韋) 옷'으로 이루고자 한 나라가 한
국이며, '글자 자(字)'는 '宀+子'로 생긴 글자로서 '생명의 집 안에 계신 하나님의 아들'은
본래 말씀이요, 그 새겨진 말씀이 글자라는 뜻이다. 따라서 복음한자는 '세상에 나타난
하나님의 말씀으로 구원을 이룬 나라의 문자'라는 뜻을 담고 있다.

6. 언어는 존재(存在)다

성경을 읽다 보면, 창세기 3장에서 다음 질문에 부딪힌다. '하나님은 선악을 알게 하는
나무의 실과를 왜 만드셨을까?' 하나님이 선악과를 안 만드셨더라면 인류가 어떻게 되었
을까? 아마 사탄이 인간을 타락시킬 도구도 없었을 것이고, 인간도 타락하지 않았을 것
이다. 그렇다면 지금의 인류는 에덴동산에서 풍족하고 평화롭게 살고 있었을 것이다. 하
지만 하나님이 선악과를 만들어서, 그것도 누구나 잘 보이는 에덴동산 중앙에 놓음으로
써, 게다가 인간에게 먹지 말라는 금지명령까지 하시는 바람에 그 모든 것이 화근이 되
어 지금 인류의 모습이 초래되었다.
과연 에덴동산에 선악과가 없었다면, 앞에서 말한 대로 결과가 나왔을까? 아니다. 에덴
동산에 선악과가 없을 수 없다. 에덴동산 중앙에 있는 나무가 아닌 다른 어떤 사물에라
도 하나님이 지정하는 순간 그 사물은 선악을 알게 하는 도구가 된다. 따라서 에덴동산
에 선악과가 없기를 바란다는 것은 하나님이 인간에게 말씀하지 않기를 바란다는 의미
다.
태초에 하나님이 인간에게 말을 거셨다. 하나님이 인간에게 말을 걸지 않으셨다면, 인
간은 인간일 수 없다. 말씀이신 하나님이 인간에게 먼저 말을 거셨기 때문에 인간은 언
어의 근본이신 하나님으로부터 말을 배울 수 있었다. 그 배운 말이 인간 안에 의미를 만
들어 주고, 그 의미가 가치 기준을 세워주어 선악 간에 분별하게 하는 지혜를 깨닫게 했
다. 인간이 만물의 영장이 될 수 있는 것은 다른 동물과 달리 지혜가 담긴 언어를 하나

님으로부터 물려받았기 때문이다. 따라서 하나님은 인간에게 말을 걸기 위한 도구가 반드시 필요했으며, 그 도구가 바로 에덴동산 중앙에 있는 선악을 알게 하는 나무의 실과였던 것이다.

언어는 존재를 낳는다. 태초의 아담은 말씀이신 하나님과 수많은 언어들로 교제하며 자신을 경험했다. 하나님이 들려주는 언어가 아담의 정체성이 되고, 가치관이 되며, 아담 안에 인생관과 세계관이 되었다. 아담은 그렇게 형성된 관점들을 가지고 하나님이 지으신 사물들의 이름을 지으며 인간의 역사를 펼쳐냈다. 하나님이 창조하신 모든 것에서 하나님이 숨겨놓으신 의미들을 발견하여 정의 내리는 사명을 이루는 성취감이 아담으로 하여금 존재론적 자기를 느끼게 했다.

인간은 언어적 존재다. 인간은 인생을 정의 내림으로써 사상을 낳는다. 그 사상을 바탕으로 문화를 만들고, 그 문화를 전수하여 역사를 형성해간다. 그러므로 세상에 존재하는 모든 실체의 근본은 언어다. 언어가 없이는 인간이 인간으로 존재할 수 없다. 언어가 없이는 세상에 아무 것도 만들어질 수 없다. 언어는 존재이며 능력이며 실체다.

7. 인간은 언어(言語)를 입는다

인간은 태 중에 형성되는 순간부터 언어를 입는다. 아기는 알아듣지 못해도 부모는 태교를 통해 수많은 언어로 아기를 옷 입힌다. 태어나서도 의식하든 의식하지 못하든 인간은 수많은 언어에 둘러싸여 살아간다. 그 언어 중에는 생명을 죽이는 언어도 있고, 생명을 살리는 언어도 있다.

2009년 한글날 특집으로 MBC 방송사에서 '말의 힘'이라는 실험 다큐 방송을 했다. 같은 밥통에 금방 한 밥을 두 병에 따로 넣고 한 병에는 '고맙습니다'를, 다른 한 병에는 '짜증나!'라는 말을 써 붙여놓고 매일 그와 유사한 감정의 말을 사람들이 들려주었다. 4주 후, 긍정의 말을 매일 들은 밥에는 희고 고운 곰팡이가, 부정의 말을 들은 밥에는 검고 더러운 곰팡이가 피어 있었다.

그뿐 아니라, 물과 파동에 관하여 연구한 일본의 에모토 마사루(姜本 勝) 박사는 5년간 물의 결정체를 연구하여 1999년에 발표한 <The Message from Water>라는 사진집에도 말의 힘이 여실히 드러나 있다. 에모토 마사루가 긍정적인 말과 부정적인 말을 붙인 각각의 물병에서 샘플을 채취하여 얼렸다가 녹이면서 진 물의 결정체를 금속공학 현미경으로 촬영하였다. 그 결과, 긍정적인 말을 붙인 물은 육각형의 아름다운 결정체를 형성하고 있었지만, 부정적인 말을 붙인 물은 결정의 형태가 깨져 있거나 형성되어 있지 못했다.

이처럼 언어가 힘이 있기 때문에 인간은 생명을 살리는 언어를 늘 입어야 산다. 굳이 언어를 '듣는다'고 하지 않고 '입는다'고 표현한 것은 우리의 영혼이 입는 옷이 언어이기 때문이다. 다시 말해 옷이 몸을 보호하고 꾸며주듯 언어도 영혼을 보호하고 꾸며준다. 어릴 때부터 우리 아이들이 어떤 언어의 옷을 영혼에 입느냐에 따라 아이의 영혼이, 그리고 인격이 결정된다.

8. 생애 첫 교육은 기적(記蹟)의 복음한자(福音韓字)로!

언어는 문장으로 구성되어 있다. 문장은 단어들로 이루어져 있으며, 단어는 낱글자들로 되어 있다. 따라서 낱글자가 건강해야 언어가 건강하다. 언어가 건강하면, 그 언어로 구성된 존재도 건강하게 된다. 마치 몸이 건강하려면 세포 하나하나가 건강해야 하듯 영혼이 건강하려면, 그 영혼을 구성하고 있는 언어의 낱글자 하나하나가 건강해야 한다.

복음한자는 복음을 담은 건강한 낱글자다. 'ヽ' 하나에서부터 복잡한 '役'에 이르기까지 생명의 언어인 복음이 담겨져 있다. 아이들은 말을 배우고 글자를 배운다. 아이들이 처음 글자를 배울 때 생명(복음)이 담긴 복음한자를 배우게 하는 것은 아이의 영혼에 복음을 덧입히는 행위요, 생명을 불어넣는 행위다.

따라서 우리 아이의 첫 언어교육은 기적의 복음한자 교육이어야 한다. 아이들이 복음한자를 배우면서 낱글자 하나하나에서 하나님의 행적이 기록된 복음의 의미를 발견하고 생명의 가치를 느끼게 된다면, 이는 우리에게 언어를 주신 하나님의 뜻을 아이들에게 실현시키는 중요한 일이다. 하나님은 에덴동산에서 인간에게 언어를 주셨다. 그것은 인간을 죽이는 언어가 아닌 생명을 살리는 언어요, 복음이었다. 마찬가지로 언어를 기호로 새긴 글자에도 하나님은 복음을 담아놓으셨다. 그 복음을 우리는 이제야 그 글자 속에서 발견하여 세상에 밝히게 된 것이다.

사탄도 그 언어의 의미와 능력을 안다. 하와를 유혹할 때도, 예수님을 유혹할 때도 사탄은 물리적 힘을 사용하지 않았다. 오직 죽음의 언어를 사용하여 언어 속에 담긴 하나님 중심의 복음의 의미를 가리고 인간 중심의 욕망의 의미를 부각시켜 언어의 생명력을 죽이려 하였다. 생명력을 상실한 언어는 인간에게 삶의 무의미함을, 존재의 무가치함을 느끼게 한다. 그 예가 진화론과 포스트모더니즘이다. 진화론은 인간이 아메바로부터 시작되어 고등 동물로 우연히 진화되었다는 언어를 사용해 존재의 무가치함을 설명한다. 포스트모더니즘은 진리의 절대성을 부인하고 모든 질서를 해체·재구성함으로써 언어를 사용해 인간 삶의 무의미함을 설명한다.

따라서 세상은 언어들의 전쟁이다. 생명의 언어와 죽음의 언어와의 싸움이다. 언어가 영이라고 하는 성경의 의미로 말하자면, 세상은 영적 전쟁터다. 누가 인간 안에서 영적 주도권을 잡느냐, 언어의 주도권을 잡느냐? 치열한 전쟁이 벌어지고 있는 이때 우리 예수님의 피값으로 사신 교회와 믿음의 가정은 세상에서 무엇보다 영적 주도권을 잡아야 한다. 언어의 주도권을 잡아야 한다. 그 대안이 바로 우리 다음 세대 아이들의 영혼에 입힐 첫 언어의 옷으로서 복음을 담은 기적의 복음한자다.

아이들이 기적의 복음한자를 배우게 되면, 사고방식이 복음적이 된다. 기본 낱글자부터 그 의미가 복음이기 때문에 세상을 바라보는 관점도 복음적이 된다. 정체성, 가치관, 인생관, 세계관, 역사관, 사명관 등 인생의 육하원칙이 복음적이 되면, 언어가 곧 영이기에 그의 사고는 늘 하나님을 향하게 되어 있다. 그렇게 하나님을 향해 열린 그 영혼 안에 성경의 엑기스 생명이 성령으로 부어진다면 아이들 전도는 저절로 될 수 있다.

9. 부수가 쓰이는 형태

자전에서 한자를 편리하게 찾기 위해 정리·배열하여 만든 것이 부수(部首)다. 부수는 '설문해자'에서 540자를 정해 처음 사용했으나, 현대에는 이를 더욱 간략하게 정리한 '강희자전식' 부수 214자를 사용한다. 이러한 부수는 놓이는 위치에 따라 다음 아홉 가지로 구분한다.[16)]

1. 변(邊) : 왼쪽에 부수가 있는 것 예) 亻 - 仁
2. 방(傍) : 오른쪽에 부수가 있는 것 예) 攵 - 改
3. 머리 : 위에 부수가 있는 것 예) 宀 - 家
4. 발 : 밑에 부수가 있는 것 예) 皿 - 盛
5. 엄 : 위와 왼쪽에 부수가 덮고 있는 것 예) 尸 - 居
6. 받침 : 왼쪽과 밑을 부수가 싸고 있는 것 예) 辶 - 道
7. 몸 : 부수가 글자를 에워싸고 있는 것 예) 門 - 間
8. 제부수 : 글자 그대로 부수인 것 예) 馬
9. 위치가 다양한 부수 예) 口 - 品(위), 哀(가운데), 古(아래), 味(왼쪽), 句(안)

10. 복음한자를 쓰는 순서

1. 왼쪽에서 오른쪽으로 쓴다. 예) 川
2. 위에서 아래로 쓴다. 예) 三

---

16) 이래현, 『꼬불꼬불 한자 쉽게 끝내기』, (키출판사, 1999), pp. 14-17 참고.

3. 가로획과 세로획을 교차하여 쓸 경우 가로획부터 쓴다. 예) 支

4. 삐침과 파임이 만날 때는 삐침부터 쓴다. 예) 人

5. 좌우 대칭인 글자는 가운데 부분을 먼저 쓴 후 왼쪽과 오른쪽 순으로 쓴다. 예) 小

6. 안팎으로 써야 할 경우 바깥쪽을 먼저 쓴다. 예) 回

7. 글자 전체를 꿰뚫는 획은 맨 나중에 쓴다. 예) 中

8. 오른쪽 위의 점은 맨 나중에 찍는다. 예) 犬

9. 받침으로 쓰이는 글자 중 '走'는 먼저 쓰고, '辶'은 맨 나중에 쓴다. 예) 起, 建

11. 이 책의 특징

1. **한자를** 성경 속에 흐르는 복음의 관점으로 해석하였다.
   지사문자, 상형문자, 회의문자 중심으로 구성하였다.

2. 한자를 **쉽게 배우도록** 점과 획을 더하며 구성하였다.
   단순한 한자에서 복잡한 한자로 구성하였다.

3. 한자를 쉽게 **많이 외우도록** 연상법을 활용하였다.
   낱글자(한 자씩 따로따로)가 아닌 통글자(여러 자를 한 꺼번에) 외우도록 구성하였다.

4. <복음한자 맵> 박스 안 앞 한자에 **관련 일련번호를 제시**하여 연관 한자를 확장하여 더 많이 외울 수 있게 하였다.
   예) 복음한자알파벳 '2번 一'은 기초복음한자맵 '一(2) ㅗ ㅡ 竹 ㄱ 亠 艸'로,
   기본복음한자맵 '一(2) 二 三 丰 王 玉 主 羊'로 연결되어 확장 암기 가능하다.

5. 한자를 오래 기억하도록 분해하여 스토리텔링으로 설명하였다.

6. 한자의 **어휘력이 확장**되도록 여러 뜻을 소개하였다.

7. 회의문자(651자) 중심 복음한자를 제시하여 형성문자, 가차문자, 전주문자로의 응용 확장성의 기초를 마련하였다.
   * 기적의 복음한자의 뜻을 보충하는 부속 단어들은 스마트폰 앱 '포켓한자서전'을 참고 인용함.

12. 이 책의 학습요령

1. 지면 맨 위 <복음한자 맵>을 눈을 감고 마음에 **연상**하며 순서대로 쓴다.

2. <복음한자 맵> 순서대로 각 한자의 **파자(派字) 구성**과 뜻음을 확인하며 쓴다.

3. 파자(派字)된 한자를 근거로 **스토리텔링**하며 본래 한자를 써 구성해 본다.

4. 번호순서대로 점과 획을 더하며 통으로 써 본다.

5. <복음한자 알파벳>-<1단계 복음한자>-<2단계 복음한자>-<3단계 복음한자> 순으로 한자를 읽힌다.

기정의
복음한자

II

복음과 관련된 한자들

1. 하나님 관련 복음한자

한 자	白	ㅗ	天	上 (ㅗ,ㄴ)	一	自
뜻 음	흰 백	머리 두	하늘 천	위 상	한 일	스스로 자
의 미	거룩하시다	생명의 우두머리	하늘	위에 계시다	유일하시다	스스로 계시다
한 자	日	ㅋ (ㅛ,ㅋ)	手 (ㅕ,ㅐ)	工 (ㄷ)	目	示
뜻 음	해 일	머리 계	손 수 재주 재	만들 공	눈 목	보일 시
의 미	해처럼 빛나시다	머리가 되시다	손 능력, 재주	창조하시다	눈 보시다	보시다
한 자	口	曰	ㅣ	ㅏ (ㅏ)		
뜻 음	입 구	가로 왈	뚫을 곤	점 복		
의 미	입	말씀하시다	진리, 심판	헤아리시다		

복음풀이	거룩하신(白) 생명의 머리(ㅗ) 되신 하나님은 하늘(天) 위(上)에서 유일(一)하게 스스로(自) 해(日)처럼 빛나는 분이시다. 만물의 우두머리(ㅋ)이신 하나님은 손(手)으로 창조한(工) 만물을 눈(目)으로 보시고(示) 입(口)으로 말씀하시며(曰) 진리(ㅣ)로 헤아리는(ㅏ) 분이시다.

2. 예수님 관련 복음한자

한 자	厂 (厂)	小 (⺌)	厶 (幺)	𠆢 (人)	下 (丅,丁)	十
뜻 음	기슭 엄	작을 소	작을 요	사람 인	아래 하	열 십
의 미	마구간에 오시다	작아지시다	성령으로 낮아지시다	사람이 되신 인자	하늘에서 내려오시다	십자가
한 자	丶	㇇ (㇇)	大	丁 (亅)	子	羊
뜻 음	불똥 주	구결자 야	큰 대	장정 정	아들 자	양 양
의 미	피, 생명, 은혜	피 흘리는 인자	크시다	구원자	하나님의 아들	하나님의 어린양
한 자	牛	士	犬	禾	米	水 (氵,氺)
뜻 음	소 우	선비 사	개 견	벼 화	쌀 미	물 수
의 미	소 제물이 되시다	십자가를 지신 어지신 분	개 취급당하신 분	생명나무	생명나무	생명수
한 자	隹	門 (门)				
뜻 음	새 추	문 문				
의 미	하늘과 땅을 이어주시다	구원의 문				
복음풀이	예수님은 마구간(厂)에 작고(小) 작은(厶) 사람(𠆢)으로 내려와(下) 십자가(十)에서 피(丶) 흘리신(㇇) 크신(大) 구원자(丁)요, 하나님의 아들(子)로서 친히 구약의 양(羊)과 소(牛) 제물로 드려져 사람에게 개(犬) 취급당하시고 마침내 선비(士)같이 인자하게 십자가에 달려 죽으심으로 우리의 생명나무(禾, 米)와 생명수(水)가 되어서 새(隹)처럼 하늘과 땅을 이어주는 구원의 문(門)이 되셨다.				

3. 성령님 관련 복음한자

한 자	乙 (乀)	ノ	風	雨 (⻗)	乀 (乀)
뜻 음	새 을	삐침 별	바람 풍	비 우	흐를 이 파임 불
의 미	하늘과 땅을 잇다	움직이다	중심에 들어오는 바람	생명을 덮는 비	흐르다, 임지에 파송하다
복음풀이	성령님은 비둘기(乙) 같이 임하는 영(ノ)으로서 바람(風)과 비(雨)처럼 인간 중심에 흘러(乀) 들어와 인간을 살리신다.				

4. 삼위일체 관련 복음한자

한 자	三	厶	川 (巛)	爪 (⺥,⺥)	丰	彡
뜻 음	석 삼	삼합 집	내 천	손톱 조	예쁠 봉	터럭 삼
의 미	유일하신 삼위일체	모여서 하나된 삼위일체	역동적인 삼위일체	역할이 다른 삼위일체	아름다운 진리의 삼위일체	생명을 자라게 하는 삼위일체
복음풀이	삼(三)위일체(厶) 하나님은 역동적으로(川) 각각 다른 역할(爪)을 하여 생명을 아름답게(丰) 자라게(彡) 하신다.					

5. 인간 관련 복음한자

한 자	土	++ (艸, ㅗ)	己 (コ)	口 (凵)	ㄴ	人 (亻, 彳)
뜻 음	흙 토	풀 초 싹날 철	몸 기	입 구	숨을 은	사람 인
의 미	흙, 죽는 인간	연약하다	창조되다	말하는 인간	생기, 영혼, 양심	은혜와 진리
한 자	心 (忄, 㣺, 忄)	火 (灬)	儿	戶	ㅿ	几 (几)
뜻 음	마음 심	불 화	어진 사람 인	집 호	나 사	안석 궤
의 미	생기로 생기다	빛나다	성령이 내주하다	생명의 집	은밀한 나	하나님을 의지하다
한 자	廾	弓	尸	肉 (月)	八 (丷, 丬)	廿 (卄)
뜻 음	받들 공	활 궁	주검 시	고기 육 육달 월	여덟 팔 나눌 팔	스물 입
의 미	하나님을 받들다	구부러지 다	죽다	본래 둘이 한 몸	나뉘다	둘이 하나
한 자	我	余	童			
뜻 음	나 아	나 여	아이 동			
의 미	찌르는 나	남겨진 나	아담			

복음풀이	흙(土)으로 빚은 풀(++)같이 약한 몸(己)에 하나님의 입(口)으로 생기(ㄴ)를 불어넣어 인간(人)의 마음(心)에 빛나고(火) 어진(儿) 생명의 집(戶)으로 나(ㅿ)를 만들어 하나님을 의지하고(几) 받드는(廾) 존재가 되기를 바라셨다. 또한 하나님은 아담을 잠시 구부러진(弓) 주검(尸)이 되게 하고 한 몸(肉)이었던 하와와 나누어(八) 짝지어 줌으로 하나(廿) 되게 했지만, 죄로 하나님의 마음을 찔러(我) 결국 약간의 생명만 남겨진(余) 아이(童) 같은 존재가 되었다.

6. 사탄 관련 복음한자

한 자	虫	魔	巳	鬼	豸	龍
뜻 음	벌레 충	마귀 마	뱀 사	귀신 귀	벌레 치	용 룡
의 미	동산 중앙에 들어온 존재	두 나무를 사이로 숨어든 존재	하와를 말로 유혹한 존재	하와를 은밀히 유혹한 존재	생명을 그치게 한 존재	인간의 욕망을 부추긴 존재
복음풀이	사탄은 에덴동산 중앙에 벌레(虫)처럼 기어 들어와 두 나무 사이에 숨은 마귀(魔)며. 하와를 말로 은밀하게 유혹한 한 뱀(巳)이며 귀신(鬼)이요, 욕망을 부추겨 생명을 그치게 함으로써 인간이 벌레(豸)같은 형상을 하게 한 용(龍)이다.					

7. 죄와 심판 관련 복음한자

한 자	丂 (丂)	水 (氺,氵)	田	中	果	臼
뜻 음	공교할 교	물 수	밭 전	가운데 중	실과 과	절구 구 허물 구
의 미	아름답다	생명수	에덴동산	가운데	선악과	허물, 죄

한 자	曲	网 (罓, 网)	刀 (刂)	匕	乂 (乂)	弓
뜻 음	굽을 곡	그물 망	칼 도	비수 비	벨 예	활 궁
의 미	굽어지다	죄에 갇힘	죽음, 심판	성령의 검에 양심이 찔리다	심판	구부러지 다

한 자	癶	非	北			
뜻 음	등질 발	아닐 비 비방할 비	등질 배 북녘 북			
의 미	등지다	비방하다	등지다			

복음풀이	아름답게(丂) 지어진 인간이 생명수(水)가 네 갈래로 흐르는 에덴동산 (田) 중앙(中)에 있는 선악나무 과일(果)을 먹고 죄(臼)를 지어 진리에서 굽어(曲) 죄의 그물(网)에 갇히는 바람에 성령의 칼(刀)에 양심이 찔려(匕) 심판(乂) 받아 구부러져(弓) 죽은 모습으로 하나님과 등지고 (癶) 인간 사이에서도 서로 비방하고(非) 등지게(北) 되었다.

8. 구원 관련 복음한자

한 자	寸	力	十 (㇋,㇏,㇀, 丿, 朩)	戈	豆	血
뜻음	마디 촌 법도 촌	힘 력	열 십	창 과	콩 두	피 혈
의 미	피 흘리는 마음	힘쓰다	십자가	찌르다	제사	예수님의 피
한 자	皿	冖	衣	氏	冂	襾 (西)
뜻음	그릇 명	덮을 멱	옷 의	성씨 씨	멀 경	덮을 아 서녘 서
의 미	피를 담는 그릇	덮다	의의 옷	구원의 씨	덮다	허물 덮음
한 자	勹 (𠂉,勹,冂)	又	卩 (㔾)	弋	亅	了
뜻음	쌀 포	또 우	병부 절	주살 익	갈고리 궐	마칠 료
의 미	생명으로 싸다	오른손 용서하다	믿음의 증표	취하다	구원하다	마치다
복음풀이	인간의 죄 때문에 피 흘리는 마음(寸)을 가진 예수님은 힘써(力) 십자가(十)를 지고 창(戈)에 찔려 죽으심으로 친히 하나님께 드리는 제사(豆)의 대제사장이 되어 당신의 피(血)를 그릇(皿)에 담아 하나님의 시은소를 덮고(冖) 의의 옷(衣)과 구원의 씨(氏)가 되어 죄인을 덮고(冂) 덮어(襾) 싸매어(勹) 용서하는(又) 믿음의 증표(卩)를 주고 영혼을 취함으로써(弋) 인간의 구원(亅)을 마치셨다(了).					

III

복음한자 알파벳

丶 ··· ─ ··· │ ··· ノ ··· ㄱ ··· ㅣ ··· ㄴ

성부(│), 성자(丶), 성령(ノ) 삼위일체 하나님(─)이 피 흘리는 인자(ㄱ)가 되셔서 인간의 영혼(ㄴ)을 구원하셨다(│).
cf. 복음한자는 '丶'으로부터 시작하여 파생된 기본 '일곱 자(하나님의 완전수)'로부터 획을 점차 더하며 확장해 나간다.

1	丶	丶 불똥 주	불똥 주 점 주
		예수님의 피는 은혜의 생명을 주는 불똥(丶) 같다.	
		불똥, 점, 구절을 찍다 / 생명, 피, 은혜, 불, 빛, 예수님(성자) cf. '불똥'을 본 딴 글자	
2	─	─ 한 일	한 일
		하늘과 땅에서 하나님은 유일하게 한(─) 분이시다.	
		오로지, 하나, 첫째, 동일한, 모든 / 하늘, 땅, 하나님 cf. '하나'를 본 뜬 글자	
3	│	│ 뚫을 곤	뚫을 곤
		예수님은 세상을 꿰뚫는(│) 진리이시다.	
		위아래로 통하다, 꿰뚫다, 세우다 / 하나님(성부), 진리, 심판 cf. '뚫는 송곳'을 본 뜬 글자	
4	ノ	ノ 삐침 별	삐침 별
		성령님은 물, 불, 바람처럼 삐쳐(ノ) 흘러 운행하신다.	
		삐침, 삐치다, 파송하다 / 하나님(성령), 물, 바람, 흐르다, (양심을)찌르다 cf. ノ의 변형 = 乀(파임 불) – 파임(派任), 즉 '임지에 파송하다'는 뜻 = 乁(흐를 이) – '물 또는 바람의 흐름'을 본 뜬 글자	
5	ㄱ	─ ＋ 丶 한 일 불똥 주	구결자 야
		생명(丶)의 하나님(─)이 피 흘리는 인자(ㄱ)가 되셨다.	
		구결자(한문 문장에서 구두점을 찍을 곳에 붙이던 약호 / (피 흘리는)인자 cf. ㄱ변형 = ㄱ, ㄱ	
6	ㅣ ( ))	│ ＋ 丶 뚫을 곤 불똥 주	갈고리 궐
		은혜(丶)와 진리(│)로 하는 하나님의 구원이 갈고리(ㅣ)같다.	
		갈고리 / 구원(은혜와 진리) * cf. '갈고리'를 본 뜬 글자	
7	ㄴ	ノ변형 ＋ 丶 삐침 별 불똥 주	숨을 은
		인간의 영혼은 은혜(丶)의 영(ノ)이 숨어들어(ㄴ) 생긴 것이다.	
		숨다 / 숨어들어 오다, 생기, 살아있는 영, 영혼, 양심, 마음 * cf. ㄱ(구결자 야) + ㄴ(숨을 은) = 乙(새 을) = ㄱ, ㄹ(몸 기) 인자 ＋ 생기 = 자유로운 생명	

IV
기초복음한자(1단계)

丶 (1) … 八 … 丷 … 爪 … 灬

8	八 (丷,ᄼ)	丶 + 丶 불똥 주 불똥 주		여덟 팔
		태초에는 인간이 두 생명(丶丶), 노아 홍수 이후 여덟(八) 명이었다.		
		여덟, 여덟 번, 팔자 형, 나누다 / 사람들, 생명들 cf. 노아 홍수 때, 의인(丿)을 죄인(丶)으로부터 나눠 구원함으로 새로 시작한 날 수(八) / 예수님이 부활하신 안식 후 첫날.		
9	丷 (小)	八 + 亅 여덟 팔 갈고리 궐		작을 소
		사람들(八)을 구원하려는(亅) 오신 예수님은 작았다(小).		
		작다, 적다, 협소하다, 좁다, 적다고 여기다, 가볍게 여기다, 삼가다, 주의하다, 어리다, 젊다, (시간상으로)짧다, (지위가)낮다, 소인, 첩, 작은 달, 조금 / 예수님		
10	爪 (ᄼ,爪)	丿 + 丷(八) 삐침 별 작을 소		손톱 조
		영(丿)이신 삼위일체 하나님(丷)에 의해 자라는 생명이 손톱(爪) 같다.		
		손톱, 갈퀴, 긁다, 할퀴다, 자르다, 움켜잡다, 돕고 지키다 / 삼위일체 하나님		
11	灬 (火)	八 + 人(八) 여덟 팔 사람 인		불 화
		인자(人)와 함께 있는 인간들(八)은 불(火)같이 빛난다.		
		불, 열과 빛, 타는 불, 화재, 화, 태양, 동아리, 한패, 동행자, 동반자, 급하다, 불사르다, 태우다 / 생명들, 왕성한 생명력, 불 심판, 빛나다		

12	亠	丶 + 一 불똥 주　한 일	(돼지해)머리 두
		생명(丶)의 하나님(一)은 머리(亠)시다.	
		(돼지해)머리 / 생명의 하나님, 우두머리이신 하나님 * cf. 亠변형의 증거 : 攵=夊=攴(칠 복/둥글월 문)	

13	𠆢 (人)	丶 + 一 불똥 주　한 일	사람 인
		생명(丶)의 하나님(一)이 사람(𠆢)으로 오셨다.	
		인자(사람의 아들), 예수님, 사람 * cf. 𠆢변형의 증거 : 尔=尓=尒(너 이)	

14	竹 (竹)	𠆢 + ㅣ + 𠆢 + 亅 사람 인　뚫을 곤　사람 인　갈고리 궐	대나무 죽
		진리(ㅣ)로 구원(亅)받은 사람들(𠆢𠆢)은 대나무(竹)처럼 곧다.	
		대나무, 대쪽, 죽간, 부챗살, 피리(악기의 하나), 죽(세는 단위) / 구원받은 사람들 * cf. '대나무 잎'을 본 뜬 글자	

15	冖 (冖)	丶 + 乛 불똥 주　구결자 야	덮을 멱
		인자(乛)께서 피(丶)로 죄인을 덮으셨다(冖).	
		덮다, 덮어 가리다	

16	宀	丶 + 冖 불똥 주　덮을 멱	집 면
		덮인(冖) 생명(丶)이 있는 곳이 하나님의 집(宀)이다.	
		집, 사방이 지붕으로 덮어 씌워져 있는 집, 갓머리, 부수의 호칭 / 생명의 집, 하나님의 집, 성전, 교회	

17	尙 (尙)	丷(小) + 冖 작을 소　덮을 멱	오히려 상
		죄를 덮으려고(冖) 오신 예수님이 비록 작았지만(丷) 오히려(尙) 높임을 받으셨다.	
		오히려, 더욱이, 또한, 아직, 풍습, 풍조, 숭상하다, 높다, 높이다, 자랑하다, 주관하다, 장가들다, 꾸미다, 더하다	

18	ㅏ	ㅣ + ヽ 뚫을 곤 불똥 주	점 복
		하나님이 은혜(ヽ)와 진리(ㅣ)로 헤아리신다(ㅏ).	
		점괘, 점쟁이, 점치다, 갚다, 주다, 상고하다, 헤아리다, 짐바리 / 헤아리시는 하나님, 생사화복을 주관하시는 하나님	

19	ㅓ (小,小,心)	ㅣ + ハ 뚫을 곤 여덟 팔	마음 심
		인간(ハ) 안에 숨어 든 은혜와 진리(ㅣ)가 인간의 마음(ㅓ)이다.	
		마음, 뜻, 의지, 생각, 염통, 심장, 가슴, 근본, 본성, 가운데, 중심, 도의 본원, 꽃술, 꽃수염, 별자리 이름, 진수, 알맹이, cf. 小+ヽ / ㄴ+ヽヽヽ	

20	Y	ㅣ + ソ(ハ변형) 뚫을 곤 여덟 팔	가닥 아
		진리(ㅣ)가 인간들(ソ)을 가닥(Y) 잡다.	
		가닥(한군데서 갈려 나온 낱낱의 줄), 가장귀(나뭇가지의 갈라진 부분), 총각, 포크	

21	ㄣ	㇏(上변형) + ㅣ 위 상 뚫을 곤	얽힐 구
		위(㇏)에 계신 진리(ㅣ)의 하나님이 십자가와 얽히셨다(ㄣ).	
		얽히다, 넝쿨 뻗다 / 십자가	

22	ㅓ (ㅓ,片)	ㅣ + ≼(ハ변형) 뚫을 곤 여덟 팔	나무조각 장
		진리(ㅣ)의 하나님이 인간들(≼)을 위해 달린 십자가는 나무조각(ㅓ)이다.	
		나무조각, 널조각, 창(무기의 하나), 평상, 장수장변, 걸다 / 십자가 cf. ㅓ(나무조각 장),片(나무조각 편)	

Ⅰ(3) ···上···下···丌···业···癶

23	上 (丄,乚,乚)	ㅏ + 一 점 복 한 일	위 상
		헤아리는(ㅏ) 하나님(一)은 위(上)에 계신다.	
		위, 앞, 첫째, 옛날, 이전, 임금, 군주, 높다, 올리다, 드리다, 진헌하다, 오르다, 탈 것을 타다 / 상제, 하나님	

24	下 (丁,丅)	一 + ㅏ 한 일 점 복	아래 하
		헤아리는(ㅏ) 하나님(一)이 아래(下)로 내려오셨다.	
		아래, 밑, 뒤, 끝, 임금, 귀인의 거처, 천한 사람, 내리다, (자기를)낮추다, 없애다, 물리치다, 손대다, 떨어지다, 항복하다 / 예수님	

25	丌 (元, 其)	一 + ノ + ㅣ 한 일 삐침 별 뚫을 곤	그 기 책상 기
		진리(ㅣ)의 영(ノ)이 창조의 하나님이신 그(丌)다.	
		그, 그것, 만약, 만일, 아마도, 혹은, 어찌, 어째서, 장차, 바야흐로, 마땅히, 이에, 그래서, 기약하다, 어조사, 받침대, 책상 cf. 천지(二) 만물과 함께(共) 하신 하나님이 그(其)이시다.	

26	业 (丠,北,業)	上변형 + ヒ변형 위 상 비수 비	달아날 배 북녘 북 / 업 업
		인간이 하나님(上)께 양심을 찔리고(ヒ) 달아났다(业).	
		일, 직업, 공적, 기초, 선악의 소행, 순서, 이미, 벌써, 높다 두려워하는 모양, 시작하다, 창시하다, 잇다, 위태롭다, 북쪽, 북쪽, 북쪽으로 가다, 달아나다, 패하다, 등지다, 불안하다	

27	癶 (业,發)	上변형 + ヒ변형 위 상 비수 비	등질 발
		인간이 하나님(上)께 양심을 찔리고(ヒ) 등지다(癶).	
		등지다, (사이가)벌어지다, 걷다, 가다, 필발머리, 부수의 한 가지	

28	十 (𠂇, 木)	一 + │ 한 일　뚫을 곤	열 십
		하나님(一)의 진리(│)는 완전한 십자가(十)다.	
		열 번, 열 배, 전부, 일체, 완전, 열 배하다 / 십자가, 심판, 죽음, 하나님의 진리 cf. **卓=桌**(높을 탁) / 十=木	

29	木 (朮)	十 + 人(儿) 열 십　사람 인	나무 목
		인자(人)께서 달린 십자가(十)는 나무(木)다.	
		나무, 목재, 관, 목성, 목제 악기, 형구, 무명 피륙, 질박하다, 꾸밈이 없다 / 십자가	

30	艹 (草,艸,⺧)	十 + 十 열 십　열 십	풀 초
		심판(十) 받아 죽을(十) 인간은 풀(艹) 같다.	
		풀, 거친 풀, 잡초, 황야, 풀숲, 초원, 시초, 초고, 초안, 초서, 암컷, (풀을)베다, 시작하다, 창조하다, 엉성하다, 거칠다, 천하다 / 인간들	

31	卄 (廾,廿,丱)	十 + 十 열 십　열 십	받들 공 스물 입
		십자가(十)에 죽으신(十) 예수님을 인간들이 받들다(卄).	
		(두 손으로)받들다, 바치다, 팔짱끼다, 스물, 이십 / 인간들 cf. 십(十) 더하기 십(十)은 이십(卄)이다 / cf. 艹(풀 초)와 모양이 비슷한 한자	

<基礎복음한자맵> 다음 한자맵을 눈을 감고 마음에 그리며 순서대로 쓴다.

ノ(4)··· 厂···广···疒···卬···严···产···虍

32	**厂** (人, 厂)	一 + ノ 한 일　삐침 별	**기슭 엄**
		영(ノ)이신 하나님(一)이 오신 곳이 마구간(厂)이다.	
		기슭, 언덕, 굴바위, 석굴, 민엄호, 공장, 헛간, 마구간, 넓다, 인간 / 인자(예수님) cf. 마구간에 인간의 몸을 입고 오신 예수님	
33	**广**	丶 + 厂(人변형) 불똥 주　기슭 엄	**집 엄**
		생명(丶)이 깃든 인간(厂)은 생명의 집(广)이다.	
		집, 마룻대, 넓다, 공허하다, 비다, 빛나다, 널리 / 생명의 집, 인자(예수님)	
34	**疒**	广 + ⸜(八변형) 집 엄　여덟 팔	**병들어 기댈 녁**
		집(广) 밖에 쫓겨난 인간들(⸜)은 병들어 기대게(疒) 된다.	
		병들어 기대다, 앓다, 병, 병질엄	
35	**卬**	⸝(勹변형) + 厂(人변형) 쌀 포　　기슭 엄	**우러러볼 첨**
		인간(厂)이 싸매시는(⸝) 하나님을 우러러보다(卬).	
		우러러보다, 위태롭다	
36	**严**	厂(人변형) + 业(北변형) 기슭 엄　　달아날 배	**엄할 엄**
		하나님은 뒤집어져 달아나는(业) 인간(厂)에게 엄하시다(严).	
		엄하다, 혹독하다, 엄격하다, 엄밀하다, 지독하다, 빈틈없다, 심하다, 급하다, 존경하다, 엄숙하다, 모질다, 계엄, 아버지, 부친	
37	**产** (産)	六 + 厂(人변형) 여섯 육　기슭 엄	**낳을 산**
		여섯(六) 째 날, 하나님이 인간(厂)을 낳으셨다(产).	
		낳다, 태어나다, 자라다, 생기다, 일어나다, 생산하다, 출생, 재산, 자산, 생업, 산물, 가축	
38	**虍**	卜 + 厂 + 丶 + 七 점 복　기슭 엄 불똥 주 일곱 칠	**호피무늬 호** **범 호**
		인간(厂)으로 와 피(丶) 흘리신 예수님이 일곱(七) 째 심판의 날 죄를 헤아릴(卜) 때에는 범(虍) 같다.	
		호피의 무늬, 아직 나타나지 아니한 모양, 범호엄	

- 41 -

ノ(4) … 儿… 人…亻…廴…辶

39	儿	ノ + し 삐침 별 숨을 은	어진 사람 인
		성령(ノ)이 생기(し)를 넣어 준 아담은 어진 사람(儿)이다.	
		어진 사람, 아이, 젖먹이, 젊은 남자의 애칭, 나이가 어린 사람	

40	人 (亻, 𠆢, 𠂉,𠂉)	ノ + 丶 삐침 별 불똥 주	사람 인
		영(ノ)과 피(丶)로 된 게 사람(人)이다.	
		인간, 타인, 그 사람, 남자, 어른, 성인, 백성, 인격, 낯, 체면, 명예, 사람의 품성, 사람됨, 몸, 건강, 의식, 아랫사람, 어떤 특정한 일에 종사하는 사람, 일손, 인재 / 인자 cf. 진리(丨)의 영(ノ)으로 존재하는 것이 사람(亻)이다.	

41	亻	ノ + 亻(人변형) 삐침 별 사람 인	조금 걸을 척
		성령(ノ)이 함께 하는 인간(亻)은 살아있기 때문에 걷는다(亻).	
		(조금) 걷다 / 사람들, 살아있는 인간 *cf. 영(ノ)적인 사람(亻)은 둘이 하나 되어 걸을 수 있는 사람들(亻)이다.	

42	廴	亻변형 + 乀 조금걸을 척 흐를 이	길게 걸을 인
		사람들(亻) 사이에 생명이 흐르면(乀) 더 길게 걷는다(廴).	
		(길게) 걷다, 당기다 / 오래 살다	

43	辶 (辶,辵)	丶 + 廴 불똥 주 길게 걸을 인	쉬엄쉬엄 걸을 착
		길게 걷는(廴) 사람에게 은혜(丶)가 더해지면 여유있게 쉬엄쉬엄 걷는다(辶).	
		(쉬엄쉬엄) 걷다, 달리다, 뛰어넘다, 건너뛰어 내리다	

ノ(4)···入···厶···乂···又···叉···夂

44	**入**	ノ + 乀 삐침 별 흐를 이	들 입
		성령(ノ)이 흘러(乀) 인간 안에 들어오셨다(入).	
		들다, 들이다, 간여하다, 빠지다, 시집보내다, 받아들이다, 떨어지다, 투신하다 섬기다, 벼슬하다, 공략하다, 죽다, 담그다, 수입, 입성(사성의 하나), 지나치게 정신이 쏠려 헤어나지 못하다	
45	**厶**	ノ + 入 삐침 별 들 입	나 사 아무 모
		성령(ノ)이 들어와(入) 형성된 게 나(入)다.	
		사사, 나, 아무, 마늘 모 / 은밀한	
46	**乂** (乂=乄)	ノ + 乀 삐침 별 흐를 이	벨 예
		성령(ノ)이 흘러(乀) 와 죄를 베셨다(乂).	
		(풀을)베다, 깎다, 다스리다, 치료하다, 평온하다, 안정되다, 적적하다, 쓸쓸하다, 정리하다, 어질다, 뛰어나다, 어진이, 뛰어난 사람, 징계하다	
47	**又**	乛 + 乀 구결자 야 흐를 이	또 우
		피 흘리는 인자(乛)의 영이 흘러들어와(乀) 용서하셨다(又).	
		또, 다시, 또한, 동시에, 더욱, 오른손, 오른쪽, 거듭하다, 두 번 하다, 용서하다	
48	**叉**	丶 + 又 불똥 주 또 우	갈래 차 작살 차
		용서(又)의 은혜(丶)가 양심을 찔렀다(叉).	
		갈래, 아귀, 가닥, 작살, 무기 이름, 야차(악귀 이름), 깍지, 찌르다, 가닥이 지다, 엇갈리다	
49	**夂**	丶 + 又 불똥 주 또 우	뒤져 올 치
		피(丶)로써 용서받은(又) 인간이 송구하여 뒤져 오다(夂).	
		뒤져 오다, 천천히 걷는 모양 cf. 又(또 우) : 오른손, 오른쪽, 거듭하다, 두 번 하다, 용서하다. cf. 夊=夂=文	

ノ(4)…川…彡…毛

50	川 (巛)	ノ + 丶 + ㅣ 삐침 별 불똥 주 뚫을 곤	내 천
		성부(ㅣ) 성자(丶) 성령(ノ), 삼위일체 하나님은 생명수가 흐르는 내(川)와 같다.	
		내, 물귀신, 굴, 깊숙하게 팬 곳, 들판, 계속해서 cf. 川 = 물이 흐르는 '내'를 본뜬 글자	
51	彡	彡(ノ이 세 번 중첩됨) 터럭 삼	터럭 삼
		삼위일체 하나님의 영(ノ)이 생명을 터럭(彡)처럼 자라게 하신다.	
		터럭(몸에 난 길고 굵은 털), 길게 자란 머리털, 성의 하나, 풀이 우거진 모양 cf. 彡 = '머리털'이 길게 자란 모양을 본뜬 모양	
52	毛	彡 + ㄴ 터럭 삼 숨을 은	털 모
		터럭(彡)에 생기(ㄴ)가 주어져 자란 것이 털(毛)이다.	
		털, 모피, 희생, 짐승, 풀, 나이의 차례, 잘다, (털을)태우다, 가볍다, 없다, 가늘다, 가려 뽑다	

ㄱ(5)…之…乏

53	之	丶 + ㄱ + 乀 불똥 주 구결자 야 파임 불	갈 지
		생명(丶)의 인자(ㄱ)께서 파임(乀)되어 가시다(之).	
		가다, (영향을)끼치다, 쓰다, 사용하다, 이르다, 도달하다, 어조사, 가, 이, ~의, 에, ~에 있어서, 와, ~과, 이에, 이곳에, 을, 그리고, 만일, 만약 cf. 파임(派任) : 조선시대 지방관아에서 해마다 한 번씩 육방의 구실아치들을 교체하던 일	
54	乏	ノ + 之 삐침 별 갈 지	가난할 핍
		성령(ノ)에 이끌려 가는(之) 사람은 마음이 가난하다(乏).	
		마치다, 끝나다, 완결하다, 결말을 내다, (눈이)밝다, (눈동자가)맑다, 명백하다, 깨닫다, 알고 있다, 똑똑하다, 던져 넣다, 완전히, 마침내, 전혀, 조금도, 어조사	

一(5)···了···子···子···予···矛···阝

55	了 (孑,孓)	一 + 亅 구결자 야 갈고리 궐	마칠 료(요) 밝을 료(요)
		피 흘리는 인자(一)께서 인간의 구원(亅)을 마치셨다(了).	
		마치다, 끝나다, 완결하다, 결말을 내다, (눈이)밝다, (눈동자가)맑다, 명백하다, 깨닫다, 알고 있다, 똑똑하다, 던져 놓다, 완전히, 마침내, 전혀, 조금도, 어조사	
56	子	一 + 了 한 일 마칠 료	아들 자
		하나님(一)이 구원을 마치려고(了) 아들(子)로 오셨다.	
		아들, 자식, 첫째지지, 남자, 사람, 당신, 경칭, 스승, 열매, 이자, 작위의 이름, 접미사, 어조사, 번식하다, 양자로 삼다, 어리다, 사랑하다	
57	孑	了 + ノ변형 마칠 료 삐침 별	외로울 혈
		구원의 일을 마치려고(了) 창에 찔리시는(ノ) 예수님은 외로우셨다(孑).	
		외롭다, 작다, 조그마하다, 짧다, 남다, 남기다, 뛰어나다, 특출하다, 홀로, 혼자, 나머지, 창, 날이 없는 창, 장구벌레	
58	予	マ(又변형) + 丁 + 丶 또 우 장정 정 불똥 주	나 여 줄 여
		예수님(丁)의 피(丶)로 용서함을(マ) 받은 자가 나(予)다.	
		나, 주다, 하사하다, 승인하다, 허락하다, 용서하다, 인정하다, 팔다, 매각하다, 함께 하다, 함께, 미리, 먼저 cf. 하나님의 아들(子)의 피(丶)로 생명(丶)을 이어받을 자가 나(予)다.	
59	矛	予 + ノ 나 여 삐침 별	창 모
		내(予)가 예수님을 찌른(ノ) 도구가 창(矛)이다.	
		창, 세모창, 별의 이름, 모순	
60	阝 (阜,邑)	丨 + 阝(了변형) 뚫을 곤 마칠 료	언덕 부(좌부방) 고을 읍(우부방)
		진리(丨)로써 구원을 마친(阝) 곳이 골고다 언덕(阝)이다.	
		언덕, 산, 백성, 크다, 높다, 성하다, 많다, 자라다, 순박하다, 살찌다 cf. 阜(언덕 부) : 말씀(口)의 집(戸)을 세우는 십자가(十)가 선 곳이 골고다 언덕(阜)임. cf. 邑(고을 읍) : 꼬리치는 뱀(巴)에게 말씀(口)을 빼앗긴 사람들이 이룬 것이 고을(邑)임.	

<基礎복음한자맵> 다음 한자맵을 눈을 감고 마음에 그리며 순서대로 쓴다.

亅(6)⋯寸⋯朩⋯水

61	寸	一 + 亅 + 丶 한 일　갈고리 궐　불똥 주	마디 촌
		하나님(一)이 인간을 구원(亅)하고자 흘린 피(丶)가 예수님의 마음(寸)이다.	
		마디, 치(길이의 단위), 촌수, 마음, 근소, 조금, 약간, 작다, 적다, 헤아리다 / 예수님의 마음	

62	朩	寸 + 丶 마디 촌　불똥 주	삼줄기 껍질 빈
		마음(寸)에 뿌려진 예수님의 피(丶)가 죄에 대하여 항균 작용을 하는 삼줄기 껍질(朩)과 같다.	
		삼줄기 껍질, 삼(뽕나무 과의 한해살이풀) cf. 삼: 항균, 항독성이 있는 식물	

63	水 (氺,氵)	ㄱ변형 + 亅 + ㄴ변형 구결자 야　갈고리 궐　비수 비	물 수
		인자(ㄱ)가 구원(亅)하려고 창에 찔려(ㄴ) 흘린 것이 물(水)이다.	
		물, 강물, 액체, 홍수, 수재, 수성, (물을)적시다, 축이다, (물을)긷다, 푸다, 헤엄치다, (물로써)공격하다, 평평하다 / 생명수	

亅(6)…丁…勹…夕…夂

		一 + 亅 한 일 갈고리 궐	장정 정 고무래 정
64	丁 (丁)	예수님은 구원(亅)을 위한 하나님(一)의 일꾼(丁)이다.	
		고무래, 장정, 인구, 일꾼, 부스럼, 사물을 세는 단위, 소리의 형용, 옥소리, 제사 이름, 세차다, 강성하다, 친절하다 / 예수님	
		丶 + 丁(丁변형) 불똥 주 　　 장정 정	쌀 포
65	勹 (勹,勹)	예수님(丁)께서 피(丶)로 인간을 싸셨다(勹).	
		싸다, 쌀포몸(한자 부수의 하나) / 구원, 예수님의 피로 쌈	
		勹(勹변형) + 丶 쌀 포 　　 불똥 주	저녁 석
66	夕	생명의 피(丶)로 싸려(勹) 한 때는 날이 저무는 저녁(夕)이다.	
		저녁, 밤, 밤일, 끝, 연말, 월말, 주기의 끝, 서쪽, 쏠리다, 기울다, 비스듬하다, (날이)저물다, 저녁에 뵙다, 한 움큼	
		勹(勹변형) + 乀 쌀 포 　　 파임 불	천천히 걸을 쇠
67	夂	성령에 싸여(勹) 파임(乀) 된 영혼은 살아서 천천히 걷는다(夂).	
		천천히 걷다, 편안히 걷다	

亅(6)…力…刀…刃…羽

68	力	ㄱ(丁변형) + 丿 장정 정　삐침 별	힘 력
		예수님(ㄱ)의 영(丿)이 구원의 힘(力)이다.	
		힘, 하인, 일꾼, 인부, 군사, 병사, 힘쓰다, 부지런히 일하다, 심하다, 어렵다, 매우 힘들다, 힘주다, 있는 힘을 다하여, 애써	

69	刀 (刂)	ㄱ(丁변형) + 丿 장정 정　삐침 별	칼 도
		예수님(ㄱ)의 영(丿)이 죄를 자르는 칼(刀)이다.	
		칼, 화폐의 이름, 거룻배, 종이 100장, 무게의 단위, 갈치 / 하나님 말씀, 심판 cf. 刂 = 구원(亅)의 진리(丨)	

70	刃	刀 + 丶 칼 도　불똥 주	칼날 인
		피(丶)를 흘리게 하는 칼(刀)의 부위는 칼날(刃)이다.	
		칼날, 칼, 병기 총칭, 미늘(빠지지 않게 만든 작은 갈고리), 칼질하다, 베다	

71	羽	ㄱ(丁변형) + 冫(八변형) 장정 정　여덟 팔	깃 우
		인간들(冫)을 감싸시는 예수님(ㄱ)은 훗날 우리를 승천하게 하는 깃(羽)과 같다.	
		깃, 깃털, 깃 장식, 깃꽂이, (짐승의)날개, 새, 조류, 살깃(화살에 붙인 새 깃털), 부채, 낚시찌, 벗, 패거리, 편지, (서로)돕다, (이마가)우묵하다, 늦추다, 느슨해지다	

<基礎복음한자맵> 다음 한자맵을 눈을 감고 마음에 그리며 순서대로 쓴다.

亅(6)…冂…肉…月…罒…四…皿…血

72	冂 (⺆)	丨 + 𠃌(丁변형) 뚫을 곤 장정 정	멀 경
		진리(丨)의 예수님(𠃌)이 창조할 때 세계는 공허하였다(冂).	
		멀다, 비다, 공허하다, 먼 데, 멀경몸(한자 부수의 하나) / 덮다	
73	肉 (⺼)	冂 + 人 + 人 멀 경 사람 인 사람 인	고기 육
		아담(人)과 하와(人)가 하나로 덮여(冂) 한 몸(肉)이었다.	
		고기, 살, 몸, 혈연, 둘레, 저울추	
74	月	⺆(冂변형) + ⺀(八변형) 멀 경 여덟 팔	달 월
		한 몸으로 덮어(⺆) 창조된 인간들(⺀)은 해를 반사하는 달(月)같다.	
		달, 별의 이름, 세월, 광음, 달빛, 달을 세는 단위, 한 달, 월경, 다달이, 달마다 / 인간의 육체, 몸, 인간 cf. ⺼(육달 월) = 肉(고기 육)/ 고기, 살, 몸, 혈연, 둘레, 저울추	
75	罒 (㓁,⺫,网,⺳,罒,𠔿,罔)	冂 + 䒑(++변형) 멀 경 풀 초	없을 망 그물 망
		사탄이 인간들(䒑)을 죄로 덮어(冂) 생명을 없앴다(罒).	
		그물, 포위망, 계통, 조직, 그물질하다, 그물로 잡다, 싸다, 덮다, 가리다, 넉, 넷, 사방, 네 번 cf. 罔 = 사람이 죄의 그물(⺳)에 갇히면 망하여(亡) 세상에서 없어진다(罔).	
76	四	口 + 儿 에워쌀 위 어진사람 인	넉 사
		사람(儿)을 에워싸려고(口) 광명을 만든 날이 넷째(四) 날이다.	
		넉, 넷, 네 번, 사방	
77	皿	冂 + 䒑(++변형) 멀 경 풀 초	그릇 명
		사람들(䒑)의 죄를 덮는(冂) 피를 담는 도구가 그릇(皿)이다.	
		그릇, 그릇 덮개, 접시	
78	血	丶 + 皿 불똥 주 그릇 명	피 혈
		그릇(皿)에 담은 생명(丶)은 피(血)다.	
		피, 근친, (슬픔의)눈물, 빨간색, 월경, (피를)칠하다, 물들이다	

79	卩 (㔾, マ)	丨 + 卩(丁변형) 뚫을 곤　장정 정	병부 절
		진리(丨)의 예수님(卩)이 구원의 표(卩)다.	
		병부(나무패), 신표(증거가 되게 하기 위해 서로 주고받는 물건), 병부절변 / 구원의 표	

80	犭 (犬)	⁾(亅변형) + ⸹(八변형) 갈고리 궐　여덟 팔	큰개 견
		인간들(⸹)을 구원하러(⁾) 오신 예수님이 개(犭)처럼 멸시당하셨다.	
		개, 겸칭, 자신이나 자식을 낮춤, 하찮은 것의 비유, 남을 멸시하는 말, 서쪽 오랑캐의 이름	

百	일백 백	하나님(一)의 피로 깨끗하진(白) 사람들이 많다(百). 백, 여러, 모두, 온갖, 힘쓰다(맥), 노력하다
千	일천 천	성령(丿)의 십자가(十)로 생명을 얻은 사람들이 많다(千). 초목이 무성한 모양, 아름다운 모양, 반드시, 수효가 많다
萬	일만 만	에덴동산(田)에서 짐승(사탄) 발자국(영향력 内)에 당한 사람들 (卄)이 매우 많다(萬). 대단히, 매우, 매우 많은, 절대로, 전혀
億	억 억	하나님의 뜻(意)으로 세워진 사람(亻)이 매우 많다(億). 많은 수, 편안하다, 헤아리다, 억!
兆	조 조	예수님(儿)께 죄짓고 달아난 인간(⸹⸹)이 조(兆)를 이루다. 제단, 처음, 시작되다, 비롯하다, 나타나다, 백성, 점치다, 빌미, 조짐, 피하다, 달아나다, 묘지

		ㄴ + ノ 숨을은 삐침 별	비수 비
81	**ヒ** (七)	성령(ノ)은 인간의 양심(ㄴ)을 찌르는 비수(ヒ)다.	
		비수, 숟가락, 화살촉 / 찌르다, 찔린 영혼, 성령의 검 * cf. 眞 = 真 / ヒ = 十	

		ー + ㄴ 한 일 숨을은	일곱 칠
82	**七**	생기(ㄴ)를 불어넣으신 하나님(ー)이 인간과 함께 안식하신 일곱째(七) 날 수.	
		일곱, 일곱 번, 칠재(죽은 지 49일 되는 날에 지내는 재), 문체의 이름 / 완전하다 * cf. 七日 = 안식일, 예수께서 죽어 흙 속에 묻혀 계신 날	

		七변형 + 丶 일곱 칠 불똥 주	주살 익
83	**弋**	예수님이 칠(七)일에 피(丶) 흘려 인간을 취하심이 주살(弋)같다.	
		주살(활의 오늬에 줄을 매어 쏘는 화살), 홰, 말뚝, 새그물, 주살질하다, 빼앗다, 취하다, 사냥하다, 뜨다, 검다	

		弋 + ノ 주살 익 삐침 별	창 과
84	**戈**	성령(ノ)은 주살(弋)처럼 양심을 찌르는 창(戈)이다.	
		창(무기의 하나), 전쟁, 싸움, 과법(필법의 하나)	

<基礎복음한자맵> 다음 한자맵을 눈을 감고 마음에 그리며 순서대로 쓴다.

ㄴ (7) …乙… 己…飞 …气 …几

85	乙 (乚,乛)	一 + ㄴ 한일 숨을은	새 을
		하나님(一)의 생기(ㄴ)로 예수님 위에 임한 성령은 새(乙)같다.	
		새, 제비, 둘째, 생선의 창자, 아무, 굽다, 표하다 / 성령 하나님 * cf. 예수님이 세례 받을 당시 성령이 비둘기(乙=새) 같이 임하심	

86	己	ㄱ(工변형) + ㄴ 장인 공 숨을 은	몸 기
		창조주(ㄱ) 하나님이 생기(ㄴ)를 넣은 곳이 몸(己)이다.	
		몸, 자기, 자아, 사욕, 어조사, 다스리다	

87	飞 (飛)	乛(乙변형) + ⺀(八변형) 새 을 여덟 팔	날 비
		성령(乛) 충만한 인간들(⺀)이 하늘을 난다(飞).	
		날다, 지다, 떨어지다, 오르다, 빠르다, (근거 없는 말이)떠돌다, 튀다, 뛰어 넘다, 날리다, 높다, 비방하다, 날짐승, 높이 솟은 모양, 무늬	

88	气 (氣)	𠂉(人변형) +一 + 乛(乙변형) 사람 인 한 일 새 을	기운 기
		성부(一) 성자(𠂉) 성령(乛) 하나님이 불어넣은 게 기운(气)이다.	
		기운, 기백, 기세, 힘, 숨, 공기, 냄새, 바람, 기후, 날씨, 자연 현상, 기체, 가스, 성내다, 화내다, (음식을)보내다, 음식물 / 생기	

89	几 (凡)	ノ + 乛(乙변형) 삐침 별 새 을	안석 궤
		예배할 때, 인간은 새(乛)같이 임하는 성령(ノ)께 기댄다(几).	
		안석(벽에 세워 앉을 때 몸을 기대는 방석), 제향에 쓰는 기구, 책상, 함께 지내는 모양, 기대다, 몇, 얼마, 어느 정도, 그, 거의, 어찌, 자주, 종종, 조용하고 공손하게 / 예배자, 예배, 제사	

上(23)⋯口⋯凵⋯匚⋯工⋯⋺⋯丑

90	口	ㄴ(上변형) + ㄱ(下변형) 위 상　　　아래 하	입 구
		위(ㄴ)에 계신 하나님과 아래(ㄱ)로 내려오신 예수님은 본래 말씀(口)이시다.	
		입, 어귀, 사람이 드나들게 만든 곳, 인구, 주둥이, 부리, 아가리, 입구, 항구, 관문 따위, 구멍, 말하다, 입 밖에 내다 / 하나님, 말씀, 인간 cf. 진리의 말씀(口)을 내는 몸이 입(口)이다. / '입' 모양을 본딴 글자임.	

91	凵	口 - 一 입구　　한 일	그릇 감 입 벌릴 감
		인간(口)은 하나님(一)을 담는 그릇(凵)이다.	
		입을 벌리다, 위가 터진 그릇	

92	匚	口 - ㅣ 입구　뚫을 곤	감출 혜 상자 방
		인간(口)은 진리(ㅣ)를 감추는(匚) 그릇이다.	
		상자, 모진 그릇, 감추다, 덮다 cf. 匚 = 튼입 구 = 터진에운 담	

93	工 (ㄱ,ㄱ,匚)	二 + ㅣ 두 이　뚫을 곤	만들 공 장인 공
		진리(ㅣ)가 천지(二)를 만드셨다(工).	
		장인, 기교, 솜씨, 일, 기능, 공업, 인공, 여공, 관리, 음악을 연주하는 사람, 공교하다, 잘하다, 뛰어나다, 정교하다, 정치하다, 만들다 / 창조주 하나님　＊cf. 匚(상자 방, 감출 혜)	

94	⋺ (⋺,彑)	一 + ㄱ(工변형) 한 일　만들 공	(돼지)머리 계 (고슴도치)머리 계
		창조주(ㄱ) 하나님(一)은 만물의 머리(⋺)시다.	
		돼지 머리, 고슴도치 머리 / 하나님의 손, 용서하시는 하나님 cf. 又(又변형) 또 우, '오른손', ' 거듭 용서하다'는 뜻이 있음.	

95	丑	ㄱ(工변형) + 十 장인 공　　열 십	소 축
		창조주(ㄱ)가 십자가(十)에 죽어 소(丑)제물이 되셨다.	
		소, 수갑, 용모가 추하다, 밉다, 나쁘다, 미워하다, 제물 cf. 丑 = 刃(칼날 인) + 一(한 일) : 하나님의 칼, 하나님의 심판	

□(90)···尸···尺···戶···声

		口 + 丿 입 구 삐침 별	주검 시
96	**尸**	영(丿)이 빠져나간 사람(口)은 시체(尸)다.	
		주검, 시체, 신주(죽은 사람의 위패), 시동(제사 때 신을 대신하는 아이), 시체를 매달다, 세체 같다, 진을 치다, 주장하다, 주관하다	

		丶 + 尸 불똥 주 주검 시	집 호
97	**戶**	생명(丶)이 깃든 주검(尸)은 하나님의 집(戶)이다.	
		집, 지게, 구멍, 출입구, 주량, 방, 사람, 막다, 지키다, 주관하다 / 하나님의 집	

		尸 + 乀 주검 시 흐를 이	자 척
98	**尺**	주검(尸)에 성령이 흐르고(乀) 있는지가 구원의 척도(尺)다.	
		자, 길이, 길이의 단위, 법, 법도, 백의 한 부위, 편지, 서간, 기술자, 증명서, (자로)재다, 짧다, 작다, 조금	

		士 + 尹변형 선비 사 바랄 파	소리 성
99	**声** (聲)	예수님(士)이 듣기를 바라는(尹) 것은 회개의 소리(声)다.	
		소리, 풍류, 노래, 이름, 명예, 소리를 내다, 말하다, 선언하다, 펴다, 밝히다	

		<基礎복음한자맵> 다음 한자맵을 눈을 감고 마음에 그리며 순서대로 쓴다.	
		口(90)···門···鬥	

100	門	ㅣ + 曰 + 曰 + 亅 뚫을 곤 가로 왈 가로왈 갈고릴 궐	문 문
		진리(ㅣ)의 말씀(曰)이요, 구원(亅)의 말씀(曰)인 예수님은 구원의 문(門)이다.	
		문, 집안, 문벌, 동문, 전문, 방법, 방도, 가지, 과목, 부문, 종류, 분류, 비결, 요령	

101	鬥	ㅣ + 王 + 王 + 亅 뚫을 곤 임금 왕 임금 왕 갈고리 궐	싸울 두
		진리(ㅣ)과 심판과 은혜의 구원(亅)사이에서 세상 왕(王)과 우리 왕(王)이 싸우신다(鬥).	
		싸우다, 싸우게 하다, 승패를 겨루다, 투쟁하다, 다투다, 경쟁하다, 당하다, 맞서다, 한데 모으다, 맞추다, 합치다, 싸움	

上	위 상	헤아리시는(卜) 하나님(一)은 위(上)에 계신다. 위, 앞, 첫째, 옛날, 이전, 임금, 군주, 높다, 올리다, 드리다, 진헌하다, 오르다 탈 것을 타다, 하나님
中	가운데 중	하나님이 진리(ㅣ)를 세운 곳이 에덴동산(口) 가운데(中)다. 안, 속, 사이, 마음, 몸, 신체, 장정, 중매, 가운데에 있다, 부합하다, 해당하다, 뚫다, 바르다, 곧다, 가득 차다, 이루어지다, 고르다
下	아래 하	헤아리시는(卜) 하나님(一)이 아래(下)로 내려오셨다. 아래, 밑, 뒤, 끝, 임금, 귀인의 거처, 아랫사람, 천한 사람, 내리다, 낮아지다, (자기를)낮추다, 없애다, 물리치다, 손대다, 항복하다
前	앞 전	땅에서 사람들(쓰)이 몸(月)으로 한 행실을 심판(刂)하실 날이 미래(前)에 있다. 먼저, 미래, 앞날, 미리, 앞서다, 나아가다, 인도하다, 뵙다, 찾아뵙다, 소멸하 다, 자르다
後	뒤 후	사람들(彳)을 위해 아기(幺) 예수님이 아담에 뒤져(夊) 뒤(後)에 오셨다. 뒤, 곁, 딸림, 아랫사람, 뒤떨어지다, 뒤지다, 뒤서다, 늦다, 뒤로 미루다, 뒤로 돌리다, 뒤로 하다, 임금, 왕후, 후비, 신령
左	왼 좌	예수님이 십자가(ナ)로 창조(工)를 도우셨다(左). 왼쪽, 증거, 증명, 낮은 자리, 아랫자리, 곁, 진보적, 낮추다, 옳지 못하다, 그르 다, 어긋나다, 멀리하다, 불편하다, 증거를 대다, 돕다, 내치다
右	오른 우	예수님이 십자가(ナ)로 인간(口)을 도우셨다(右). 오른쪽, 오른손, 우익, 서쪽, 높다, 귀하다, 숭상하다, 돕다, 강하다, 굽다, 권하 다

기장의
복음한자

V

기본복음한자(2단계)

102	二	一 + 一 한 일 한 일	두 이

궁창 위(一) 아래(一) 물로 나뉜 날이 둘째(二) 날이다.

둘, 버금, 둘로 하다, 천지, 세상

103	三	二 + 一 두 이 한 일	석 삼

천지(二)에서 뭍(一)이 드러난 날이 셋째(三) 날이다.

셋, 자주, 거듭, 세 번, 여러 번, / 삼위일체 하나님

104	丰	三 + ㅣ 석 삼 뚫을 곤	예쁠 봉

삼(三)위일체 진리(ㅣ)의 하나님은 아름다우시다(丰).

예쁘다, 어여쁘다, 아름답다, 우거지다, 무성하다, 풍채(드러나 보이는 사람의 겉모양),
풍부하다, 풍족하다 / 삼위일체 하나님
cf. 천지(二)를 잇는 구원의 십자가(十)는 예쁘다(丰).

105	王	二 + 十 두 이 열 십	임금 왕

십자가(十)로 천지(二)를 이으신 예수님이 임금(王)이시다.

수령, 으뜸, 통치하다, 크다, (향하여)가다, (더욱)낫다, 천자(예수님)

106	玉	王 + 丶 임금 왕 불똥 주	보배 옥

왕(王)이신 예수님의 피(丶)는 보배롭다(玉).

구슬, 아름다운 덕, 아름답다, 출륭하다, 소중하다
cf. 國=国 / 玉(王+丶)=或(口+一+戈)
cf. 하나님 나라: 왕(王)이신 말씀(口)의 하나님(一)이 창(戈)에 찔려 피(丶)
흘리심으로 세운 나라(國)

107	主	丶 + 王 불똥 주 임금 왕	주인 주 임금 주

생명(丶)의 왕(王)이 우리의 주인(主)이시다.

임금, 우두머리, 상전, 주체, 당사자, 자신, 주장하다, 여호와 하나님

108	羊	ソ(八변형) + 王 여덟 팔 임금 왕	양 양

사람들(ソ)의 왕(王)이신 예수님이 하나님의 어린
양(羊)이다.

양, 상서롭다, 배회하다, 하나님의 어린 양
cf. 인간들(丷)을 위해 땅(一)에서 십자가(十)를 지신 예수님은
하나님의 어린 양(羊)이시다.

109	不	一 + 个 한 일　낱 개	아니 부(불)
		하나님(一)은 사람(个)이 아니시다(不).	
		아니다, 아니하다, 못하다, 없다, 말라, 아니 하냐, 이르지 아니하다, 크다, 불통, cf. 个(낱 개) - 하나, 개, 명, 사람, 키, 크기, 곁방, 어조사, 이, 단독의	
110	丕	二 + 个 두 이　낱 개	클 비
		사람(个)으로 오셔서 천지(二)를 이으신 분은 크시다(丕).	
		크다, 받들다, 받다, 엄숙하다, 장중하다, 처음, 으뜸, 이에, 곧(=어조사)	
111	五	二 + 力 두 이　힘 력	다섯 오
		천지(二)를 힘써(力) 생물들을 채운 날이 다섯째(五) 날이다.	
		다섯, 다섯 번, 다섯 곱절, 오행, 제위(제왕의 자리), 별 이름	
112	豆	一 + 口 + 丷 한 일　입 구　풀 초	콩 두
		하나님(一) 말씀(口)따라 사람들(丷)이 드리는 게 제사(豆)다.	
		콩, 제기(제사 그릇), 제수(제사 재료), 술그릇, 식기, 제사	
113	鬲	一 + 口 + 冂변형 + 丅변형 한 일　입 구　그물 망　아래 하	막을 격 솥 력
		죄 그물(冂)에 갇힌 인간(口)을 하나님(一)이 아래로(丅) 내려와 막으셨다(鬲).	
		막다, 가로막다, 횡격막, 솥, 노예, 잡다, 움켜쥐다	

114	**才**	一 + ノ + 亅 한 일　삐침 별　갈고리 궐　　　　**재주 재**
		영(ノ)이신 하나님(一)은 구원(亅)하는 재주(才=手)가 있으시다.
		재주, 재능 있는 사람, 근본, 바탕, 기본, 겨우, 조금, 결단하다, / 능력, 삼위일체 구원의 하나님
115	**手** (扌=ヨ)	ノ + 才 삐침 별　재주 재　　　　**손 수**
		성령(ノ)은 인간을 구원하는 능력(才) 있는 손(手)같다.
		손, 재주, 솜씨, 수단, 방법, 계략, 사람, 필적, 권한, 권능, 가락, 쥐다, 묶어 두다, 치다　cf. ヨ(ヨ)=コ(エ)+一
116	**我**	手 + 戈 손 수　창 과　　　　**나 아**
		손(手)에 창(戈)을 들고 예수님을 찌른 게 나(我)다.
		나, 우리, 외고집, 나의, 아집을 부리다, 굶주리다
117	**牙**	一 + 丶 + 才 한 일　불똥 주　재주 재　　　　**어금니 아**
		하나님(一)의 피(丶)는 죄를 부수는 능력(才)을 가진 어금니(牙)같다.
		어금니, 대장깃발, 관아, 말뚝, 본진, 깨물다, (이를)갈다, 싹트다, 곧지 아니하다

<基本복음한자맵> 다음 한자맵을 눈을 감고 마음에 그리며 순서대로 쓴다.

亅(6)…才…手…我…牙

八(8)···公···分···穴

118	公	八 + 厶 여덟 팔 아무 모	공평할 공
		인간들(八)은 누구나(厶) 공평하다(公).	
		공평하다, 공변되다, 공평무사하다, 숨김없이 드러내 놓다, 함께 하다, 공적인 것, 상대를 높이는 말, 벼슬, 존칭, 귀인, 제후, 관청, 널리, 여럿	
119	分	八 + 刀 여덟 팔 칼 도	나눌 분
		하나님이 심판하여(刀) 인류에게서 여덟(八)명을 나누셨다(分).	
		나누다, 베풀어 주다, 나누어지다, 구별하다, 명백하게 하다, 헤어지다, 떨어져 나가다, 구별, 다름, 나누어 맡은 것, 몫, 분수, 운명, 인연, 신분, 직분, 단위, 24절기의 하나, 푼(엽전의 단위)	
120	穴	宀 + 八 집 면 여덟 팔	구멍 혈
		생명의 집(宀)인 사람(八)에게 생기가 들어간 곳은 코 구멍(穴)이다.	
		구멍, 굴, 동굴, 구덩이, 움집, 움막, 무덤, 묘혈, 광맥, 혈, 곁, 옆, (구멍을)뚫다, 헐거하다 그릇되다, 굽다, 연구하다	

八(8)···谷···容

121	谷	八 + 人 + 口 여덟 팔 사람 인 입 구	골 곡
		노아 홍수로 살아남은 여덟(八) 인간(人)의 입(口)은 욕망의 골짜기(谷)다.	
		골, 골짜기, 깊은 굴, 경혈, 곡식, 곤궁, 동풍, 키우다, 성장시키다, 곤궁하다, 막히다, 나라 이름, 벼슬 이름	
122	容	宀 + 谷 집 면 골 곡	얼굴 용
		생명의 집(宀)인 마음의 골(谷)이 드러나는 곳은 얼굴(容)이다.	
		얼굴, 모양, 용모, 몸가짐, 용량, 속내, 나부끼는 모양, 어찌, 혹은, 담다, 그릇 안에 넣다, 용납하다, 받아들이다, 용서하다, 몸을 꾸미다, 맵시를 내다, 조용하다, 권하다, 쉽다	

小(9)···少···尙···示

123	少	小 + ノ 작을 소 삐침 별	적을 소
		작은(小) 모습으로 오신 성령(ノ)을 영접하는 사람들이 적다(少).	
		적다, 작다, 줄다, 적다고 여기다, 젊다, 비난하다, 헐뜯다, 경멸하다, 빠지다, 젊은이, 어린이, 버금, 잠시, 잠깐	
124	尙	小 + 冂 + 口 작을 소 멀 경 입 구	오히려 상 높은 상
		말씀(口)으로 덮는(冂) 예수님(小)은 높으시다(尙).	
		오히려, 더욱이, 또한, 아직, 풍습, 풍조, 높다, 숭상하다, 높이다, 자랑하다, 주관하다, 장가들다, 꾸미다, 더하다	
125	示	二 + 小 두 이 작을 소	보일 시
		작은(小) 아이로 오신 예수님은 천지(二)의 모든 것을 보신다(示).	
		보이다, 보다, 간주하다, 알리다, 일러주다, 지시하다 / 하나님	

日	해 일	하나님(一) 말씀(口)은 해(日)같다. 해, 날, 낮, 날수, 기한, 달력, 낮의 길이, 매일, 말씀, 하나님
月	달 월	한 몸으로 덮어(冂) 창조된 인간들(八)은 해를 반사하는 달(月)같다. 달, 세월, 달을 세는 단위, 월경, 경수, 몸, (생명을 생산하는)인간
火	불 화	인간들(八)은 인자(人)와 동행할 때 빛나는 불(火)같다. 불, 열과 빛, 타는 불, 화재, 한패, 동행자, 동반자, 급하다, 불사르다,
水	물 수	인자(一)가 구원하려고(亅) 창에 찔려(匕) 흘린 것이 물(水)이다. 물, 강물, 홍수, 적시다, 축이다, 헤엄치다, 공격하다, 평평하다
木	나무 목	인자(人)께서 달린 십자가(十)는 나무(木)다. 나무, 목재, 널, 관, 형구(형벌, 고문하는데 쓰는 기구), 질박하다(꾸민 데 없이 수수하다), 꾸밈이 없다, 십자가
金	쇠 금	인자(人)를 왕(王)으로 모신 인간들(八)의 믿음이 금(金)같다. 쇠, 금, 돈, 화폐, 귀하다, 믿음
土	흙 토	죽어(十) 땅(一)으로 돌아가는 인간의 재료가 흙(土)이다. 영토, 장소, 토지의 신, 자리 잡고 살다, 재다, 헤아리다, 측량하다, 뿌리, 찌꺼기, 하찮다

爪(10)…瓜…采…菜…爭…孚…妥

126	瓜	爪 + 入 손톱 조 들 입	오이 과
		삼위일체 하나님(爪)이 인간 안에 들어오면(入) 오이(瓜)처럼 익는다.	
		오이, 참외, 모과, 달팽이, (오이가)익다	

127	采	爫 + 木 손톱 조 나무 목	캘 채 풍채 채
		삼위일체 하나님(爫)이 십자가(木)로 구원할 자를 보물 캐듯(采) 하셨다.	
		풍채, 벼슬, 무늬, 나무꾼, 폐백, 참나무, 상수리나무, 주사위, 나물, 캐다, 뜯다, 채취하다, 채집하다, 고르다, 채택하다, 선택하다, 가리다, 분간하다, 채색하다	

128	菜	++ + 采 풀 초 캘 채	나물 채
		풀(++) 캐듯(采) 구원한 인간은 나물(菜)같다.	
		나물, 술안주, 반찬, 채마밭, 주린 빛, (나물을)캐다, 채식하다, 창백하다, 굶주리다 cf. 먹기 위해 캐는(采) 풀(++)이 나물(菜)이다.	

129	爭	爫 + 尹 손톱 조 다스릴 윤	다툴 쟁
		삼위일체 하나님(爫)이 인간을 다스리려고(尹) 사탄과 다투셨다(爭).	
		다투다, 논쟁하다, 다투게 하다, 간하다, 경쟁하다, 모자라다, 차이 나다, 다툼, 싸움, 어찌, 어떻게, 하소연	

130	孚	爫 + 子 손톱 조 아들 자	미쁠 부
		삼위일체 하나님(爫)의 아들(子)은 미쁘시다(孚).	
		미쁘다, 붙다, 붙이다, 달리다, (알이)깨다, 기르다, 자라다, 빛나다, 껍질, 겉겨, 알, 씨, 옥이 빛나는 모양	

131	妥	爫 + 女 손톱 조 여자 여	온당할 타
		삼위일체 하나님(爫) 아래 있는 여자(女)는 온당하다(妥).	
		온당하다, 마땅하다, 타당하다, 평온하다, 편안하다, 편안하게 앉다, 안치하다, (아래로)떨어지다	

亠(12)…六…立…竝…辛…宰

		亠 + 八 머리 두 여덟 팔	여섯 육
132	六	하나님(亠)이 인간들(八)을 만든 날이 여섯(六)째 날이다.	
		여섯, 여섯 번, 죽이다	

		亠 + 丷 머리 두 풀 초	설 립
133	立	하나님(亠)이 사람들(丷)을 세우셨다(立).	
		똑바로 서다, 확고히 서다, 이루어지다, 정해지다, 전해지다, 임하다, 즉위하다, 존재하다, 나타나다, 곧, 낟알	

		立 + 立 설 립 설 립	아우를 병 나란히 병
134	竝 (幷, 並)	아담과 하와가 서서(立立) 아울러(竝) 있다.	
		모두, 나란히 서다, 견주다, 함께 하다, 겸하다, 아우르다, 어울리다, 병합하다, 물리치다, 곁, 잇다, 짝하다 cf. 의롭게 서신(立) 예수님 옆에 함께 서면(立) 우리도 아울러(竝) 의롭게 된다. cf. 죄 짓고 달아나는(业=北) 일에 사람들(丷)이 서로 아우르다(並).	

		立 + 十 설 립 열 심	매울 신
135	辛	십자가(十)에 세워진(立) 예수님은 괴로우시다(辛).	
		맵다, 독하다, 괴롭다, 고생하다, 슬프다, 살생하다, 매운 맛, 허물, 큰 죄, 새, 새 것, 여덟째 천간	

		宀 + 辛 집 면 매울 신	재상 재
136	宰	하나님의 집(宀)에서는 괴로운(辛) 십자가를 진 사람이 다스린다(宰).	
		재상, 가신, 우두머리, 벼슬아치, 관원, 주재자, 요리사, 무덤, 분묘, 주관하다, 다스리다, 도살하다, (고기를)저미다, 썰다	

ㅗ(12)…京…亨…享…亭

		亠 + 小 + 口 머리 두 작을 소 입 구	서울 경
137	**京**	하나님(亠)이 작은(小) 인간(口)으로 오신 예루살렘이 영적 서울(京)이다.	
		서울, 수도, 높은 언덕, 경관, 큰 창고, 고래, 근심하는 모양, 크다, 성하다, 높다, 근심하다, 가지런하다	
		亠 + 口 + 了 머리 두 입 구 마칠 료	**형통할** 형
138	**亨**	하나님(亠) 말씀(口)대로 마친(了) 일이 형통한다(亨).	
		형통하다, 통달하다, (제사)올리다, 제사, 드리다, (음식을)올리다, 삶다	
		亠 + 口 + 子 머리 두 입 구 아들 자	**누릴** 향
139	**享**	하나님(亠) 말씀(口)대로 드린 아들(子) 제사를 하나님이 누리신다(享).	
		누리다, 드리다, 제사지내다, 흠향하다,	
		亠 + 口 + 冖 + 丁 머리 두 입 구 덮을 멱 장정 정	**정자** 정
140	**亭**	하나님(亠) 말씀(口)대로 예수님(丁)의 피로 덮은(冖) 곳이 안식처(亭)다.	
		정자, 역마을, 여인숙, 초소, 한가운데, 평평하게 하다, 기르다, 곧다, 우뚝 솟다, 알맞다, 균등하다, (물이)머무르다	

亠(12)⋯亡⋯言⋯卒

141	亡	亠 + ㄴ변형 머리 두 위 상	망할 망 없을 무
		머리(亠) 되신 하나님이 위(ㄴ)에서 내려오시면 세상은 망한다(亡).	
		망하다, 멸망하다, 멸망시키다, 도망하다, 달아나다, 잃다, 없어지다, 없애다, 죽다, 잊다, 업신여기다, 경멸하다, 죽은, 고인이 된, 없다, 가난하다	

142	言	亠 + 二 + 口 머리 두 두 이 입 구	말씀 언
		하나님(亠)이 천지(二)에 입(口)으로 말씀하셨다(言).	
		말, 의견, 글, 언론, 맹세의 말, 호령, 하소연, 건의, 계책, 허물, 요컨대, 여쭈다, 적어 넣다, 소송하다, 이간하다, 알리다, 예측하다, 조문하다, 화기애애하다	

143	卒	亠 + 人,人 + 十 머리 두 사람 인 열 십	마칠 졸
		하나님(亠) 앞에서 인간들(人人)이 죽어(十) 생을 마친다(卒).	
		마치다, 죽다, 끝내다, 모두, 죄다, 갑자기, 마침내, 무리, 백 사람, 병졸, 하인, 나라, 마을, 버금	

㇏(13)⋯乍

144	乍	㇏(人변형) + ㅣ + ⼳(八변형) 사람 인 뚫을 곤 여덟 팔	잠깐 사
		인자(㇏)께서 진리(ㅣ)로 인간들(⼳)을 만드는 건 잠깐(乍)이다.	
		잠깐, 잠시, 언뜻, 별안간, 차라리, 바로, 마침, 겨우, 근근이, 처음으로, 비로소, 일어나다, 일으키다, 쪼개다, 공격하다	

卜(18)···卞···卡··卡

145	卞	亠 + 卜 머리 두 점 복	법 변
		모든 것을 헤아리시는(卜) 하나님(亠)이 법(卞)이다.	
		법, 법제, 고깔, 무술의 하나, 땅의 이름, 성급하다, 조급하다, 분별하다, (맨손으로)치다	
146	卡	上 + 卜 위 상 점 복	지킬 잡
		위(上)에 계신 하나님이 헤아려(卜) 지키신다(卡).	
		꼭 끼이다. 기침하다, 관문, 길이 험한 곳	
147	卡	上 + 小 위 상 작을 소	아저씨 숙 콩 숙
		위(上)에 계신 예수님(小)이 재림하시는 때가 말세(卡)다.	
		아저씨, 아재비, 시동생, 끝, 말세, 콩, 젊다, 나이가 어리다, 줍다, 흩어져 있는 것을 줍다	

卜(18) ··· 占···鹵

148	占	卜 + 口 점 복 입 구	차지할 점 점칠 점
		하나님이 인간(口)을 헤아려(卜) 점령하셨다(占).	
		점령하다, 차지하다, 점치다, 자세히 살피다, 입으로 부르다, 묻다, 불러주다, 엿보다, 지니다, 헤아리다, 보고하다, 점, 징조	
149	鹵	占 + 乂 + 灬 차지할 점 벨 예 불 화	소금 로
		죄를 베고(乂) 점령한(占) 생명들(灬)은 세상의 소금(鹵)이다.	
		소금, 소금밭, 개펄, 황무지, (큰)방패, 어리석음, 우둔하다, 노략질하다	

<基本복음한자맵> 다음 한자맵을 눈을 감고 마음에 그리며 순서대로 쓴다.

ㅏ(18)···止···企···正

150	止		+上 뚫을 곤 윗 상	그칠 지

위(上)에 계신 진리(|)의 하나님이 죄를 그치신다(止).

그치다, 폐하다, 금하다, 멎다, 억제하다, 없어지다, 머무르다, 붙들다, 모이다, 사로잡다, 이르다, 되돌아오다, (병이)낫다, 떨어버리다, 만족하다, 기다리다, 예의, 법, 거동, 한계, 겨우,

151	企	人 + 止 사람 인 그칠 지	꾀할 기

하나님이 인간(人)이 죄를 그치게(止) 할 계획을 꾀하셨다(企).

꾀하다, 도모하다, 발돋움하다, 계획하다, 기대하다, 마음에 두다, 기도하다, 바라다, 희망하다

152	正	一 + 止 한 일 그칠 지	바를 정

하나님(一)이 죄를 그치도록(止) 인간을 바로잡으셨다(正).

바르다, 정당하다, 정직하다, 바로잡다, 서로 같다, 다스리다, 결정하다, 순수하다, (자리에)오르다, 말리다, 정벌하다, 정치, 증거, 표준, 처음, 과녁, 가운데, 가령

<基本복음한자맵> 다음 한자맵을 눈을 감고 마음에 그리며 순서대로 쓴다.

ㅏ(心19) ···必···宓

153	必	心 + ノ 마음 심 삐침 별	반드시 필

성령(ノ)이 인간의 마음(心)에 반드시(必) 필요하다.

반드시, 틀림없이, 꼭, 오로지, 가벼이, 소홀히, 기필하다, 이루어내다, 전일하다

154	宓	宀 + 必 집 면 반드시 필	잠잠할 밀 성씨 복

하나님의 집(宀)은 반드시(必) 잠잠해야(宓) 한다.

성(姓)의 하나, 잠잠하다, 편안하다, 몰라, 비밀히, 고요한 모양

爿(21)···爿···片···丫

155	爿	爿 + 丁변형 얽힐 구 아래 하	나무조각 장
		예수님이 내려와(丁) 죄에 얽혀 죽으신 십자가는 나무조각(爿)이다.	
		나뭇조각, 널조각, 창(무기의 하나), 평상, 장수장변, 걸다	
156	片	丿 + 上(上) + 丁(下) 삐침 별 윗 상 아래 하	나무조각 편
		영(丿)이신 하나님이 위(上)에서 내려와(丁) 달린 십자가는 나무조각(片)이다.	
		조각, 한 쪽, 납작한 조각, 명함, 아주 작음, 쪼개다, 절반	
157	丫	丨변형 + 丨변형 점 복 점 복	쌍상투 관
		헤아리고(丨) 헤아리는(丨) 아이는 사납다(丫).	
		쌍상투, 총각, 어린아이, 어린 시절, 어리다, 쇳돌, 돌침(돌을 가지고 놓는 침) 사납다	

下(24)···雨···兩···面···而···丂···丙···両

158	雨	T변형 + 冂 + ⺍ 아래 하 멀 경 불 화	비 우
		예수님이 내려와(下) 생명들(⺍)을 피로 덮는(冂) 모습이 비(雨)같다.	
		비, 많은 모양, 흩어짐, 가르침, 벗의 비유, (하늘에서)떨어지다, (물을)대다, 윤택하게 하다	

159	兩	T변형 + 冂 + 人人 아래 하 멀 경 사람 인	두 량
		하나님이 내려와(T) 덮어주신(冂) 사람들(人人)은 남녀 둘(兩)이다.	
		둘, 짝, 쌍, 두 쪽, 동등한 것, 기량, 기능, 무게의 단위, 필(길이의 단위), 꾸미다, 아울러, 겸하여, 화폐단위(냥)	

160	面	一 + 丶 + 回 한 일 불똥 주 돌아올 회	낯 면
		하나님(一)이 예수님의 피(丶)로 돌이킨(回) 인간을 대면하다(面).	
		얼굴, 표정, 모양, 겉, 겉치레, 가면, 앞, 방면, 평면, 밀가루, 국수, 만나다, 대면하다, 등지다, 외면하다, 향하다	

161	而	一 + 丶 + 冂 + ㅣㅣ 한 일 불똥 주 멀 경 뚫을 곤	말이을 이 능히 능
		하나님(一)은 피(丶)로써 진리의 인간들(ㅣㅣ)을 덮는(冂) 일에 능하시다(而).	
		말을 잇다, 같다, 너, 자네, 구렛나룻, 만약, 뿐, 따름, 그리고, ~로서, ~에, ~하면서, 그러나, 능히, 재능, 능력	

162	丂 (ㄅ)	T변형 + ㄱ변형 아래 하 장정 정	공교할 교
		아래로(T) 내려오신 예수님(ㄱ)은 아름다우시다(丂).	
		공교하다, 솜씨가 있다, 예쁘다, 아름답다, 약삭빠르다, 재주, 책략, 작은 꾀, 교묘하게	

		ー ＋ 冂 ＋ 人	남녘 병
		한 일 멀 경 사람 인	
163	丙	하나님(ー)이 사람(人)을 가죽옷으로 덮어주신(冂) 곳이 남쪽(丙)이다.	
		남녘, 불, 묘막(묘지기가 사는 집), 밝다, 빛나다,	

		ー ＋ 凵 ＋ 冂	덮을 아
		한 일 입벌릴감 멀 경	
164	襾	하나님(ー)이 죄로 공허한(冂) 입 벌린(凵) 사람을 덮으셨다(襾).	
		덮다, 가리어 덮다	

<基本복음한자맵> 다음 한자맵을 눈을 감고 마음에 그리며 순서대로 쓴다.

丆(丅, 下 24)···石

		丆(下변형) ＋ 口	돌 석
		아래 하 입 구	
165	石	하나님이 시내산에 내려와(丆) 말씀(口)을 새긴 곳이 돌(石)이다.	
		돌, 섬(10말 용량 단위), 돌바늘, 돌비석, 돌팔매, 숫돌, 무게의 단위, 돌로 만든 악기, 저울, 녹봉, 굳다, (돌을)내던지다, 쓸모없다 cf. 하나님이 시내산에서 십계명(말씀)을 돌판에 새기심. 예수님이 베드로(반석=돌)에 말씀을 새기심.	

166	土	十 + 一 열 십 한 일	흙 토
		죽어(十) 땅(一)으로 돌아갈 인간의 재료가 흙(土)이다.	
		흙, 땅, 육지, 토양, 국토, 영토, 곳, 장소, 지방, 고향, 향토, 토착민, 토지의 신, 살다, 자리 잡고 살다, 재다, 측량하다, 헤아리다, (나무)뿌리, 쓰레기, 찌꺼기, 하찮다 / (죽는) 인간	

167	耂 (老)	土 + 丿 흙 토 삐침 별	늙을 노
		성령(丿)으로 충만한 인간(土)이 어른(老)이다.	
		늙다, 익숙하다, 노련하다, 숙달하다, 대접하다, 공경하다, 오래 되다, 생애를 마치다, 쇠약하다, 거느리다, 굳게 하다, 어른, 부모, 신의 우두머리, 항상, 늘, 접두사, 접미사	

168	士	十 + 一 열 십 한 일	선비 사
		땅(一)에서 십자가(十) 지신 예수님은 어진 선비(士)같다.	
		선비, 관리, 사내, 남자, 군사, 병사, 일, 직무, 벼슬하다, 일삼다, 종사하다, 군인의 계급 / 십자가에 죽으시고 부활하신 예수님	

169	壬	丿 + 士 삐침 별 선비 사	짊어질 임
		성령(丿)에 힘입어 예수님(士)이 십자가를 짊어지셨다(壬).	
		짊어지다, 북방, 아홉째 천간, 간사하다, 아첨하다, 크다, 성대하다	

170	干	一 + 十 한 일 열 십	막을 간 방패 간
		하나님(一)이 십자가(十)로 죄를 막으셨다(干).	
		방패, 과녁, 막다, 방어하다, 요구하다, 범하다, 줄기, 몸, 본체, 근본, 재능, 용무, 등뼈, 건조하다, 건성으로 하다	

十(28)…平…半…斗…乎

171	平	于 + 八 막을 간 여덟 팔	평평할 평 다스릴 편
		인간들(八)의 죄를 막기 위해(于) 제사로 평평하게 다스리셨다(平).	
		평평하다, 정리되다, 편안하다, 제정하다, 이루어지다, 바르다, 사사로움이 없다, 화목하다, 쉽다, 표준, 들판, 산에 지내는 제사, 보통 때, 다스리다, 관리하다, 나누다	

172	半	一 + 十 + 八 한 일 열 십 여덟 팔	반 반
		땅(一)에 세운 십자가(十)가 인간들(八)을 반(半)으로 나눴다.	
		평상, 상, 소반, 마루, 우물 난간, 기물을 세는 단위	

173	斗	⺌(八변형) + 十 여덟 팔 열 십	말 두 싸울 두
		십자가(十) 앞에서 사람들(八)의 죄를 다투다(斗).	
		말(용량의 단위), 홀연히, 갑자기, 떨다, 툭 튀어나오다, 털다, 뾰족하다, 싸우다, 다투다, 승패를 겨루다, 투쟁하다	

174	乎	于 + 八 어조사 우 여덟 팔	어조사 호
		하나님께 구원받은(于) 인간들(八)이 "아(乎)!"하고 감탄하다.	
		어조사, ~느냐?, ~랴?, ~겠지?, ~도다, ~에, ~보다, 그런가, 아!, 감탄사 cf. 于(=求 '구하다'는 뜻이 있음)	

十(28) … 牛 … 𡴖

175	牛	⺊(人변형) + 十 사람 인 열 십	소 우
		십자가(十)에 달린 인자(⺊)는 구약의 소(牛)제물이다.	
		소, 별 이름, 견우성, 우수, 희생, 고집스럽다, 순종하지 않다, 무릅쓰다 cf. 인간(土)의 생명(丶)을 대신 한 제물이 소(牛)다.	

176	𡴖	丶 + 十 + 十 + 一 불똥 주 열 십 한 일	걸을 과
		예수님이 십자가(十)를 지고 땅(一) 위에 피(丶) 흘리며 걸으셨다(𡴖).	
		걷다, 가랑이 벌려 걷다	

ナ(十28)…尢…尤…犮…无…旡

177	尢 (允)	ナ(十변형) + 乚 열 십　　숨을 은	절름발이 왕

십자가(ナ)에서 분리된 양심(乚)은 영적 절름발이(尢)다.

절름발이, 한쪽 정강이가 굽은 사람, 등이 굽고 키가 작은 사람, 더욱, 한층 더, 오히려,
도리어, 허물, 과실, 결점, 원한, 훌륭한
cf. 어진 인간(儿)이신 예수님에게서 분리된 인간들(八)을 영적 절름발이(允)다.

178	尤	尢 + 丶 절름발이 왕 불똥 주	더욱 우

은혜(丶)가 인간의 절름발이(尢) 마음을 더욱(尤) 사로잡았다.

더욱, 오히려, 허물, 결점, 원한, 훌륭한 사람, 뛰어난 것, 으뜸, 탓하다, 책망하다,
같지 않다, 멀리 떨어지다, 나쁘다, 너무 심하다, 주저하다, 가까이하다,
(마음을)사로잡히다

179	犮	ナ(十변형) + 乂 + 丶 열 십　　벨 예 불똥 주	달릴 발

십자가(ナ) 피(丶)로 심판받은(乂) 사탄이 달려(犮) 도망갔다.

달리다, 빼버리다, 뽑다, 개가 달리는 모양
cf. 개(犬)가 찔려(丿) 아파 달리는(犮) 모습을 본 딴 글자(?)

180	无	一 + 尢 한 일　절름발이 왕	없을 무

하나님(一)이 영적 절름발이(尢) 인간을 없애신다(无).

없다, 아니다, ~이 아니다, 말다, 금지하다, ~하지 않다, ~를 막론하고,
~하든 간에, 발어사

181	旡	丶 + 无 불똥 주　없을 무	목멜 기

심판받아 없어질(无) 인간이 예수님의 피(丶)에 목메다(旡).

목메다, (음식물이)목에 막히다, 이미기방, 없다, 아니다, ~이 아니다, 말다,
금지하다, ~하지 않다

十(28)…古…舌…克

182	古	十 + 口 열 심 입 구	옛 고
		인간(口)의 죽음(十)은 옛적(古) 일이다.	
		옛, 옛날, 선조, 묵다, 오래 되다, 예스럽다, 순박하다, 잠시, 우선	

183	舌	ノ + 十 + 口 삐침별 열십 입구	혀 설
		성령(ノ)으로 십자기(十)를 말하는(口) 게 혀(舌)다.	
		혀, 말, 언어, 과녁의 부분 cf. 입(口)으로 천(千) 가지 온갖 말을 하는 게 혀(舌)다.	

184	克	十 + 兄 열 십 맏 형	이길 극
		십자가(十)를 지는 형(兄)이 이긴다(克).	
		이기다, 해내다, 참고 견디다, 능하다, 능력이 있다, 이루어내다, 메다, 다스리다, 정돈하다	

ナ(十28)…女…安…毋…母…每

185	女	ナ(十변형) + 乂 열 십　　　　벨 예	여자 여
		심판(乂) 받아 죽게(ナ) 된 게 여자(女)다.	
		여자, 딸, 처녀, 너, 작고 연약한 것의 비유, 별의 이름, 시집보내다, 짝짓다, 짝지어 주다, 섬기다 cf. 영(丿)이신 하나님(一)이 만든 인간(人)이 여자(女)다.	
186	安	宀 + 女 집 면　　여자 여	편안할 안
		하나님의 집(宀)에 있는 여자(女)는 편안하다(安).	
		편안하다, 아무런 탈 없이 평안히 지내다, 즐거움에 빠지다, 즐기다, 좋아하다, 어찌, 이에, 곧, 어디에, 안으로, 속으로	
187	毋	女변형 + 十 여자 여　　열 십	말 무
		하나님의 은혜로 여자(女)가 죽지(十) 아니하다(毋).	
		말다, 없다, 아니다, (의심쩍어)결심하지 아니하다, 발어사(=차라리), 앵무새, 관직의 이름	
188	母	女변형 + 一 + 〻(八변형) 여자 여　한 일　　여덟 팔	어미 모
		여자(女)는 하나님(一)이 주신 생명들(ヽヽ)을 낳는 어머니(母)다.	
		어머니, 할머니, 모체, 암컷, 유모, 근본, 근원, 본전, 원금, 표준, 엄지손가락, 기르다, 양육하다, 모방하다, 본뜨다	
189	每	乛(人변형) + 母 사람 인　　어미 모	매양 매
		인자(乛)께서 어머니(母)처럼 늘(每) 함께 하신다.	
		매양, 늘, 마다, 비록, 탐내다, (풀이)우거지다	

ナ(十28)…右…若…友…左…有

190	右	ナ(十변형) + 口 열 십　　　　입 구	오른 우 도울 우
		예수님이 십자가(ナ)로 인간(口)을 오른쪽에서 도우셨다(右).	
		오른쪽, 오른손, 우익, 서쪽, 높다, 귀하다, 숭상하다, 돕다, 강하다, 굽다, 권하다	

191	若	++ + 右 풀 초　도울 우	같을 약
		도움(右)을 받는 인간은 풀(++)과 같다(若).	
		같다, 어리다, 이와 같다, 좇다, 너, 만약, 및, 이에, 어조사, 성의 하나	

192	友	ナ(十변형) + 又 열 십　　　또 우	벗 우
		십자가(ナ)로 용서하는(又) 예수님은 사람의 벗(友)이다.	
		벗, 동아리, 뜻을 같이 하는 사람, 벗하다, 사귀다, 우애가 있다, 사랑하다, 가까이하다, 돕다, 순종하다, 따르다, 짝짓다	

193	左	ナ(十변형) + 工 열 십　　　만들 공	왼 좌
		하나님이 십자가(ナ)로 창조(工)를 왼쪽에서 도우셨다(左).	
		왼, 왼쪽, 증거, 증명, 낮은 자리, 아랫자리, 곁, 근처, 부근, 진보적이고 혁명적인 경향, 낮추다, 옳지 못하다, 그르다, 어긋나다, 멀리하다, 불편하다, 증거를 대다, 돕다, 내치다	

194	有	ナ(十변형) + 月 열 십　　　육달 월	있을 유
		죄로 인해 죽음(ナ)이 몸(月)에 있다(有).	
		있다, 존재하다, 가지다, 소지하다, 독차지하다, 많다, 넉넉하다, 친하게 지내다, 알다, 소유, 자재, 소유물, 경계 안의 지역, 어조사, 혹, 또, 어떤	

基本복음한자맵> 다음 한자맵을 눈을 감고 마음에 그리며 순서대로 쓴다. **十(28)···千···禾···米···釆···罙**			

195	千	ノ + 十 삐침 별 열 십 십자가(十)와 성령(ノ)으로 생명을 얻은 사람이 많다(千). 일천, 밭두둑, 밭두렁, 초목이 무성한 모양, 아름다운 모양, 그네, 반드시, 기필코, 여러 번, 수효가 많다	일천 천
196	禾	ノ + 木 삐침 별 나무 목 몸에 생명(ノ)나무(木) 역할을 하는 게 벼(禾)다. 벼, 모, 곡식, 줄기, 해, 연(年), 따뜻하고 부드럽다, 말 이빨의 수효 / 생명나무 cf. 벼는 풀 종류인데도 나무 목 '木'이 사용된 이유는 '禾'가 '생명나무'를 상징하기 때문이다.	벼 화
197	米	八 + 木 여덟 팔 나무 목 십자가(木)는 인간들(八)에게 생명을 주는 쌀(米)같다. 쌀, 미터 / 생명나무	쌀 미
198	釆	ノ + 米 삐침 별 쌀 미 성령(ノ)으로 생명나무(米)를 분별한다(釆). 분별하다, 구분하다, 나누다, 밝히다, 따지다, 변론하다, 총명하다, 지혜롭다, 다스리다, 바로잡다, 쓰다, 부리다, 근심하다, 준비하다, 변하다, 바꾸다, 고깔, 갖추다, 두루, 널리, 깎아내리다, 편하다	분별할 변
199	罙	⼍ + 米 덮을 멱 쌀 미 생명나무(米)로 덮인(⼍) 사람들의 믿음이 점점(罙) 깊어지다. 점점, 더욱 더, 두루 다니다, 깊이 들어가다	점점 미

木(29)…本…末…未…朱…耒…朮

200	本	木 + 一 나무 목 한 일	근본 본
		하나님(一)의 나무 십자가(木)는 구원의 근본(本)이다.	
		근본, 뿌리, 줄기, 원래, 근원, 원천, 시초, 마음, 본성, 주가 되는 것, 바탕, 자기 자신, 조상, 부모, 임금, 조국, 고향, 본, 관향, 그루, 판본, 서책, 본전, 본가, 농업, 근거하다	
201	末	木 + 一 나무 목 한 일	끝 말
		십자가(木)를 지신 하나님(一)이 다시 오시는 때가 세상 끝(末)이다.	
		끝, 꼭대기, 마지막, 하위, 시간의 끝, 늘그막, 중요하지 않은 부분, 말세, 어지러운 세상, 수족, 신하, 백성, 가루, 마침내, 낮다, 천하다, 얇다, 없다, 칠하다, 문지르다, 늙다	
202	未	木 + 一 나무 목 한 일	아닐 미
		십자가(木)를 지신 하나님(一)이 아직 오시지 아니(未) 하였다.	
		아니다, 못하다, 아직~ 하지 못하다, 아니냐? 못하느냐? 미래, 장차	
203	朱	亠 + 木 사람 인 나무 목	붉을 주
		십자가(木)에 달리신 인자(亠)의 피는 붉다(朱).	
		붉다, 둔하다, 화장, 연지, 붉은빛, 줄기, 그루터기, 적토, 난쟁이	
204	耒	ノ + 未 삐침 별 아닐 미	쟁기 뢰(뇌)
		성령(ノ)은 믿음 아닌(未) 마음을 갈아엎는 쟁기(耒)다.	
		가래(흙을 파헤치거나 떠서 던지는 기구), 쟁기(논밭을 가는 농기구), 굽정이(땅을 가는 데 쓰는 농기구), 쟁깃술	
205	朮	木(十+儿) + 丶 나무 목 불똥 주	차조 출
		예수님(儿)이 십자가(十)에서 흘린 피(丶)는 생명을 살리는 차조(朮)같다.	
		차조(찰기가 있는 조), 삽주(국화과 풀)	

廾(31)···升···弁···卉···开···井

		ノ + 廾 삐침 별 받들 공	되 승 오를 승
206	**升**	성령(ノ)으로 하나님을 받드는(廾) 인간이 하늘로 오른다(升).	
		되(부피 단위), 새(직물의 날실 80올), 오르다, 떠오르다, (벼슬을)올리다, 나아가다, 천거하다, 태평하다, 융성하다, 이루다, (곡식이)익다, 바치다, 헌납하다	
		厶 + 廾 아무 모 받들 공	말씀 변 고깔 변
207	**弁**	누구나(厶) 받들어야(廾) 하는 게 하나님 말씀(弁)이다.	
		고깔, 말씀, 땅 이름, 나라 이름, 급하다, 빠르다, 떨다, 두려워하다, (손으로)치다, 즐거워하다, 갖추다, 구비하다	
		十 + 廾(卄) 열 십 받들 공/풀 초	풀 훼
208	**卉**	십자가(十)를 받드는(廾) 인간들은 풀(卉)같이 성하다.	
		풀, 초목, 많다, 빠르다, 성하다, 성한 모양	
		一 + 廾 한 일 받들 공	열 개
209	**开** **(開)**	하나님(一)을 받들면(廾) 하늘이 열린다(开).	
		열다, 열리다, (꽃이)피다, 펴다, 늘어놓다, 개척하다, 시작하다, 깨우치다, 타이르다, 헤어지다, 떨어지다, 사라지다, 소멸하다, 놓아주다, 사면하다, 끓다, 말하다, 출발하다, 평평하다	
		一 + 廾 한 일 받들 공	우물 정
210	**井**	하나님(一)을 받드는(廾) 예수님이 생수가 있는 우물(井)이다.	
		우물, 우물 난간, 정자꼴, 저자, 마을, 조리, 법도, (왕후의)무덤, 별의 이름, 반듯하다	

卄(卄31)…甘…世…共

211	甘	卄(卅) + 一 스물입 한일	달 감
		말씀은 하나님(一)을 받드는(卄) 인간에게 달다(甘).	
		달다, 달게 여기다, 맛좋다, 익다, 만족하다, 들어서 기분 좋다, 느리다, 느슨하다, 간사하다, 감귤, 맛있는 음식	
212	世	十 + 凵 + 一 열십 입벌릴감 한일	인간 세 대 세
		십자가(十)를 지신 하나님(一)께 입 벌리는(凵) 존재가 인간(世)이다.	
		인간, 일생, 생애, 한평생, 세대, 세간, 시대, 시기, 백 년, 맘, 세상, 여러 대에 걸친, 대대로 전해오는, 대를 잇다, 대대로 사귐이 있는	
213	共	++ + 一 + 八 풀초 한일 여덟팔	함께 공
		방주에서 하나님(一)과 여덟(八) 명의 인간들(++)이 함께(共) 했다.	
		한가지, 함께, 같이, 하나로 합하여, 같게 하다, 여럿이 하다, 공손하다, 정중하다, 공경하다, 이바지하다, 베풀다, 바치다, 올리다, 향하다, 맞다, 맞아들이다	

厂(32)…仄…厄

214	仄	厂 + 人 기슭엄 사람인	기울 측
		마구간(厂)에 오신 인자(人)께 마음이 기울다(仄).	
		기울다, 기울게 하다, (몸을)뒤척이다. 희미하다, (신분이)미천하다, 좁다, 협소하다, 곁, 옆, 측운, 어렴풋이	
215	厄	厂 + 卩(卩) 기슭엄 병부절	재앙 액
		인자(厂)가 주는 믿음의 표(卩)가 없는 게 재앙(厄)이다.	
		액, 불행한 일, 재앙, 멍에, 해치다, 핍박하다, 고생하다 * 卩(卩) - 병부(나무패). 신표(信標 증거가 되게 하기 위하여 서로 주고받는 물건) 믿음의 표	

216	**斤**	厂(人변형) + 丁(下변형) 사람 인 　아래 하	**도끼 근**
		하늘에서 내려오신(丁) 인자(厂)는 죄를 쪼개는 도끼(斤)같다.	
		도끼, 무게, 근(중량 단위), 자귀(나무를 깎아 다듬은 연장), 살피다, 삼가다, 베다 / 십자가	
217	**斥**	斤 + 丶 도끼 근 불똥 주	**물리칠 척**
		예수님의 피(丶)는 도끼(斤)로 찍듯 죄를 물리친다(斥).	
		물리치다, 내쫓다, 엿보다, 망보다, 가리키다, 나타나다, 드러나다, 열다, 넓히다, 개척하다, 크다, 붉다, 늪, 물가, 간석지, 개펄, 서까래, 방자하다, 제멋대로 하다, 훑다	
218	**丘**	斤 + 一 도끼 근 한 일	**언덕 구**
		도끼(斤)같이 죄를 찍는 십자가를 세운 땅(一)이 골고다 언덕(丘)이다.	
		언덕, 구릉, 무덤, 분묘, 마을, 촌락, 맏이, 뫼, 종, 하인, 폐허, 비다, 없다, 공허하다, 크다	
219	**后**	厂(人변형) + 一 + 口 사람 인 　한일 입구	**임금 후 뒤 후**
		하나님(一) 말씀(口)이 인자(厂)로 오셔서 임금(后)이 되셨다.	
		뒤, 곁, 딸림, 아랫사람, 뒤떨어지다, 뒤지다, 뒤서다, 늦다, 뒤로 미루다, 임금, 왕후, 후비, 신령	
220	**盾**	厂(人변형) ＋ 十 ＋ 目 사람 인 　열 십 눈 목	**방패 순**
		십자가(十)를 지러 인자(厂)로 오신 하나님(目)은 우리 방패(盾)다.	
		방패, 화폐의 이름, 피하다, 숨다, 사람의 이름, 별의 이름, 벼슬의 이름	

221	**兀**	一 + 儿 한 일　어진사람 인	**우뚝할 올**
		인간(儿)은 하나님(一)과 연결되어 있을 때 우뚝(兀) 선다.	
		우뚝하다, 평평하다, 발뒤꿈치를 베다, 움직이지 않다, 민둥민둥하다, 머리가 벗어지다, 위태롭다, 무지하다, 움직이지 않는 모양, 안정되지 않은 모양 / 제단	
222	**元**	一 + 兀 한 일　우뚝 올	**으뜸 원**
		하나님(一) 앞에 우뚝(兀) 선 인간이 만물의 으뜸(元)이다.	
		으뜸, 처음, 시초, 우두머리, 두목, 임금, 첫째, 기운, 천지의 큰 덕, 근본, 근원, 목, 머리, 백성, 인민, 정실, 본처, 연호, 크다, 아름답다, 착하다, 시간의 단위, 화폐의 단위	
223	**完**	宀 + 元 집 면　으뜸 원	**완전할 완**
		하나님의 집(宀)에서 으뜸(元)인 자는 완전하다(完).	
		완전하다, 온전하다, 결함이나 부족이 없다, 지켜서 보전하다, 다스리다, 수선하다, 끝내다, 일을 완결 짓다, 둥글다, 튼튼하다, 견고하다, 둥근 모양	
224	**西** (两)	兀 + 口 우뚝할 올　에워쌀 위	**서녘 서**
		제단(兀)이 있는 에덴동산(口)은 놋 땅에서 보면 서쪽(西)이다.	
		서쪽, 서양, (서쪽으로)가다, 깃들이다, 옮기다 cf. 西(서녘 서) = 两(덮을 아)	
225	**酉**	兀 + 日 우뚝할 올　가로 왈	**닭 유** **술 유**
		제단(兀)의 말씀(日)은 성령의 새 술(酉)이다.	
		닭, 술, 술을 담는 그릇, 못, 연못, (물을)대다	
226	**光**	⺌(小변형) + 兀 작을 소　우뚝 올	**빛 광**
		예수님(⺌)으로 우뚝(兀) 선 영혼은 빛난다(光).	
		빛, 세월, 기세, 세력, 기운, 경치, 풍경, 명예, 문화, 문물, 문물의 아름다움, 빛깔, 비치는 윤기, 영화롭다, 빛나다, 크다, 넓다, 멀다	

227	兄	口 + 儿 입 구 어진사람 인	맏 형
		말씀(口)하는 사람(儿)이 제사장(兄)이다.	
		형, 맏이, 나이 많은 사람, 벗을 높여 부르는 말, 친척, 출륭하다, 뛰어나다, 늘다, 자라다, 붙다, 두려워하다, 멍하다, 민망하다, 슬퍼하다, 하물며, 제사장	

228	兌	八 + 兄 여덟 팔 맏 형	바꿀 태 기쁠 태
		제사장(兄)이신 예수님과 함께 하는 인간들(八)은 기쁘다(兌).	
		바꾸다, 교환하다, 기쁘다, 곧다, 통하다, 모이다, 서방, 서쪽, 구멍, 날카롭다, 데치다, 삶다, 즐거워하다	

229	允	厶 + 儿 사사 사 어진사람 인	진실로 윤
		어진 사람(儿)이 하는 사적인(厶) 말은 진실하다(允).	
		맏, 아들, 진실, 믿음, 진실로, 참으로, 미쁘다, 마땅하다, 승낙하다, 아첨하다, 마을의 이름	

230	充	云 + 儿 이를 운 어진사람 인	채울 충
		어진 사람(儿)은 예수님이 이르신(云) 말씀으로 채운다(充).	
		채우다, 완전하다, 갖추다, 기르다, 살이 찌다, 막다, 가리다, 덮다, 당당하다, 대용하다, 두다, 끝나다, 번거롭다	

231	兒	臼 + 儿 절구 구 어진사람 인	아이 아
		허물(臼)이 있는 사람(儿)은 아이(兒)다.	
		아이, 젖먹이, 젊은 남자의 애칭, 나이가 어린 사람, 연약하다, 약속하다, 다시 난 이, 성의 하나	

232	兆	⺍변형 + 儿 불 화 어진사람 인	조 조 조짐 조
		예수님(儿)으로 인해 구원 받은 생명들(ㄺㄹ)이 조(兆)를 이루다.	
		조(억의 만 배), 점괘, 빌미, 조짐, 제단, 묘지, 백성, 사람, 처음, 비롯하다, 시작되다, 정치다, 나타나다, 피하다, 달아나다	

233	逃	兆 + 辶 조 조 달릴 착	도망할 도
		수많은(兆) 죄인들이 하나님 앞에서 달려(辶) 도망쳤다(逃).	
		도망하다, 달아나다, 벗어나다, 면하다, 피하다, 회피하다, 숨다, (진실을)숨기다, 떠나다, (눈을)깜빡이다	

人(40)···大···太···犬···夭···天

234	大	一 + 人 한 일 사람 인	큰 대

하늘(一)에서 내려오신 인자(人)는 크시다(大).

크다, 심하다, 높다, 존귀하다, 훌륭하다, 뛰어나다, 자랑하다, 뽐내다, 교만하다, 많다, 중요시하다, 지나다, 거칠다, 성기다, 낫다, 늙다, 대강, 크게, 성하게, 하늘 / 인자, 예수님

235	太	大 + 丶 큰 대 불똥 주	클 태

피(丶) 흘리신 예수님(大)은 크시다(太).

크다, 심하다, 통하다, 처음, 최초, 첫째, 콩, 심히, 매우

236	犬 (犭)	大 + 丶 큰 대 불똥 주	개 견

예수님(大)이 피(丶) 흘리며 개(犬) 취급을 당하셨다.

개, 겸칭, 자신을 낮춤, 하찮은 것의 비유, 남을 멸시하는 말, 서쪽 오랑캐의 이름

237	夭	丿 + 大 삐침 별 큰 대	어릴 요 일찍 죽을 요

성령(丿) 충만한 예수님(大)은 젊어서(夭) 죽으셨다.

일찍 죽다, 나이 젊어서 죽다, (몸을)굽히다, 꺾다, 칙칙하다, 어리다, 젊다, 무성하다, 화평하다, 막다, 멈추게 하다, 재앙, 새끼, 태아, 어린 나무, 예쁘다, 아름답다

238	天	一 + 大 한 일 큰 대	하늘 천

크신(大) 하나님(一)이 계신 곳이 하늘(天)이다.

하늘, 하나님, 임금, 제왕, 천자, 자연, 천체, 성질, 타고난 천성, 운명, 의지, 아버지, 남편, 형벌의 이름

人(40)…矢…夫…失…夬…央…英

239	矢	ㅅ(人변형) + 大 사람 인　큰 대	화살 시
		인자(ㅅ) 예수님(大)은 죄를 쏘는 화살(矢)같다.	
		화살, 산가지, 똥, 대변, 곧다, 똑바르다, 정직하다, 베풀다, 시행하다, 맹세하다, 서약하다, 무너뜨리다, 훼손하다, 어그러지다	

240	夫	一 + 大 한 일　큰 대	남편 부
		하늘(一)에서 내려오실 예수님(大)은 교회의 남편(夫)이다.	
		지아비, 남편, 사내, 장정, 일군, 군인, 병정, 선생, 사부, 부역, 3인칭 대명사, 대체로 보아서, ~도다, ~구나, 다스리다, 많다	

241	失	﹅ + 夫 불똥 주　남편 부	잃을 실
		남편(夫) 되신 예수님이 우리 위해 생명(﹅)을 잃으셨다(失).	
		잃다, 잃어버리다, 달아나다, 남기다, 빠뜨리다, 잘못 보다, 틀어지다, 떠나다, 잘못하다, 그르치다, 어긋나다, (마음을)상하다, 바꾸다, 잘못, 허물, 지나침, 놓다, 즐기다	

242	夬	大 + ㄱ 큰 대　구결자 야	터놓을 쾌
		예수님(大)이 피 흘리는 인자(ㄱ)로 오셔서 구원의 길을 터놓으셨다(夬).	
		터놓다, 결정하다, 나누다, 가르다, 까지, 쾌쾌(육십사괘의 하나)	

243	央	大 + ㄇ 큰 대　덮을 멱	가운데 앙
		죄인을 덮어주려고(ㄇ) 예수님(大)이 오신 곳이 에덴동산 가운데(央)다.	
		가운데, 중간, 재앙, 넓은 모양, 선명한 모양, 온화한 모양, 다하다, 끝나다, 없어지다, 오래다, 멀다, 넓다, 요구하다, 원하다	

244	英	++ + 央 풀 초　가운데 앙	꽃부리 영 뛰어날 영
		인간들(++)은 세상 가운데(央) 꽃처럼 뛰어나다(英).	
		꽃부리, 꽃 장식, 열매가 맺지 않는 꽃, 싹, 명예, 영국의 약칭, 재주 뛰어나다, 못자리의 모, 옮겨 심지 않는 모	

人(40)···个···介···스···今···令···余···茶

245	个	人 + ㅣ 사람 인 뚫을 곤	낱 개
		사람(人)은 진리(ㅣ)로 낱낱이(个) 만들어졌다.	
		낱낱, 하나, 개, 명, 사람, 키(몸의 길이), 크기, 곁방, 어조사, 이, 단독의	

246	介	人 + ノ + ㅣ 사람 인 삐침 별 뚫을 곤	끼일 개
		사람(人)은 은혜(ノ)와 진리(ㅣ) 사이에 끼어(介) 있다.	
		(사이에)끼다, 소개하다, 깔끔하다, 얌전하다, 의지하다, 믿다, 크다, 작다, 머무르다, 모시다, 강직하다, 착하다, 돕다, 마음에 두다, 갑옷, 경계선, 한계, 본분, 정조, 사소한 것, 몸짓, 근처, 낱, 홀로	

247	스	人 + 一 사람 인 한 일	모일 집
		인간(人)이 하나 되기 위해 하나님(一)앞에 모인다(스).	
		세 가지가 잘 어울려 딱 들어맞음 / 예수님 cf. 성부(一) 성자(ヽ) 성령(ノ), 삼위께서 일체로 딱 들어맞음 = 삼위일체 하나님	

248	今	스(人+一) + ㄱ(乙변형) 모일 집 구결자 야	이제 금
		피 흘리시는 인자(ㄱ) 앞에 모일(스) 때가 지금(今)이다.	
		이제, 지금, 오늘, 현대, 곧, 바로, 혹은, 만약, 이, 이것, 저	

249	令	今 + ヽ 이제 금 불똥 주	좋을 령 하여금 령
		지금(今) 주어진 예수님의 피(ヽ)는 좋다(令).	
		하여금, 가량, 이를테면, 법령, 규칙, 벼슬, 남을 높이는 말, 방울 소리, 장관, 계절, ~하게 하다, 명령하다, 포고하다, 아름답다, 좋다, 착하다, 부리다, 일을 시키다 cf. 칼(刀) 같이 모이게(스) 하는 것은 명령(令)이다.	

250	余	人 + 于 + 八 사람 인 어조사 우 여덟 팔	나 여 남을 여
		인자(人)에게 사람들(八)이 나아갈(于) 때 남는 것이 나(余)다.	
		나, 나머지, 여가, 여분, 다른, 정식 이 외의, 남다, 남기다 cf. 于(어조사 우) : ~에서, ~부터, ~까지, ~에게, 향하여 가다, 구하다, 가지다, 굽히다, 크다, 닮다	

251	茶	++ + 人 + 木 풀 초 사람 인 나무 목	차 다
		사람(人)이 나무(木)에서 풀(++)잎을 따 우려 마시는 게 차(茶)다.	
		차, 차나무, 동백나무, 다갈색, 소녀에 대한 미칭, (차를)마시다	

人(40)…合…答…命…僉…舍

252	合	스 + 口 모일 집 입 구 인간은 하나님 말씀(口) 앞에 모일(스) 때 합한다(合). 합하다, 모으다, 맞다, 대답하다, 만나다, 싸우다, 적합하다, 짝, 합(그릇), 홉(양을 되는 단위), 쪽문, 협문, 마을, 대궐	합할 합

253	答	竹 + 合 대 죽 합할 합 대쪽(竹)같은 예수님과 합하는(合) 게 인생의 답이다(答). 대답, 회답, 해답, 장소, 소리의 형용, 대답하다, 응낙하다, 동의하다, 갚다, 보답하다, 응대하다, 맞대응하다, 합당하다, 합치하다	대답 답

254	命	合 + 卩 합할 합 병부 절 믿음의 표(卩)와 합하여(合) 얻은 게 목숨(命)이다. 목숨, 생명, 수명, 운수, 운, 표적, 명령, 분부, 성질, 천성, 말, 언약, 규정, 규칙, 가르침, 작위, 하늘의 뜻, 도, 호적, 명령하다, 가르치다, 알리다, 이름짓다	목숨 명

255	僉	合 + 口 + 人人 합할 합 입구 좇을 종 말씀(口)과 합하여(合) 따라야(人人) 하는 인간은 모두 다(僉)다. 다, 모두, 여러, 도리깨, 돕다, 보좌하다, 공정하다, 간사하다	다 첨

256	舍	合 + 十 합할 합 열 십 십자가(十)와 합한(合) 인간이 죄를 버린 하나님의 집(舍)이다. 집, 가옥, 여관, 버리다, 포기하다, 폐하다, 내버려 두다, 개의치 않다, 기부하다, 희사하다, 바치다, 베풀다, 높다, 쉬다, (화살을)쏘다, 벌여놓다, 풀리다, 사라지다	집 사 버릴 사

人(40)···火···炎···炏···亦

257	火 (灬)	ハ + 人(ハ) 여덟 팔 사람 인	불 화
		인간들(ハ)은 인자(人)와 동행할 때 빛나는 불(火)같다.	
		불, 열과 빛, 타는 불, 화재, 화, 태양, 동아리, 한패, 동행자, 동반자, 급하다, 불사르다, 태우다	
258	炎	火 + 火 불 화 불 화	불꽃 염
		불(火) 위에 타오르는 불(火)이 불꽃(炎)이다.	
		불꽃, 더위, 남쪽, 덥다, 태우다, 불타다, 아름답다	
259	炏	火 + 火 불 화 불 화	불꽃 개
		불(火) 옆에 타오르는 불(火)이 불꽃(炎)이다.	
		불꽃, (불길이)세차다	
260	亦	亠 + 火변형 머리 두 불 화	또 역
		하나님(亠)이 빛나는(火) 형상으로 또(亦) 오신다.	
		또, 만약, ~도 역시, 단지, 이미, 모두, 크다, 쉽다, 다스리다	

亻(40)…化…氏…氐…衣

261	化	亻 + 匕 사람 인 비수 비	될 화 잘못 와
		양심이 찔릴(匕) 때 인간(亻)이 된다(化).	
		되다, 화하다, 교화하다, 감화시키다, 가르치다, 따르다, 본받다, 변천하다, 달라지다, 죽다, 망하다, 없애다, 제거하다, 교역하다, 바꾸다, 태어나다, 가르침, 교육, 교화, 습속, 풍속, 요술, 마술, 변화, 조화, 죽음, 다름, 잘못	
262	氏 (衣)	化변형 + 丶 될 화 불똥 주	성씨 씨 각시 씨
		인자의 피(丶)로 된(化) 것이 생명의 씨(衣)다.	
		각시, 성씨, 씨, 사람의 호칭, 존칭, 무너지다, 산사태 나다, 나라 이름 / 예수님(한 알의 밀)	
263	氐	氏 + 一 각시 씨 한 일	근본 저
		하나님(一)의 씨(氏)인 예수님이 근본(氐)이다.	
		근본, 근원, 대개, 대저, 근심하다, 번민하다, 숙이다, 낮다, 천하다,	
264	衣	亠 + 化 + 丶 머리 두 될 화 불똥 주	옷 의
		하나님(亠)이 인간이 되어(化) 흘린 피(丶)가 의의 옷(衣)이다.	
		옷, 웃옷, 깃털, 우모, 옷자락, 살갗, 표피, 싸는 것, 덮는 것, 이끼, (옷을)입다, 입히다, 덮다, 행하다, 실천하다	

亻(40)…隹…崔

265	隹	亻 + 亠 + 主 사람 인 머리 두 주인 주	새 추
		주(主)와 하나님(亠)이 되시는 인자(亻)는 천지를 잇는 새(隹)같다.	
		새, 뻐꾸기, 높다, 산의 모양 / 예수님	
266	崔	冖 + 隹 덮을 멱 새 추	뜻 고상할 각
		죄를 덮는(冖) 예수님(隹)의 뜻이 고상하시다(崔).	
		(뜻이)고상하다, 오르다, 새가 높이 날다, 희다, 두루미	

厶(45)···云···幺···糸···系···玄···亥

267	云	ㅗ + 厶 머리 두 나 사	이를 운
		하나님(ㅗ)이 내(厶)게 이르셨다(云).	
		이르다, 일컫다, 말하다, 이와 같다, 다다르다, 도착하다, 돌아가다, 운행하다, 있다, 어조사, 운운, 구름, 하늘, 은하수	

268	幺 (玄)	ノ + 厶 삐침 별 나 사	작을 요 어릴 요
		성령(ノ) 충만한 나(厶)는 어린(幺)아이 같다.	
		작다, 어리다, 어둡다, 그윽하다, 하나, 한 점, 잘다, 가늘다, 그런가?	

269	糸	幺 + 小 어릴 요 작을 소	가는 실 멱 실 사
		작고(幺) 작은(小) 아기로 오신 예수님은 가는 실(糸)같다.	
		가는 실, 매우 적은 수, 가늘다, 적다, 생사, 견사, 명주실, 가는 물건 / 예수님	

270	系	ノ + 糸 삐침 별 실 사	이을 계
		성령(ノ)은 실(糸)처럼 믿음의 끈을 이어준다(系).	
		매다, 이어 매다, 묶다, 잇다, 얽다, 매달다, 매달리다, 끈, 줄, 혈통, 핏줄, 죄수, 실마리, 계사, 사무 구분의 가장 하위 단위	

271	玄	ㅗ + 幺 머리 두 작을 요	검을 현
		작은(幺) 아이로 오신 하나님(ㅗ)은 오묘하시다(玄).	
		검다, 검붉다, 오묘하다, 심오하다, 신묘하다, 깊다, 고요하다, 멀다, 아득하다, 아찔하다, 얼떨떨하다, 짙다, 크다, 통달하다, 매달리다, 걸리다, 빛나다, 하늘, 북쪽, 태고의 혼돈한 때, 현손, 손자, 음력 9월, 검은빛	

272	亥	云 + 人 이를 운 사람 인	돼지 해
		인자(人)에게 사사롭게 말한(云) 사탄은 더러운 돼지(亥)같다.	
		돼지, 열두 번째, 해시, 단단하다, 간직하다	

乂(46)···爻···文···丈···父···交

273	爻	乂 + 乂 벨 예 벨 예	사귈 효 가로그을 효
		심판하시는(乂) 하나님이 죄를 베어낸(乂) 인간과 사귀신다(爻).	
		사귀다, 본받다, 가로 굿다, 엇걸리다, 변하다, 흐리다, 지우다, 말소하다, 수효	

274	丈	一 + 乂 한 일 벨 예	어른 장
		하나님(一)이 다스리는(乂) 사람이 어른(丈)이다.	
		어른, 장자, 맏아들, 남자 노인에 대한 존칭, 남편, 장인, 장모, 남자의 키, 장(길이 단위, 열 자), 길이, (토지를)측량하다	

275	文 (攴,攵)	亠 + 乂 머리 두 벨 예	글월 문
		하나님(亠)의 심판(乂)을 기록하는 게 글(文)이다.	
		글월, 문장, 어구, 문서, 책, 무늬, 학문, 예술, 법도, 예의, 조리, 현상, 산문, 빛나다, 화려하다, 아름답다, 몸에 새기다, 꾸미다, 자자하다, 어지러워지다	

276	父	八 + 乂 여덟 팔 벨 예	아비 부
		인간들(八)의 죄를 베는(乂) 하나님은 믿는 자의 아버지(父)시다.	
		아버지, 아비, 아빠, 친족의 어른, 늙으신네, 관장, 만물을 화육하는 근본, 창시자, 나이 많은 남자에 대한 경칭, 직업에 종사하는 사람의 총칭	

277	交	亠 + 父 머리 두 아비 부	사귈 교
		인간은 하나님(亠) 아버지(父)와 사권다(交).	
		교제하다, 오고가다, 주고받다, 바꾸다, 서로 맞대다, 엇걸리다, 맡기다, 넘기다, 건네다, 제출하다, 섞이다, 교차하다, 성교하다, 교배하다, 되다, 도래하다, 보고하다, 교제, 우정, 벗, 친구, 동무, 거래, 서로, 곡두박질, 옷깃, 일제히, 동시에, 함께	

又(47)···反···皮···支···受

278	**反**	厂(人변형) + 又 기슭 엄　또 우	돌이킬 반

인자(厂)의 용서(又)가 인간을 하나님께로 돌이킨다(反).

돌이키다, 되풀이하다, 뒤집다, 배반하다, 어긋나다, 반대하다, 물러나다, 보복하다,
되돌아보다, 꾸짖다, 보답하다, 고치다, (죄를)가벼이 하다, 도리어, 어렵다, 곤란하다,
상가다, 조심하다

279	**皮**	反 + 丶 + ㅣ 돌이킬 반 불똥 주 뚫을 곤	가죽 피

인간을 진리(ㅣ)에 돌이키려고(反) 예수님이 흘린 피(丶)가
의의 가죽(皮)옷이다.

가죽, 껍질, 거죽, 겉, 표면, 갖옷, 모피옷, 얇은 물건, 과녁, (껍질을)벗기다, 떨어지다,
떼다, 뻔뻔하다

280	**支**	十 + 又 열 십 또 우	가를 지 / 가지 지 지탱할 지

인간은 용서(又)의 십자가(十)를 붙들어야 지탱한다(支).

지탱하다, 버티다, 가르다, 갈리다, 괴다, 유지하다, 보전하다, 치르다, 값을 주다,
헤아리다, 계산하다, 가지, 근원에서 갈라진 것, 팔과 다리, 지파, 지불, 지출,
수당, 급여, 부절(믿음의 표로 삼던 물건)

281	**受**	爫 + 冖 + 又 손톱 조 덮을 멱 또 우	받을 수

삼위일체 하나님(爫)이 죄를 덮고(冖) 용서하여(又) 인간을
받으셨다(受).

받다, 거두어들이다, 회수하다, 받아들이다, 배우다, 얻다, (이익을)누리다,
주다, 내려 주다, 수여하다, 담보하다, 응하다, 들어주다, 이루다, 잇다,
이어받다, 등용하다

夂(49)…冬…各…客

		夂 + 冫(八변형) 뒤져올 치 여덟 팔	겨울 동
282	冬	하나님께 심판받으러 인간들(冫)이 뒤져올(夂) 때가 겨울(冬)이다.	
		겨울, 겨울을 지내다, 겨울을 나다, 동면하다, 북소리, 소리의 형용	
		夂 + 口 뒤져올 치 입 구	각각 각
283	各	말씀(口) 앞에 뒤져오는(夂) 인간들은 제각각(各)이다.	
		각각, 각자, 제각기, 따로따로, 여러, 서로, 마찬가지로, 모두, 다, 전부, 다르다, 각각이다	
		宀 + 各 집 면 각각 각	손 객
284	客	하나님의 집(宀)에서 제각각(各)인 사람은 손님(客)이다.	
		손, 손님, 나그네, 사람, 과거, 지나간 때, 외계, 여행, 객지, 의식이나 행동의 대상, 상대, 주장이 아닌, 객쩍은, 붙이다, 의탁하다, 쓸데없다, 객쩍다(행동이나 말, 생각이 쓸데없고 싱겁다)	

東	동녘 동	십자가(木)를 지실 하나님이 아담에게 말씀하시러(日) 나아오신 곳이 동 (東)쪽이다. 동쪽, 오른쪽, 주인, (동쪽으로)가다
西	서녘 서	제단(兀)이 있는 에덴동산(口)은 놋 땅에서 보면 서(西)쪽이다. 서쪽, 서양, (서쪽으로)가다, 깃들이다, 옮기다
南	남녘 남	사람들(八)의 죄를 막으려고(干) 짐승을 죽여(十) 가죽으로 덮어주 신(冂) 곳이 남(南)쪽이다. 남쪽, 임금, 벼슬 이름, (남쪽으로)가다, 풍류이름, 시의 한 체제
北	북녘 북	죄인이 위(上)에 계신 하나님께 찔려(匕) 등지고 달아난 곳이 북 (北)쪽이다. 북쪽, (북쪽으로)가다, 달아나다, 도망치다, 패하다, 등지다, 저버리다, 나누다, 분리하다
央	가운데 앙	죄인을 덮어주려(冖) 크신(大) 하나님이 오신 곳이 에덴동산 가운 데(央)다. 가운데, 중앙, 재앙, 넓은 모양, 선명한 모양, 온화한 모양, 다하다, 끝나다, 없어 지다, 오래다, 덜다, 넓다, 온화하다, 요구하다, 원하다

285	州	川 + 、、、 내 천 불똥 주	고을 주
		냇물(川) 사이 생명들(、、、)이 모여 사는 곳이 고을(州)이다.	
		고을, 나라, 국토, 섬, 모래톱, 마을, 동네, 모여서 살다, 모이다	

286	災	巛 + 火 내 천 불 화	재앙 재
		물(巛)과 불(火)이 한꺼번에 덮치는 게 재앙(災)이다.	
		재앙, 화재, 죄악, 불태우다, 재앙을 내리다, 응징하다	

287	巡	巛 + 辶 내 천 쉬엄쉬엄갈 착	돌 순 순행할 순
		내(巛)는 흘러가며(辶) 돈다(巡).	
		돌다, 순행하다, 따르다, 돌아보다, 살피다, 어루만지다, 활 쏘는 수를 세는 단위, 끼고 돌다	

288	巠	一 + 巛 + 工 한 일 내 천 만들 공	지하수 경
		땅(一) 아래 흐르도록 만든(工) 내(巛)가 지하수(巠)다.	
		물줄기, 지하수, 물이 질펀하게 흐르는 모양	

了(55)…乃…及…孕

289	乃	ノ + 了변형 삐침 별　마칠 료	이에 내
		성령(ノ)께서 구원의 일을 마치려고(了) 곧(乃) 오셨다.	
		이에, 곧, 그래서, 더구나, 도리어, 비로소, 의외로, 뜻밖에, 또, 다만, 만일, 겨우, 어찌, 이전에, 너, 당신, 그대, 이와 같다, 노 젓는 소리	

290	及	乃 + ㇏ 이에 내　흐를 이	미칠 급
		성령이 흘러와(㇏) 인간이 하나님께 곧(乃) 미쳤다(及).	
		미치다, 닿다, 끼치게 하다, 이르다, 도달하다, 함께 하다, 더불어 하다, 및, 와, 급제의 준말	

291	孕	乃 + 子 이에 내　아들 자	아이 밸 잉
		성령에 의해 하나님의 아들(子)이 곧(乃) 아이로 잉태되셨다(孕).	
		아이를 배다, 임신하다, 품다, 품어 가지다, 분만하다, 부화하다, 기르다, 머금다	

子(56)…字

292	字	宀 + 子 집 면　아들 자	글자 자
		하나님의 집(宀)에서 하나님의 아들(子)을 성경에 기록한 도구가 글자(字)다.	
		글자, 문자, 암컷, 기르다, 양육하다, 낳다, 사랑하다, 정혼하다	

水(63)⋯氷⋯永⋯求

293	氷 (冫)	ヽ + 水 불똥 주 물 수	얼음 빙
		피(ヽ)처럼 엉긴 물(水)이 얼음(冫)이다.	
		얼음, 고체, 기름, 지방, 전동 뚜껑, 식히다, 서늘하게 하다, 얼다, 깨끗하다, 투명하다, 엉기다, 얼어붙다	
294	永	ヽ + 一 + 水 불똥 주 한 일 물 수	길 영
		물(水)과 피(ヽ)를 흘리신 하나님(一)은 영원하시다(永).	
		길다, 오래다, 길게 하다, 오래 끌다, 깊다, 멀다, 요원하다, 읊다, 깊이, 길이, 오래도록, 영원히	
295	求	ヽ + 一 + 氺 불똥 주 한 일 물 수	구할 구 찾을 구
		하나님(一)이 예수님의 물(氺)과 피(ヽ)로 인간을 구하셨다(求).	
		구하다, 빌다, 취하다, 모으다, 나무라다, 선택하다, 묻다, 부르다, 힘쓰다, 끝, 종말, 갖옷	

水(63)⋯丞⋯丞⋯承

296	丞	𠃌 + 水 구결자 야 물 수	받을 승
		인자(𠃌)가 흘리신 물(水)을 하나님이 받으셨다(丞).	
		잇다, 받들다, 받아들이다, 장가들다, 도움, 나라 이름	
297	丞	丞 + 一 받을 승 한 일	도울 승 나아갈 증
		하나님(一)이 영혼을 받으려고(丞) 도우셨다(丞).	
		정승, 벼슬의 이름, 돕는 사람, 돕다, 받들다, 이어받다, 잇다, 잠기다, 가라앉다, 나아가다, 구하다, 구제하다	
298	承	丞 + 三 받을 승 석 삼	이을 승
		삼(三)위일체 하나님이 영혼을 받아(丞) 후사를 이으셨다(承).	
		잇다, 계승하다, 받들다, 받다, 받아들이다, 장가들다, 돕다, 도움, 후계, 후사, 차례, 순서, 구원하다, 건지다, 빠진 것을 구출하다, (물품을)보내다	

299	彳	一 + 丁 한 일 장정 정	**자축거릴 촉**
		하나님(一)이신 예수님(丁)이 십자가를 지고 절며 걸으셨다(彳).	
		자축거리다, 다리를 절며 걷다, 멈춰서다, 땅의 이름	
300	宁	宀 + 丁 집 면 장정 정	**뜰 저** **편안할 녕(영)**
		집(宀) 안에 예수님(丁)이 계셔야 뜰처럼 편안하다(宁).	
		쌓다, 저장하다, 모으다, 편안하다, 뜰, 잠시 멈추어 서다	
301	于	一 + 丁 한 일 장정 정	**어조사 우**
		예수님(丁)은 하나님(一)으로부터(于) 오셨다.	
		어조사(~에서, ~부터, ~까지, ~에게), 향하여 가다, 동작을 하다, 행하다, 구하다, 가지다, 굽다, 굽히다, 크다, 광대하다, 광대한 모양, 비슷하다, 닮다, 성(姓)의 하나, 이, 이것, 아!(감탄사)	
302	宇	宀 + 于 집 면 어조사 우	**집 우**
		생명을 구하려고(于) 만든 집(宀)이 우주의 집(宇)이다.	
		집, 지붕, 처마, 하늘, 국토, 영토, 천하, 들판, 곳, 생김새, 도량, 천지사방, 크다, 넓히다,	

勺(65)···勻···勿···匆···豸

303	勺	勹 + 丶 쌀 포　불똥 주	구기 작 잔 작
		예수님의 피(丶)로 싼(勹) 인간은 새 술을 담은 잔(勺)같다.	
		구기(술을 푸는 용기), 잔, 피리, 푸다, 떠내다	

304	勻	勹 + 冫(八변형) 쌀 포　여덟 팔	고를 균
		예수님의 피로 싼(勹) 인간들(冫)은 성품이 두루 고르다(勻).	
		고르다, 같다, 나누다, 균형이 잡히다, 가지런하다, 두루 미치다	

305	勿	勹 + ノノ 쌀 포　삐침 별	말 물 털 물
		예수님의 피로 싼(勹) 성령 충만한 사람들(ノノ)은 죄를 짓지 아니(勿) 한다.	
		말다, 아니다, 없다, 아니하다, 근심하는 모양, 분주한 모양, (먼지를)털다	

306	匆	勿 + 丶 말 물 불똥 주	총명할 총 바쁠 총
		예수님의 피(丶)로 말미암아 죄를 그친(勿) 사람은 총명하다(匆).	
		바쁘다, 급하다, 서두르다, 총명하다, 슬기롭다, 밝다	

307	豸	人 + 丶 + 勿변형 사람 인 불똥 주 말 물	벌레 치
		인자(人)의 생명(丶)을 없애려(勿) 한 사탄은 벌레(豸)같다.	
		벌레, 발이 없는 벌레, 해치(해태의 원말, 시비와 선악을 판단하여 안다고 하는 상상의 동물), 풀리다, 웅크리고 노려보다 / 사탄	

308	勾	勹 + 厶 쌀 포 아무 모	굽을 구
		누구나(厶) 사탄의 유혹에 싸이면(勹) 굽는다(勾).	
		굽다, 갈고리, 글귀, 구절, 마디, 올가미, 함정, 네모, 지우다, 많다, 잡아당기다, 꾀다, 맡다	
309	包	巳 + 勹 뱀 사 쌀 포	쌀 포 꾸러미 포
		생명으로 싼(勹) 인간을 사탄(巳=뱀)이 죄로 쌌다(包).	
		감싸다, 용납하다, 아우르다, 아이를 배다, 꾸러미, 보따리, 주머니, 봉지, 푸줏간	
310	句	口 + 勹 입 구 쌀 포	글귀 구 구절 귀
		말씀(口)으로 싼(勹) 것이 성경 글귀(句)다.	
		글귀, 구절, 마디, 올가미, 갈고리, 휘어지다, 지워 없애다, 당기다, 유혹하다, 맡다, 주관하다, 넉넉하다, 많다	
311	旬	日 + 勹 해 일 쌀 포	열흘 순
		하나님이 은혜의 해(日)로 모든 사람을 둘러 싸(勹) 두루 미치게(旬) 하셨다.	
		열흘, 열 번, 십 년, 두루, 두루 미치다, 균일하다, 꽉 차다, 부역, 노역	
312	匊	勹 + 米 쌀 포 쌀 미	움킬 국
		하나님이 생명나무(米)로 싸서(勹) 생명을 움켜쥐셨다(匊).	
		움키다, 움켜쥐다, 손바닥, 움큼	

<基本복음한자맵> 다음 한자맵을 눈을 감고 마음에 그리며 순서대로 쓴다.

勹(65)…欠…久…万…方

313	欠	勹(勹변형) + 人 쌀 포　　사람 인	하품 흠
		인간(人)을 생명으로 싸려고(勹) 불어넣은 게 큰 숨(欠)이다.	
		하품, 빚, 흠, 기지개 켜다, 부족하다, 구부리다, 이지러지다, 없어지다, 큰 숨	

314	久	勹(勹변형) + 乀(ノ변형) 쌀 포　　삐침 별	오랠 구
		성령(ノ)을 불어넣어 인간을 생명으로 싼(勹) 지 오래(久)다.	
		오래다, 길다, 오래 머무르다, 가리다, 막다, 변하지 아니하다, 시간, 기간, 오래된	

315	万	一 + 勹변형 한 일　　쌀 포	일만 만
		하나님(一)이 생명으로 싼(勹) 인간이 매우 많다(万).	
		일만, 만무, 대단히, 매우 많은, 여럿, 절대로, 전혀, 많다	

316	方	亠 + 勹(勹변형) 머리 두　　삐침 별	모 방 **본뜰** 방
		하나님(亠)이 생명으로 싸서(勹) 하나님 형상을 본뜨셨다(方).	
		모, 네모, 방위, 방향, 나라, 장소, 도리, 의리, 방법, 처방, 법, 규정, 상대방, 둘레, 바야흐로, 장차, 널리, 모두, 함께, 본뜨다, 모방하다, 견주다, 대등하다, (이삭이)패다, 차지하다, 헐뜯다, 거스르다, 괴물	

- 101 -

夕(66)···名···多···歹···死···夗···宛···舛

317	多	夕 + 夕 저녁 석 저녁 석	많을 다
		인류의 저녁(夕)인 역사의 끝(夕)에 심판받을 사람들이 많다(多).	
		많다, 낫다, 아름답게 여기다, 두텁다, 겹치다, (도량이)넓다, 크다, 남다, 공훈, 다만, 때마침	

318	名	夕 + 口 저녁 석 입 구	이름 명
		하나님이 저녁(夕) 때 부른(口) 것이 아담의 이름(名)이다.	
		이름, 평판, 소문, 외관, 명분, 공적, 글자, 문자, 이름나다, 훌륭하다, 이름하다, 지칭하다	

319	歹 (歺)	一 + 夕 한 일 저녁 석	부서진 뼈 알
		저녁(夕)에 하나님(一)께 심판받은 아담은 결국 죽어 부서진 뼈(歹)가 되었다.	
		살을 바른 뼈, 부서진 뼈, 죽을사변, 몹쓸, 나쁘다, 악하다	

320	死	歹 + 匕 부서진뼈 알 비수 비	죽을 사
		죄에 찔리면(匕) 뼈가 부서져(歹) 결국 죽는다(死).	
		죽다, 생기가 없다, 죽이다, 다하다, 목숨을 걸다, 활동력이 없다	

321	夗	夕(月변형) + 卩(冂변형) 저녁 석 병부 절	누워 뒹굴 원
		심판의 때, 저녁(夕)에 믿음의 증표(卩)가 없으면 땅에 누워 뒹군다(夗).	
		누워 뒹굴다 cf.저녁 = 하나님의 '심판의 때'를 가리킨다.	

322	宛	宀 + 夗 집 면 누워 뒹굴 원	완연할 완
		하나님의 집(宀)에서 심판받아 누워 뒹굴면(夗) 억울하다(宛).	
		완연하다, 굽다, 완연히, 뚜렷하게, 작은 모양, 동산, 언덕, 피하는 모양, 양보하는 모양, 말라 죽은 모양, 억울하다, 원통하다, 쌓이다, (가슴에)맺히다, 고을 이름, 나라 이름	

323	舛	夕(月변형) + 牛 저녁 석 걸을 과	어그러질 천
		저녁(夕) 거닐던(牛) 죄인이 하나님 앞에서 어그러졌다(舛).	
		어그러지다, 틀리다, 어지럽다, 잡되다, 섞이다	

324	巾	┃ + 冂 뚫을 곤 멀 경	수건 건
		진리(┃)의 하나님을 만난 모세가 얼굴을 덮은(冂) 것이 수건(巾)이다.	
		수건, 헝겊, 피륙, 두건, 공포(관을 닦는 데 쓰는 삼베 헝겊), 책을 넣어 두는 상자, 덮다, 덮어 가리다, 입히다	

325	帀	一 + 巾 한 일 수건 건	두를 잡
		하나님(一)은 진리를 수건(巾)처럼 두르셨다(帀).	
		두르다, 빙 두르다, 한 바퀴 핑 돌다, 두루, 널리	

326	市	亠 + 巾 머리 두 수건 건	저자 시 시장 시
		하나님(亠)이 진리로 덮어(巾) 인간을 사셨다(市).	
		저자, 시장, 변화가, 장사, 거래, 매매, 값, 가격, 벼슬의 이름, 행정 구획 단위, 사다, 팔다, 장사하다, 거래하다, 벌다, 돈벌이를 하다	

327	布	ナ(十변형) + 巾 열 십 수건 건	베풀 포 보시 보
		하나님이 십자가(ナ)로 덮어(巾) 은혜를 베푸셨다(布).	
		베(가늘고 설핀 베), 돈, 조세, 펴다, 베풀다, 벌이다, 걸쳐놓다, 드러내다, 벌여놓다, 분포하다, 전파되다, 번지어 퍼지다, 씨를 뿌리다, 보시	

冂(72)···丹···舟···冊

328	丹	一 + 丶 + 冂(冂변형) 한 일 불똥 주 멀 경	붉을 단
		죄인을 덮으려고(冂) 하나님(一)이 흘린 피(丶)는 붉다(丹).	
		붉다, 붉게 칠하다, 성심, 신약, 단사(수은으로 이뤄진 황화 광물), 붉은빛, 남쪽, 정성스럽다, 모란	
329	舟	丹 + 丶 붉을 단 불똥 주	배 주
		예수님의 붉은(丹) 피(丶)로 산 생명(丶)이 모인 교회가 노아의 배(舟)다.	
		배, 선박, 반(제기인 준을 받쳐놓는 그릇), 성의 하나, (몸에)띠다, 배타고 건너다, 싣다 / 방주	
330	冊	冂(冂변형) + 卅(卄변형) 멀 경 풀 초	책 책
		인간들(卄)을 은혜로 덮는(冂) 성경은 책(冊)이다.	
		책, 문서, 꾀, 칙서, 계획, 계략, 책을 세는 말, 세우다, 봉하다	

冂(72)···内···內···向

331	内	冂 + 厶 멀 경 나 사	발자국 유
		내(厶) 안의 공허(冂)는 사탄이 남긴 발자국(内)이다.	
		발자국, 짐승의 발자국	
332	內	冂 + 入 멀 경 들 입	안 내 들일 납
		안으로 들어오는(入) 공허(冂)를 인간이 받아들였다(內).	
		안, 속, 나라의 안, 국내, 대궐, 조정, 궁중, 뱃속, 부녀자, 아내, 몰래, 가만히, 비밀히, 중히 여기다, 친하게 지내다, 들이다, 받아들이다	
333	向	丶 + 冂 + 口 불똥 주 멀 경 입 구	향할 향
		하나님이 생명(丶)으로 덮으려고(冂) 인간(口)에게 향하셨다(向).	
		향하다, 나아가다, 길잡다, 바라보다, 대하다, 대접을 받다, 누리다, 권하다, 흠향하다, 메아리치다, 제사를 지내다, 방향, 북향한 창, 메아리, 지난 번	

<基本복음한자맵> 다음 한자맵을 눈을 감고 마음에 그리며 순서대로 쓴다.

冂(72)···円···冉···岡

		丄(上변형) + 冂 위 상　　멀 경	둥글 **원** **화폐 단위** 엔
334	円	하늘 위(丄) 하나님이 은혜로 덮은(冂) 인간은 원만하다(円).	
		화폐 단위, 둥글다, 온전하다, 원만하다, 둘레, 동그라미	
		冂 + 土 멀 경　흙 토	나아갈 **염**
335	冉	공허한(冂) 인간(土)이 하나님께 나아간다(冉).	
		나아가다, 부드럽다, 약하다, 침범하다, 위태롭다, 풀이 무성한 모양, 수염이 흔들리는 모양	
		冂 + 丷변형 + 山 멀 경　풀 초　메 산	산등성이 **강**
336	岡	공허한(冂) 인간들(丷)에게 하나님이 내려오신 곳이 호렙산(山) 산등성이(岡)다.	
		산등성이, 고개, 비탈길, 언덕, 작은 산	

<基本복음한자맵> 다음 한자맵을 눈을 감고 마음에 그리며 순서대로 쓴다.

月(74)…且…宜…身…骨

		月 + 一 달 월 한 일	또 차 공경스러울 저 도마 조
337	**且**	땅(一) 위에 고기(月=몸)을 올려 쌓은 게 제단(且=제기)이다.	
		또, 또한, 우선, 장차, 만일, 구차하다, 공경스럽다, 머뭇거리다, 어조사, 도마(제사의 희생을 올려놓는 제기)	

		宀 + 且 집 면 공경스러울 저	마땅 의
338	**宜**	하나님의 집(宀)에서 하나님을 공경하는(且) 것은 마땅하다(宜).	
		마땅하다, 알맞다, 화목하다, 화순하다, 형편이 좋다, 사정이 좋다, 아름답다, 과연, 정말, 거의, 제사의 이름, 안주, 술안주	

		丶 + 月 + 才 불똥 주 육달 육 재주 재	몸 신
339	**身**	생명(丶)을 담는 재주(才)가 있는 육체(月)가 몸(身)이다.	
		몸, 신체, 줄기, 주된 부분, 나, 1인칭 대명사, 자기, 자신, 출신, 신분, 몸소, 친히, 나이, (아이를)배다, 체험하다	

		冎(冂+人+冖) + 月 뼈발라낼 과 육달 월	뼈 골
340	**骨**	하와(人)를 만들려고 빈(冂) 곳을 살(月)로 대신 덮어(冖) 채우고 꺼낸 것이 아담의 뼈(骨)다.	
		뼈, 골격, 기골, 의기, 사물의 중추, 중심, 골수, 몸, 구간(머리와 사지를 제외한 몸통 부분), 인품, 됨됨이, 골품제도, 문장의 체격, 굳다, 강직하다, (글씨가)힘차다	

341	用	月 + ㅣ 달 월 뚫을 곤	쓸 용
		몸(月) 안에 진리(ㅣ)가 있는 사람을 쓰신다(用).	
		쓰다, 부리다, 사역하다, 베풀다, 시행하다, 일하다, 등용하다, 다스리다, 들어주다, 하다, 행하다, 작용, 능력, 용도, 방비, 준비, 재물, 재산, 밑천, 효용, 씀씀이, 비용, 그릇, 도구, ~써	

342	周	用 + 口 쓸 용 입 구	두루 주
		말씀(口)을 사용해야(用) 그 능력이 두루(周) 미친다.	
		둘레, 모퉁이, 진실, 주나라, 돌다, 두르다, 두루 미치다, 둥글게 에워싸다, 온전히 다하다, 더할 나위 없다, 지극하다, 친하다, 가까이하다, 구하다, 구제하다, 합당하다, 삼가다	

343	甬	ㄱ(又변형) + 用 또 우 쓸 용	길 용
		인간을 용서하려고(ㄱ) 사용(用)된 예수님이 길(甬)이다.	
		길, 양쪽에 담을 쌓은 길, 섬(용량 단위), 땅의 이름, 솟아오르다, 범상하다, 쓰다, 부리다, 대롱	

344	角	ク(勹변형) + 用 쌀 포 쓸 용	뿔 각
		은혜로 싸여(ク) 쓰이는(用) 몸에 권세의 뿔(角)이 있다.	
		뿔, 짐승의 뿔, 곤충의 촉각, 모, 모진 데, 모퉁이, 각도, 상투, 술잔, 짐승, 금수, 콩깍지, 뿔피리, 별의 이름, (뿔을)잡다, 겨루다, 경쟁하다, 다투다, 견주다, 비교하다, 시험하다, 닿다, 뛰다	

345	甫	十 + 丶 + 月 열 십 불똥 주 달 월	클 보
		십자가(十) 피(丶)로 세워진 몸(月)은 크다(甫).	
		크다, 많다, (아무개)씨, 겨우, 비로소, 막, 갓, 채마밭, 채소밭, 남새밭	

匕(81)···它···比···北···非···韭

346	**它**	宀 + 匕 집 면 비수 비		다를 타 뱀 사
		하나님의 집(宀)인 영혼을 찌른(匕) 사탄은 옛 뱀(它)이다.		
		다르다, 어지럽다, 남, 딴 사람, 낙타, 그것, 뱀		
347	**比**	上변형 + 匕 위 상 비수 비		견줄 비
		사탄이 위(上)에 계신 심판(匕)의 하나님과 견주었다(比).		
		비교하다, 모방하다, 고르다, 갖추다, 같다, 친하다, 따르다, 좇다, 엮다, 겨루다, 돕다, 편들다, 이르다, 잇닿다, 앞서다, 즐거워하다, 맞다, 섞다, 조사하다, 비율, 비례, 순서, 차례, 이웃, 무리, 오늬, 전례, 자주, 위하여		
348	**北**	上변형 + 匕 위 상 비수 비		북녘 북 달아날 배
		죄인이 위(上)에 계신 하나님께 찔려(匕) 등지고 달아난 곳이 북(北)쪽이다.		
		북녘, 북쪽, 북쪽으로 가다, 달아나다, 도망치다, 패하다, 등지다, 저버리다, 나누다, 분리하다		
349	**非**	北 + ++ 달아날 배 풀 초		아닐 비 비방할 비
		인간들(++)이 죄를 짓고 달아나며(北) 하나님을 비방했다(非).		
		아니다, 그르다, 나쁘다, 옳지 않다, 등지다, 배반하다, 어긋나다, 벌하다, 나무라다, 꾸짖다, 비방하다, 헐뜯다, 아닌가, 없다, 원망하다, 숨다, 거짓, 허물, 잘못, 사악 cf. 사탄이 은혜(丿)와 진리(丨)의 삼(三)위일체 하나님을 비방했다(非).		
350	**韭**	非 + 一 비방할 비 한 일		부추 구
		하나님(一)을 비방하는(非) 사탄은 쓸모없는 부추(韭)같다.		
		부추(백합과의 여러해살이풀), 산부추		

七(82)···乇···宅

		ノ + 七 삐침 별 일곱 칠	부탁할 탁
351	乇	예수께서 완전한(七) 구원을 성령(ノ)께 부탁하셨다(乇).	
		부탁하다, 잎 * cf. 七 = 하나님의 완전 수	
		宀 + 乇 집 면 부탁할 탁	댁 댁 / 집 택 터질 탁
352	宅	하나님의 집(宀)으로 부탁받은(乇) 인간은 생명의 집(宅)이다.	
		댁, 집, 주거, 구덩이, 무덤, 묘지, 살다, 벼슬살이 하다	

弋(83)···式

		工 + 弋 장인 공 주살 익	법 식
353	式	창조주(工) 하나님은 생명을 취하는(弋) 법(式)이다.	
		법, 제도, 의식, 정도, 형상, 정치는 기구, 수레 손잡이 나무, 본뜨다, 본받다, 삼가다, 쓰다, 사용하다, 절하다, 경례를 하다, 경의를 표하다, 드러내다, 표창하다, 닦다, 걸레질하다, 악하다, 나쁘다, ~써	

戈(84)···戒···或

		廾 + 戈 받들 공 창 과	경계할 계
354	戒	두 사람이 창(戈)을 받들고(廾) 적을 경계한다(戒).	
		경계하다, 막아 지키다, 경비하다, 조심하고 주의하다, 삼가다, 타이르다, 알리다, 이르다, 분부하다, 몸과 마음을 깨끗이 하다, 도달하다, 지경, 경계, 훈계, 지켜야 할 행동 규범, 문제 이름	
		口 + 一 + 戈 입 구 한 일 창 과	나라 역 혹 혹
355	或	하나님(一) 말씀(口)이 무기(戈)가 되는 곳이 하나님 나라(或)다.	
		혹은, 혹시, 또, 어떤 경우에는, 어떤 이, 어떤 것, 있다, 존재하다, 괴이쩍어하다, 의심하다, 미혹하다, 나라 cf. 사람(口)과 땅(一), 주권(戈)이 있어야 나라(或)다.	

戈(84)···戊···戌···戌···成···咸

356 **戈**	厂 + ヒ + 丶 기슭 엄 비수 비 불똥 주		창 모 무성할 무
	인자(厂)를 찔러(ヒ) 피(丶)를 흘리게 한 무기가 창(戈)이다.		
	무성하다, 우거지다, 창, (다섯째)천간 cf. 戊 = ノ+戈 생명(ノ)의 예수님을 찌른(戈) 무기가 창(戊)이다.		
357 **戍**	戈 + 丶 창 모 불똥 주		지킬 수
	창(戈)에 찔려 흘린 예수님의 피(丶)가 인간을 지킨다(戍).		
	지키다, (병사들이 주둔하는)병영, 수자리(변방을 지키는 일)		
358 **戌**	戊 + 一 창 모 한 일		개 술
	창(戊)을 든 인간이 하나님(一)을 개(戌)취급 하다.		
	온기, 정성, 사물의 형용, 마름질하다, 가엾게 여기다, 아름답다, 개		
359 **成**	戊 + 丁(丁변형) 창 모 장정 정		이룰 성
	예수님(丁)이 창(戊)에 찔려 죽으심으로 구원을 이루셨다(成).		
	이루다, 정리되다, 구비되다, 살찌다, 우거지다, 익다, 성숙하다, 일어나다, 다스리다, 나아가다, 끝나다, 총계, 기대하다, 어른이 되다, 크다, 화해하다, 정성, 심판, 균형		
360 **咸**	戊 + 一 + 口 창 무 한 일 입 구		다 함
	하나님(一) 말씀(口)대로 예수님이 창(戊)에 찔려 물과 피를 다(咸) 쏟으셨다.		
	모두, 소금기, 함괘, 짜다, 두루 미치다, 부드러워지다, 물다, 씹다, 차다, 충만하다, 같다, 덜다, 줄이다		

乙(85)…乞…九…丸

		亻(人변형) + 乙(己변형) 사람 인 새 을	빌 걸 줄 기
361	**乞**	새(乙)처럼 천지를 잇는 인자(亻)께서 인간을 위해 비셨다(乞).	
		빌다, 구걸하다, 가난하다, 취하다, 독촉하여 받다, 구하다, 청구하다, 소원, 요청, 거지, 주다, 급여하다, 기운, 기미	
		丿 + 乙 삐침 별 새 을	아홉 구
362	**九**	오순절, 새(乙)같이 임한 성령(丿)에 충만해진 사람들이 많아짐(九)을 의미하는 수.	
		아홉, 아홉 번, 많은 수, 남방, 남쪽, 오래된 것, 많다, 늙다, 모으다, 모이다, 합하다, 합치다	
		丶 + 九 불똥 주 아홉 구	둥글 환 알 환
363	**丸**	예수님의 피(丶)로 많은(九) 사람의 성품이 둥글어졌다(丸).	
		둥글다, 둥글게 하다, 취하다, 알, 새의 알, 탄알, 방울, 화살을 담아두는 통, 높이 곧게 솟은 모양, 무성한 모양, 환약을 세는 단위, 환약에 이름을 붙이는 말, 오로지, 한결같이 cf. 새(乙)같이 임한 성령으로 죄를 없이한(乂) 사람의 성격이 둥글다(丸).	

己(86)···弓···弔···弟···弗

		己 + ノ 몸 기 삐침 별	활 궁
364	弓	성령(ノ)이 빠져나간 인간(己)은 죽어 구부정한 활(弓)같다.	
		활, 활 모양, 궁술, 활의 길이, 여덟 자, 길이의 단위, 구부정하게 하다 cf. 창조주(工변형) 하나님의 피로 감싸(勹) 만든 인간이 죽어서 활(弓)처럼 구부정하게 되었다.	

		弓 + ㅣ 활 궁 뚫을 곤	조상할 조
365	弔	진리(ㅣ) 때문에 십자가에 달려 죽어 활(弓)처럼 구부러진 예수님을 사람들이 조상하다(弔).	
		조상하다, 조문하다, 문안하다, 안부를 묻다, 불러들여 조사하다, 불쌍히 여기다, 마음을 아파하다, 매달다, 매어달다, 좋다고 하다, 훌륭하다고 하다, 이르다, 도달하다, 다다르다, 와서 닿다 cf. 모세의 놋뱀 = 예수님의 십자가	

		八 + 弔 + ノ 여덟 팔 조상할 조 삐침 별	아우 제
366	弟	성령(ノ)의 아픈 마음(弔)으로 제사한 인간(八)이 아벨 아우(弟)다.	
		아우, 나이 어린 사람, 자기의 겸칭, 제자, 순서, 차례, 다만, 단지, 발어사, 공경하다, 공손하다, 편안하다, 즐기다, 순하다, 기울어지다, 순종하다 cf. 弟 = 羊 + 灬 인간들(灬)을 위해 피 흘리신 하나님의 어린 양(羊), 예수님은 아우(弟) 아벨의 실체시다.	

		弓 + ノ + ㅣ 활 궁 삐침 별 뚫을 곤	아니 불 말 불
367	弗	진리(ㅣ)의 영(ノ)이 죽어 구불어진(弓) 인간을 걱정하셨다(弗).	
		아니다, 말다, 근심하다, 걱정하다, 다스리다, 어긋나다, 떨다, 떨어버리다, 빠른 모양, 세차고 성한 모양, 달러	

<基本복음한자맵> 다음 한자맵을 눈을 감고 마음에 그리며 순서대로 쓴다.

己(86)…已…巳…巴…色

번호	한자	구성 / 설명	훈음
368	已	ㄱ(工변형) + ㄴ 장인 공 숨을 은	이미 이
		창조주(ㄱ)의 생명이 인간 안에 숨겨진(ㄴ) 것은 이미(已)다.	
		이미, 벌써, 너무, 뿐, 따름, 매우, 반드시, 써, 이것, 조금 있다가, (병이)낫다, 말다, 그치다. 그만두다, 끝나다, 불허하다, 용서하지 아니하다, 버리다	
369	巳	ㅁ + ㄴ 입 구 숨을 은	뱀 사
		숨어서(ㄴ) 인간에게 말하는(ㅁ) 자가 옛 뱀(巳)이다.	
		뱀, 삼짇날, 자식, 태아, 복, 행복, 벌써, 이미, 결정되다, 계승하다, 지키다, 평온해지다	
370	巴	巳 + ㅣ 뱀 사 뚫을 곤	꼬리 파 바랄 파
		옛 뱀(巳)이 진리(ㅣ)를 감추고 하와에게 꼬리쳤다(巴).	
		꼬리, 땅 이름, 뱀, 소용돌이, 노래 곡조, 바라다, 기대하다	
371	色	巴 + 勹 꼬리 파 쌀 포	빛 색
		뱀이 인간을 감싸고(勹) 꼬리칠(巴) 때 사용하는 것이 색(色)이다.	
		빛, 빛깔, 색채, 낯, 얼굴빛, 윤, 광택, 기색, 모양, 상태, 미색, 색정, 여색, 정욕, 갈래, 종류, 화장하다, 꾸미다, 색칠하다, 물들다, (생기가)돌다, 꿰매다, 깁다, 평온하다	

		几 + 丶 안석 궤 불똥 주	무릇 범
372	**凡**	피(丶)의 제사(几)를 하나님께 드리는 것은 인간의 관례(凡)이다.	
		무릇, 대체로 보아, 모두, 보통, 예사로운, 대강, 개요, 관습, 관례, 평범하다, 범상하다	

		几 + 又 안석 궤 또 우	몽둥이 수
373	**殳**	예배(几)할 때, 하나님이 용서하시려고(又) 드신 게 몽둥이(殳)다.	
		몽둥이, 나무 지팡이, 창 자루, 날 없는 창, 서체의 이름	

		亠 + 几 머리 두 안석 궤	높을 항
374	**亢**	제단(几) 위 하나님(亠)은 높으시다(亢).	
		높다, 극진히 하다, 지나치다, 가리다, 겨루다, 필적하다, 높이 오르다, 자부하다, 자만하다, 목구멍, 용마루, 가뭄	

		冖 + 几 덮을 멱 안석 궤	쓸데없을 용
375	**冗**	예수님 피로 제단(几)을 덮자(冖) 죄가 쓸데없어졌다(冗).	
		쓸데없다, 번거롭다, 무익하다, 남아돌다, 섞다, 여가, 겨를	

376	曰	口 + 一 입 구 한 일	가로 왈
		하나님(一)이 입(口)으로 말씀하셨다(曰).	
		가로되, 말하기를, 이에, 일컫다, 부르다, 이르다, 말하다, ~라 하다	

377	臼	曰(열린 모습) 가로 왈	절구 구 허물 구
		일그러져 터진 말(曰)은 허물(臼)이다.	
		절구, 확(방앗공이로 곡식을 찧는 기구), 나무의 이름, 별의 이름, 허물, 절구질하다	

378	田	口 + 十 에워쌀 위 열 십	밭 전
		네 갈래(十) 강으로 에워싼(口) 땅이 에덴동산(田)이다.	
		밭, 경작지, 봉토, 사냥, 농사일을 맡아보는 관리, 면적의 단위, 큰북, 단전, 밭을 갈다, 농사짓다, 사냥하다, 많다 / 에덴동산, 교회 cf. 십자가(十)의 말씀(口)이 있는 곳이 교회(田)다.	

379	由	口 + 十 입 구 열 십	말미암을 유
		모든 만물은 십자가(十) 말씀(口)으로 말미암는다(由).	
		말미암다, 쓰다, 좇다, 따르다, 행하다, 등용하다, 보좌하다, 꾀하다. 같다, 길, 도리, 까닭, 말미, 휴가 움, ~부터, 오히려, 여자의 웃는 모양	

380	宙	宀 + 由 집 면 말미암을 유	집 주
		하나님으로 말미암는(由) 생명의 집(宀)이 우주의 집(宙)이다.	
		집, 주거, 때, 무한한 시간, 하늘, 천지의 사이, 기둥, 동량(기둥과 들보를 아울러 이르는 말)	

		口 + 艸 에워쌀 위 풀 초	굽을 곡
381	曲	인간들(艸)이 죄로 에워싸여(口) 굽어졌다(曲).	
		굽다, 굽히다, 도리에 맞지 않다, 바르지 않다, 불합리하다, 정직하지 않다, 공정하지 않다, 그릇되게 하다, 자세하다, 구석, 가락, 악곡, 굽이, 누룩, 재미있는 재주	
		口 + 十 입 구 열 십	갑옷 갑
382	甲	십자가(十) 말씀(口)이 영적 갑옷(甲)이다.	
		갑옷, 딱지, 껍질, 첫째, 아무개, 손톱, 첫째 천간, 첫째 가다, 싹트다, 친압하다	
		田 + 土 밭 전 흙 토	마을 리 속 리
383	里	인간(土)으로 에덴동산(田)에 이룬 게 마을(里)이다.	
		마을, 고향, 이웃, 인근, 리(거리를 재는 단위), 리(행정 구역 단위), 속, 안쪽, 내면, 이미, 벌써, 헤아리다, 근심하다(속을 태우거나 우울해하다)	
		口 + 十 입 구 열 십	펼 신 거듭 신
384	申	인간은 십자가(十) 말씀(口)으로 거듭(申) 난다.	
		거듭, 되풀이하여, 서남서쪽, 원숭이, 나라 이름, 거듭하다, 늘이다, 연장시키다, 펴다, 베풀다, 알리다, 말하다, 훈계하다, 타이르다, 읊다, (원한을)풀다, 씻다, 이르다, 다다르다, 명확하다, 명백하다, 사용하다, 묶다, 믿다 cf. 하나님이 말씀하여(曰) 진리(丨)를 세상에 펼치시다(申).	
		二 + 申 두 이 펼 신	수레 거 수레 차
385	車	천지(二)에 펴신(申) 하나님이 엘리야에게 보낸 게 불 수레(車)다.	
		수레, 수레바퀴, 수레를 모는 사람, 이틀, 치은(잇몸), 장기의 말 cf. 바퀴 달린 수레 모양을 본 따 만든 글자	
		丿 + 一 + 車 삐침 별 한 일 수레 차	무거울 중
386	重	영(丿)이신 하나님(一)의 수레(車)를 탄 사람은 귀중하다(重).	
		무겁다, 소중하다, 귀중하다, 자주 하다, 거듭하다, 무겁게 하다, 소중히 하다, 삼가다, 조심하다, 보태다, 곁들이다, 부어오르다, 더디다, 겹치다, 권력, 아이 (아이를)배다, 많다, 또 다시, 심히, 늦곡식, 젖, 짐, 무게, 임시 신위, 사형 cf. 무거운 물건을 실으려고 바퀴가 두 개씩 달린 수레 모양을 본 따 만든 글자	

口(90)···日···白···百···目···貝···見···自···首

387	**日**	口 + 一 입 구 한 일	날 일 해 일
		하나님(一) 말씀(口)은 해(日)같다.	
		날, 해, 태양, 낮, 날수, 기한, 낮의 길이, 달력, 햇빛, 햇살, 햇볕, 일광, 나날이, 매일, 접때, 앞서, 이왕에, 뒷날에, 다른 날에 / 하나님 cf. 曰(가로 왈) = 하나님(一)이 입(口)으로 말씀하셨다(曰) / 말하기를, 이에, 일컫다, 부르다, ~라 하다	
388	**白**	丶 + 日 불똥 주 가로 왈	흰 백
		생명(丶)의 말씀(曰)은 희다(白).	
		희다, 깨끗하다, 분명하다, 명백하다, 진솔하다, 밝다, 빛나다, (가진 것이)없다. 아뢰다, 탄핵하다, 흘겨보다, 경멸하다, 흰빛, 백발, 비단, 붉은 쌀, 소대, 거저, 대가없이, 부질없이, 쓸데없이	
389	**百**	一 + 白 한 일 흰 백	일백 백 힘쓸 맥
		하나님(一)의 피로 깨끗해진(白) 사람들이 많다(百).	
		일백, 백 번, 여러, 모두, 모든, 온갖, 백 배 하다, 힘쓰다, 노력하다	
390	**目**	口 + 二 입 구 두 이	눈 목
		하나님이 말씀(口)으로 창조하신 천지(二)를 보는 몸이 눈(目)이다.	
		눈, 눈빛, 시력, 견해, 안목, 요점, 옹이, 그루터기, 제목, 표제, 목록, 조목, 중요, 항목, 이름, 명칭, 그물의 구멍, 우두머리, 품평, 평정, 보다, 주시하다, 일컫다, 지칭하다 / 보시는 하나님 cf. 눈 모양을 본 딴 글자	
391	**貝**	目 + 八 눈 목 여덟 팔	조개 패
		하나님(目)에게 사람들(八)을 보화(貝)다.	
		조개, 조가비, 패각, 소라, 재화, 돈, 보화, 비단, 무늬	

392	見	目 + 儿 눈 목　어진사람 인	볼 견 뵈올 현
		하나님(目)이 어진 인간(儿)으로 나타나 보시다(見).	
		보다, 보이다, 당하다, 견해, 뵙다, 나타나다, 드러나다, 보이다, 소개하다, 만나다, 현재, 지금	

393	自	丶 + 目 불똥 주　눈 목	스스로 자
		생명(丶)의 하나님(目)은 스스로(自) 계신다.	
		스스로, 몸소, 자기, 저절로, 자연히, ~서부터, 써, 진실로, 본연, 처음, 시초, 출처, 코(鼻의 古字), 말미암다, ~부터 하다, 좇다, 따르다, 인하다, 사용하다 / 스스로 계신 하나님	

394	首	丷 + 自 풀 초　스스로 자	머리 수
		스스로(自) 계신 하나님이 인간들(丷)과 만나는 몸이 머리(首)다.	
		머리, 머리털, 우두머리, 주장, 임금, 군주, 첫째, 으뜸, 칼자루, 요처, 끈, 줄, 마리, 편, 시작하다, 비롯하다, 근거하다, 복종하다, 자백하다, 자수하다, 나타내다, 드러내다, 향하다, 절하다, (머리를)숙이다, 곧다, 바르다 cf. 스스로(自) 계신 하나님은 인간들(丷)의 머리(首)시다.	

春	봄 춘	삼(三)위일체 하나님이 인자(人)로 오셔서 해(日)처럼 비춘 계절이 봄(春)이다. 봄, 동녘, 술(의 별칭), 남녀의 정, 젊은 나이, 정욕, 움직이다. 진작하다, 분발하다
夏	여름 하	스스로(自) 계신 하나님(一)이 뒤져오는(夊) 죄인에게 회초리를 대는 계절이 여름(夏)이다. 여름, 중국, 하나라, 중국사람, 춤 이름, 안거(외출하지 않고 한 곳에 머무르며 수행하는 제도), 오색의 배색, 채색, 우왕이 만든 악칭, 크게 지은 건물, 크다, 개오동나무, 회초리
秋	가을 추	생명나무(禾)로 인해 불(火)처럼 빛나는 사람을 추수하는 계절이 가을(秋)이다. 가을, 때, 시기, 세월, 해, 1년, 여물다, 날다, 근심하다, 시름겹다, 추상같다, 그네, 밀치(마소 꼬리에 거는 나무 막대기)
冬	겨울 동	하나님께 심판받으러 인간들(冫)이 뒤져올(夊) 때가 겨울(冬)이다. 겨울, 겨울을 지내다, 겨울을 나다, 동면하다, 북소리, 소리의 형용

口(90)···中···忠···串···患···虫

395	**中**	口 + ㅣ 입 구 뚫을 곤	가운데 중
		진리(ㅣ)의 말씀(口)이 세워진 곳은 에덴동산 가운데(中)다.	
		가운데, 안, 속, 사이, 진행, 마음, 심중, 몸, 신체, 내장, 중도, 절반, 장정, 관아의 장부, 가운데 등급, 중매, 중개, 중국, 버금, 둘째, 다음, 맞다, 합격하다, 해당하다, 응하다, 뚫다, 바르다, 곧다, 가득 차다, 이루다, 고르다	
396	**忠**	中 + 心 가운데 중 마음 심	충성 충
		마음(心) 중심(中)에 진리를 두는 게 충성(忠)이다.	
		충성, 공평, 정성, 공변되다, 정성스럽다, 충성하다	
397	**串**	中 + 口 가운데 중 에워쌀 위	땅이름 곳 꿸 관 / 꼬챙이 찬
		사탄이 하와를 에덴동산(口) 가운데(中) 있는 선악과와 꿰다(串).	
		땅 이름, 꿰다, 익히다 익숙해지다, 친압하다	
398	**患**	串 + 心 땅이름 곳 마음 심	근심 환
		하와가 익숙해진(串) 선악과에 마음(心)에 두고 근심했다(患).	
		근심, 걱정, 병, 질병, 재앙, 염려하다, 미워하다, 앓다, 병에 걸리다	
399	**虫**	中 + 入 가운데 중 들 입	벌레 충
		에덴동산 중심(中)에 몰래 들어온(入) 사탄은 벌레(虫)같다.	
		벌레의 총칭, 벌레, 동물의 총칭, 구더기, 충해	

400	山	凵 + 丨 입벌릴 감　뚫을 곤	뫼 산
		진리(丨)의 하나님이 입 벌린(凵) 인간을 찾는 곳이 시내 산(山)이다.	
		메, 뫼, 산의 신, 무덤, 분묘, 절, 사찰, 임금의 상, (산처럼)움직이지 아니하다 / 성전	

401	屮	凵 + 丨 입벌릴 감　뚫을 곤	싹날 철
		하나님을 향해 입 벌린(凵) 인간에게 진리(丨)가 싹튼다(屮).	
		왼손, 싹 나다, 싹트다, 싹, 풀, 초서, 초고, 황야 cf. 屮 = 왼손 좌(左), 풀 초(艸)	

402	艸 (艹/草)	屮 + 屮 싹날 철　싹날 철	풀 초
		진리가 싹트고(屮) 싹트는(屮) 인간은 풀(艸)같다.	
		풀, 거친 풀, 잡초, 황야, 풀숲, 초원, 시초, 초고, 초안, 초서, 암컷, (풀을)베다, 시작하다, 창조하다, 엉성하다, 거칠다, 천하다	

403	出	屮 + 凵 싹날 철　입벌릴 감	날 출
		하나님께 입을 벌리면(凵) 진리가 싹터(屮) 나온다(出).	
		나다, 태어나다, 낳다, 나가다, 떠나다, 헤어지다, 드러내다, 꽃잎, 나타내다, 내놓다, 내쫓다, 돌려보내다, 내어주다, (셈을)치르다, 버리다, 게우다, 샘솟다, 뛰어나다, 이루다, 시집가다, 자손, 처남	

404	屯	凵 + ヒ 입 벌릴 감　비수 비	진칠 둔
		성령의 검(ヒ)이 입 벌린(凵) 인간 안에 진 치셨다(屯).	
		진을 치다, 수비하다, 진, 병영, 언덕, 구릉, 어렵다, 많다, 무리를 이루다, 견고하다, 험난하다, 태초	

405	屰	屮 + 屮 풀 초　싹날 철	거스를 역
		진리의 영으로 싹터야(屮) 할 인간들(屮)이 하나님을 거슬렀다(屰).	
		거스르다	

406	凶	凵 + 乂 입 벌릴 감 벨 예	**흉할 흉**
		입 벌려(凵) 정죄하는(乂) 모습이 흉하다(凶).	
		흉하다, 흉악하다, 해치다, 사람을 죽이다, 두려워하다, 근심하다, 부정하다, 사악하다, 앞일이 언짢다, 운수가 나쁘다, 다투다, 시비를 벌이다, 기근, 요절, 재앙, 재난	
407	兇	凶 + 儿 흉할 흉 어진사람 인	**흉악할 흉**
		흉하게(凶) 말하는 사람(儿)은 흉악하다(兇).	
		흉악하다, 모질고 사납다, 두렵다, 두려워하다, 흉악한 사람	
408	凹	凵 + 口 입 벌릴 감 입 구	**오목할 요**
		입(口)을 벌려(凵) 오목해진(凹) 모습을 본 딴 글자.	
		오목하다, 가운데가 쑥 들어가다, 팬 곳, 우묵하게 패어 들어간 곳	
409	凸	口 + 冂 입 구 멀 경	**볼록할 철**
		앞으로 내 민(冂) 입(口)의 볼록한(凸) 모습을 본 딴 글자.	
		볼록하다, 가운데가 볼록하다	

		工변형 + 卩	나 앙
		장인 공 병부 절	
410	卬	창조주(工)께서 주신 믿음의 표(卩)를 가진 자가 나(卬)다.	
		나, 자신, 위풍당당한 모습, 높은 모양, (물가가)오르다, 고개를 들다, 우러러보다, 바라다, 기대다, 높다, 노하게 하다	

		卬 + 一	도장 인
		나 앙 한 일	
411	印	하나님(一)이 내(卬)게 치신 것이 구원의 인(印)이다.	
		도장, 인상, 벼슬, 관직, 찍다, 박다, 눌러서 자리를 내다, 찍히다, 박히다, 묻어나다	

		卬 + 丿	토기 묘
		나 앙 삐침 별	
412	卯	성령(丿)이 죄 지은 내(卬)게 찾아오시는 날은 불길한 날(卯)이다.	
		토끼, 출근 시각, 장붓구멍, 기한, 액일, 불길한 날, 무성하다, 왕성하다
cf. 卯 : 토끼의 긴 귀를 본 따 만든 글자	

		卯 + 丷(八변형)	알 란(난)
		나 앙 여덟 팔	
413	卵	내(卯) 속에 생명들(丷)이 들어 있는 곳이 고환(卵)이다.	
		알, 고환, 불알, 기르다, 자라게 하다, 크다, 굵다
cf. 卵 : 남자의 고환의 모습을 본 따 만든 글자	

工(93)···巫···互···亞···瓦···耳···巨···臣

414	巫	工 + 人 + 人 만들 공 사람 인 사람 인	무당 무
		창조주(工) 예수님은 인간들(人人)의 대 제사장(巫)이시다.	
		무녀, 의사, 고을 이름, 산 이름, 망령되다, 터무니없다, 제사장	

415	互	工 + 工 만들 공 만들 공	서로 호
		하나님이 몸을 만드시고(工), 예수님이 마음을 만드셔서(工) 서로(互) 협력하셨다.	
		서로, 고기시렁, 번갈아 들다, 어긋 매기다	

416	亞 (亜)	下 + 上 아래 하 위 상	버금 아
		위(上)의 하나님과 아래(下) 예수님은 서로 버금가신다(亞).	
		버금, 동서(同壻), 무리, 동아리, 아귀, 곱사등이, 다음가는 자리, 누르다 뒤떨어지다, 회칠하다 * cf. 사탄이 왕(王)이신 하나님의 십자가 사랑을 버금가게(亞) 흉내 내다.	

417	瓦	工 + 丶 + 乙(乚) 만들 공 불똥 주 새 을	기와 와
		창조주(工)의 생명(丶)으로 만든 인간의 몸(乚)은 질그릇(瓦)이다.	
		기와, 질그릇, 실패, 방패, 유곽, (기와를)이다	

418	耳	工 + 爿 장인 공 나무조각 장	귀 이
		창조주(工) 하나님의 십자가(爿) 진리를 듣는 몸이 귀(耳)다.	
		귀, 성한 모양, 뿐, (귀에)익다, 듣다, (곡식이)싹나다	

419	巨	⊏(工변형) + ⊐(工변형) 장인 공 만들 공	클 거 어찌 거
		천지를 만드신(⊐) 창조주(⊏)는 크시다(巨).	
		(부피가)크다, (수량이)많다, 거칠다, 항거하다, 어찌, 'ㄱ'자 모양의 자, 법도	

420	臣	巨 + ㅣ 클 거 뚫을 곤	신하 신
		크신(巨) 진리(ㅣ)를 품은 자가 하나님의 백성(臣)이다.	
		신하, 백성, 하인, 포로, 어떤 것에 종속됨, 신하의 자칭, 자기의 겸칭, 신하로 삼다, 직분을 다하다, 신하답다	

크(94)···尹···聿···聿

421	尹	크변형 + ノ 머리 계 삐침 별	다스릴 윤 벼슬 윤
		하나님(크)의 영(ノ)이 세상을 다스리신다(尹).	
		광택, 미쁨, 포육, 무늬, 벼슬, 다스리다, 바로잡다, 미덥다	

422	聿	크변형 + ㅣ 머리 계 뚫을 곤	붓 사 붓 율
		하나님(크)이 진리(ㅣ)를 세상에 펴셨다(聿).	
		붓, 어조사, 마침내, 이에, 친히, 스스로, 함께, 펴다, 닦다, 바르다	

423	聿	聿 + 二 붓 사 두 이	붓 율
		붓(聿)으로 진리를 천지(二)에 펴셨다(聿).	
		붓, 어조사, 마침내, 이에, 친히, 스스로, 함께, 펴다, 닦다, 바르다	

<인체 한자에 담긴 복음>

容	얼굴 용	하나님의 집(宀)인 사람들(八)이 인자(人)의 말씀(口)을 드러내는 몸이 얼굴(容)이다. 얼굴, 모양, 용모, 몸가짐, 속내, 담다, 그릇 안에 넣다, 용납하다, 받아들이다, 용서하다, 치장하다, 몸을 꾸미다, 맵시를 내다, 권하다, 쉽다
耳	귀 이	창조주 하나님(工)의 십자가(丬) 진리를 듣는 몸이 귀(耳)다. 귀, (귀에)익다, 듣다, (곡씩이)싹나다
目	눈 목	하나님이 말씀(口)으로 창조하신 천지(二)를 보는 몸이 눈(目)이다. 눈, 눈빛, 시력, 견해, 안목, 요점, 옹이, 그루터기, 제목, 표제, 목록, 중요, 이름, 우두머리, 두목, 품평, 보다, 주시하다, 일컫다, 지칭하다
口	입 구	진리의 말씀(口)을 내는 몸이 입(口)이다 입, 어귀, 사람이 드나들게 만든 곳, 인구, 주둥이, 부리, 아가리, 입구, 관문, 구멍, 말하다, 입 밖에 내다
鼻	코 비	스스로(自) 계신 하나님이 에덴동산(田)에서 인간들(廾)에게 생기를 불어넣은 몸이 코(鼻)다. 코, 구멍, 시초, 처음, 손잡이, 종, 노복, (코를)꿰다
首	머리 수	스스로(自) 계신 하나님이 인간들(丷)과 만나는 몸이 머리(首)다. 우두머리, 주장, 임금, 군주, 첫째, 으뜸, 시작하다, 근거하다, 나타내다 드러내다, 향하다, 절하다, (머리를)숙이다, 곧다, 바르다
咽	목구멍 인	예수님의 말씀(口)에 의지하여(因) 목말라 하는 몸이 목구멍(咽)이다. 목구멍, 목, 북을 치다, 목메다, 막히다, 삼키다
肩	어깨 견	생명의 집(戶)을 지는 몸(月)이 어깨(肩)다. (무게를)견디다, 맡다, 짊어지다, 이겨내다
胸	가슴 흉	남의 흉(凶)을 싸매는(勹) 도량을 갖는 몸(月)이 가슴(胸)이다. 마음, 뜻, 의지, 도량
腹	배 복	인자(亠)의 말씀대로(日) 뒤져오는(夊) 죄인과 회복해야 하는 몸(月)이 배(腹)다. 마음, 속마음, 중심, (품에)안다, 껴안다, 수용하다
肢	팔다리 지	용서(又)의 십자가(十)를 잡고 삶을 지탱해야 하는 몸(月)이 팔다리(肢)다. 팔다리, 사지, 수족
手	손 수	성령(丿)께서 주시는 권능(扌)으로 남에게 베푸는 몸이 손(手)이다. 재주, 솜씨, 수단, 방법, 권한, 권능, 스스로, 쥐다
足	발 족	죄를 그치고(止) 하나님 말씀(口)에 머물러야 몸이 발(足)이다. 뿌리, 근본, 그치다, 머무르다, 가다, 넉넉하다, (분수를)지키다, 채우다, 이루다, 되게 하다

기정의
복음한자

VI
복음한자(3단계)

八(8)···益···曾···層

	八 + 一 + 八 + 皿 여덟 팔 한 일 여덟 팔 그릇 명		더할 익 이로울 익
424 益	노아의 여덟(八) 식구가 여덟(八) 마리 제물의 피를 그릇(皿)에 더하여(益) 하나님(一)께 드렸다.		
	더하다, 이롭다, 유익하다, 돕다, 보조하다, 많다, 넉넉해지다, 진보하다, 향상되다, (상으로)주다, 가로막다, 이익, 더욱, 한결, 점점, 차츰차츰, 넘치다		
	八 + ''(小변형) + 口 + 曰 여덟 팔 작을 소 입 구 가로 왈		거듭 증 일찍 증
425 曾	사람들(八)이 작은('') 인간(口)으로 말씀(曰)하신 예수님 때문에 거듭(曾)났다.		
	일찍, 이미, 이전에, 거듭, 이에, 겹치다, 늘다, 늘어나다, 포개다		
	尸 + 曾 주검 시 거듭 증		층 층
426 層	시체(尸)가 거듭(曾)해서 쌓인 모습이 층(層)이다.		
	층, 겹, 층집, 계단, 높다		

427 尖	小 + 大 작을 소 큰 대	뾰족할 첨
	위가 작고(小) 아래가 크면(大) 뾰족해(尖) 보인다.	
	뾰족하다, 날카롭다, 작다, 거칠다, 격렬하다, 꼭대기, 정상, 봉우리, 산봉우리, 끝, 날카로운 끝	

428 肖	小 + 月 작을 소 육달 월	닮을 초 꺼질 소
	인간(月)은 예수님(小)을 닮는다(肖).	
	닮다, 모양이 같다, 본받다, 꺼지다, 쇠약하다, 쇠하다, 흩어지다, 작다	

429 省	少 + 目 적을 소 눈 목	살필 성
	하나님(目)이 구원받은 적은(少) 무리를 살피신다(省).	
	살피다, 깨닫다, 명심하다, 관청, 관아, 마을, 대궐, 덜다, 허물, 재앙	

430 劣	少 + 力 적을 소 힘 력	못할 렬(열)
	힘(力)이 적으면(少) 약하다(劣).	
	못하다, 졸렬하다, 용렬하다, 낮다, 약하다, 힘이 모자라다, 적다, 어리다, 어리석다, 겨우, 간신히, 가까스로	

431 **奚**	爫 + 幺 + 大 손톱 조 작을 요 큰 대		**어찌** 해
	크신(大) 하나님(爫)이 작은(幺) 인간으로 오심이 어찌(奚) 됨인가?		
	어찌, 왜, 무슨, 어떤, 어디, 무엇, 어느 곳, 종, 하인,		

432 **爰**	爫 + 一 + 友 손톱 조 한 일 벗 우		**이에** 원 **끌** 원
	하늘(一)에 계신 하나님(爫)이 인간을 벗(友)으로 이끄셨다(爰).		
	이에, 곧, 여기에서, 끌다, 성내다, 바꾸다, 속이다, 미치다, 이르다, 느즈러지다, 긴팔원숭이		

433 **愛**	爫 + 冖 + 心 + 夂 손톱 조 덮을 멱 마음 심 뒤져올 치		**사랑** 애
	뒤져오는(夂) 죄인을 덮는(冖) 하나님(爫)의 마음(心)은 사랑(愛)이시다.		
	사랑, 자애, 인정, 물욕, 탐욕, 사랑하다, 사모하다, 가엾게 여기다, 그리워하다, 소중히 하다, 친밀하게 대하다, 역성들다, 즐기다, 아끼다, 몽롱하다, 어렴풋하다		

434 **爲**	爫 + 尸尸 + 勹 + 灬 손톱 조 주검 시 쌀 포 불 화		**할** 위
	하나님(爫)이 주검들(尸尸)을 감싸(勹) 생명들(灬)을 주고자 하셨다(爲).		
	하다, 위하다, 다스리다, 되다, 이루어지다, 생각하다, 삼다, 배우다, 가장하다, 속하다, 있다, 행위		

435 **爵**	爫 + 罒 + 艮 + 寸 손톱 조 그물 망 그칠 간 마디 촌		**벼슬** 작
	하나님(爫)이 죄(罒)를 그친(艮) 마음(寸)에 주신 것이 왕 같은 제사장 벼슬(爵)이다.		
	벼슬, 작위, 술, 술잔, 참새, (벼슬을)주다, (술을)마시다		

亠(12)···夜···夏···亶···齊

436	夜	亠 + 亻 + 夂 + 丶 머리 두 사람 인 뒤져올 치 불똥 주	밤 야
		하나님(亠)이 뒤져오는(夂) 인간(亻)의 생명(丶)을 찾으신 때가 밤(夜)이다.	
		밤, 저녁 무렵, 한밤 중, 침실, 어두워지다, 쉬다	

437	夏	亠 + 日 + 夂 머리 두 가로 왈 뒤져올 치	회복할 복 다시 부
		하나님(亠)이 말씀으로(日) 뒤져오는(夂) 죄인을 회복시키셨다(夏).	
		회복하다, 돌아가다, 고하다, 초혼하다, 갚다, 겹치다, 되풀이하다, 채우다, 머무르다, 뒤집다, 가라앉다, 다시 대답하다, 실천하다, 제거하다, 성하다, 사뢰다, 거듭하다	

438	亶	亠 + 回 + 日 + 一 머리 두 돌 회 가로 왈 한 일	믿음 단
		머리(亠) 되신 하나님(一) 말씀(日) 듣고 돌아서는(回) 게 믿음(亶)이다.	
		믿음, 나는 모양, 믿다, 도탑다, 다하다, 충실하다, 평탄하다, 날다, 많다, 오로지, 다만, 진실로, 머뭇거리다, 산 이름, 선원	

439	齊 (齐)	亠 + 丫 + 刀 + 刀 + 月(肉) 머리 두 가닥 아 칼 도 칼 도 육달 월	가지런할 제
		하나님(亠)께 제사할 때, 칼질(刀刀)하여 가닥(丫) 잡은 고기(月)가 가지런하다(齊).	
		가지런하다, 재빠르다, 오르다, 같다, 좋다, 다스리다, 순탄하다, 경계하다, 지혜롭다, 이루다, 섞다, 약제, 배꼽, 한계, 삼가는 모양, 가운데, 일제히, 공손하다, 엄숙하다	

ㅗ(12)···帝···商

440	帝	亠 + 八 + 冖 + 巾 머리 두 여덟 팔 덮을 멱 수건 건	임금 제
		하나님(亠)의 사람들(八)을 수건(巾)처럼 덮어(冖) 주신 예수님은 우리의 임금(帝)이시다.	
		임금, 천자, 하느님, 오제의 약칭, 크다	

441	商	亠 + 八 + 冂 + 古 머리 두 여덟 팔 멀경 옛고	밑동 적 장사 상
		예(古)전에 하나님(亠)의 사람들(八)을 덮어(冂) 준 하나님은 인간의 뿌리(商)시다.	
		밑동, 뿌리, 물방울, 화하다, 누그러지다, 장사, 장수, 가을, 서쪽	

宀(16)···官

442	官	宀 + 呂변형 집 면 법칙 려	벼슬 관
		하나님의 집(宀)에서 법(呂) 지키는 것은 인간의 직무(官)다.	
		벼슬, 벼슬자리, 벼슬아치, 마을, 관청, 공무를 집행하는 곳, 기관, 일, 직무, 임금, 아버지, 시아버지, 관능, 이목구비 등 사람의 기관, 본받다, 기준으로 삼아 따르다, 직무로서 담당하다, 관리하다, 벼슬을 주다, 임관하다, 섬기다	

心(19)···敝···憂

443	敝	忄 + 月 + 攵 마음 심 육달육 칠복	해질 폐
		몸(月)과 마음(忄)이 침(攵)을 당하면 황폐해진다(敝).	
		해지다, 깨지다, 지다, 버리다, 황폐하다, 가리다, 겸사(자기의 겸칭으로 쓰이는 접두사)	

444	憂	百 + 冖 + 心 + 夂 일백 백 덮을 멱 마음 심 뒤져올 치	근심 우
		온갖(百) 죄로 덮여(冖) 뒤져오는(夂) 죄인의 마음(心)은 근심스럽다(憂).	
		근심, 걱정, 병, 질병, 고통, 괴로움, 환난, 친상, 상중, 근심하다, 걱정하다, 애태우다, 고생하다, 괴로워하다, 두려워하다, (병을)앓다, 가엾게 여기다, 상제가 되다	

癶(27)…癸…登…發…廢

445	癸	癶 + 天 등질 발 하늘 천	북방 계
		하늘(天) 하나님을 등지고(癶) 향한 곳이 북방(癸)이다.	
		북방, 북쪽, 겨울, 열째 천간, 경도, 월경, 무기, 헤아리다	

446	登	癶 + 豆 등질 발 콩 두	오를 등 제기이름 등
		하나님과 등진(癶) 인간이 제사하려고(豆) 산에 오른다(登).	
		오르다, 나가다, 기재하다, 익다, 제기 이름	

447	發	癶 + 弓 + 殳 등질 발 활 궁 창 수	필 발
		하나님과 등져(癶) 활(弓)처럼 구부러진 죄인을 찔러(殳) 죄를 드러내셨다(發).	
		피다, 쏘다, 일어나다, 떠나다, 나타나다, 드러나다, 밝히다, 들추다, 계발하다 베풀다, 빠른 발 모양	

448	廢	广 + 發 집 엄 필 발	페할 폐 버릴 폐
		죄가 드러난(發) 인간의 장막 집(广)은 버려진다(廢).	
		폐하다, 못 쓰게 되다, 버리다, 그치다, 부서지다, 떨어지다, 무너지다, 쇠퇴하다, 고질병, 크게, 매우	

十(28)…索…南

449	索	十 + 冖 + 糸 열 십　덮을 멱　가는실 사	찾을 색
		십자가(十)로 덮어(冖) 생명을 이은(糸) 사람을 하나님이 찾으신다(索).	
		찾다, 더듬다, 동아줄, 노, 꼬다, 헤어지다, 쓸쓸하다, 다하다	
450	南	十 + 冂 + 八 + 干 열 십　멀 경　여덟 팔　막을 간	남녘 남
		사람들(八)의 죄를 막으려고(干) 짐승을 죽여(十) 가죽으로 덮어주신(冂) 곳이 남쪽(南)이다.	
		남쪽, 임금, 벼슬 이름, (남쪽으로)가다, 풍류의 이름	

十(ナ28)…布…希…在…存

451	布	ナ(十변형) + 巾 열 십　수건 건	베 포 펼 포
		하나님이 십자가(ナ)의 진리를 수건(巾)처럼 세상에 펴셨다(布).	
		베, 돈, 조세, 펴다, 베풀다, 벌이다, 걸쳐놓다, 드러내다, 벌여놓다, 분포하다, 전파되다, 번지어 퍼지다, 씨를 뿌리다.	
452	希	乂 + 布 벨 예　펼 포	바랄 희
		죄를 없앨(乂) 십자가의 은혜가 널리 펴질(布) 것을 바라다(希).	
		바라다, 동경하다, 희망하다, 사모하다, 앙모하다, 드물다, 성기다, 적다, 칡베	
453	在	ナ(十변형)+ ㅣ + 土 열 십　뚫을 곤　흙 토	있을 재 살필 재
		진리(ㅣ)의 십자가(ナ) 때문에 인간(土)이 존재한다(在).	
		있다, 존재하다, 찾다, 보다, 살피다, (안부를)묻다, 제멋대로 하다, 곳, 장소, 겨우, 가까스로, ~에, 처소	
454	存	ナ(十변형)+ ㅣ + 子 열 십　뚫을 곤　아들 자	있을 존
		진리(ㅣ)의 십자가(ナ) 때문에 하나님의 아들(子)이 있다(存).	
		있다, 존재하다, 살아있다, 안부를 묻다, 노고를 치하하고 위로하다, 문안하다, 보살피다, 보존하다, 편안하다, 관리하다, 생각하다, 가엾게 여기다, 세우다, 다다르다	

木(29)···杲··果··某···來··麥

455	杲	日 + 木 가로 왈 사람 인	밝을 고
		십자가(木) 말씀(曰)은 밝다(杲).	
		밝다, 높다, 성(姓)의 하나	

456	果	田 + 木 밭 전 나무 목	열매 과
		선악과는 에덴동산(田) 중앙에 있는 나무(木)가 맺은 열매(果)다.	
		실과, 과실, 결과, 시녀, 과연, 정말로, 끝내, 마침내, 만약, 가령, 과감하다, 이루다, 실현하다, (속에 넣어)싸다	

457	某	甘 + 木 달 감 나무 목	아무 모
		십자가(木)에 달게(甘) 맺힌 구원은 누구나(某) 해당된다.	
		아무, 어느, 아무개, 어느 것, 어느 곳, 자기의 겸칭, 매화	

458	來	木 + 人 + 人 나무 목 사람 인 사람 인	올 래
		인간들(人人)이 십자가(木)에 돌아오다(來).	
		오다, 돌아오다, 부르다, 위로하다, 이래, 그 이후로, 앞으로, 미래, 후세, 보리	

459	麥	來 + 夕 올 래 저녁 석	보리 맥
		심판(夕) 때 하나님이 오셔서(來) 죽은 자의 부활로서 거둔 첫 열매가 예수님이요, 년 중 첫 추수 열매인 보리(麥)를 의미한다.	
		보리, 귀리, 메밀, 작은 매미, 묻다, 매장하다 cf. 년 중 추수할 때 첫 열매로서 보리(麥)를 거둔다. cf. 성경에서 죽은 자의 부활, 즉 첫 열매는 예수님의 부활을 의미한다.	

460	杏	木 + 口 나무 목 입 구	살구 행
		말씀(口)대로 아론의 나무(木)에 맺힌 열매는 살구(杏)다.	
		살구, 살구나무, 은행나무	

461	杳	木 + 日 나무 목 가로 왈	아득할 묘 어두울 묘
		예수님이 십자가(木)에서 말씀하신(日) 때는 어두운(杳) 때다.	
		아득하다, 어둡다, 희미하다, 멀다, 깊숙하다, 깊고 넓은 모양, 아득히 먼 모양	

462	査	木 + 且 나무 목 공경스러울 저	조사할 사
		하나님은 십자가(木)의 예수님을 공경하는지(且) 조사하신다(査).	
		조사하다, 사실하다, 찌꺼기, 뗏목, 사돈	

463	盃	木 + 皿 나무 목 그릇 명	막힐 울
		십자가(木)의 피를 담은 그릇(皿)에 마음이 막혔다(盃).	
		막히다, 답답하다	

464	李	木 + 子 나무 목 아들 자	오얏 리
		십자가(木)를 지심은 하나님의 아들(子)의 도리(李)다.	
		오얏나무(자두나무), 심부름꾼, 다스리는 벼슬아치, 도리, 별 이름, 옥관, 성(姓)의 하나	

木(29)···朿···束···東···柬···策

465	朿	木 + 冂 나무 목 멀 경	가시 자
		가둬(冂) 놓은 생명 나무(木)가 아담 눈에 가시(朿)같다.	
		(초목에 나 있는)가시, 묶다, 동여매다, 결박하다, 합치다	

466	束	木 + 口 나무 목 입 구	묶을 속 약속할 속
		접근하지 못하게 선악 나무(木)를 말씀(口)으로 묶으셨다(束).	
		묶다, 동여매다, 결박하다, (잡아)매다, (띠를)매다, 합치다, 단속하다, 삼가다, 약속하다, 언약하다, 단, 묶음, 다섯 필	

467	東	木 + 日 나무 목 가로 왈	동녘 동
		십자가(木)를 지실 하나님이 아담에게 말씀하시러(日) 나아오신 곳이 동쪽(東)이다.	
		동녘, 동쪽, 오른쪽, 주인, 동쪽으로 가다 cf. 하나님의 성막으로 들어오는 문이 있는 방향이 동쪽임을 참고할 것.	

468	柬	束 + 八 묶을 속 여덟 팔	가릴 간 분간할 간
		인간들(八)이 에덴동산에 묶인(束) 나무들을 분간했다(柬).	
		가리다, 분간하다, 선택하다, 고르다, 간략하다, 편지, 서찰	

469	策	竹 + 朿 대 죽 가시 자	꾀 책 채찍 책
		대쪽(竹) 같은 인간은 가시(朿) 같은 고난의 채찍(東)을 당한다.	
		꾀, 계책, 대쪽, 책, 서적, 장부, 채찍, 산가지, 수효, 숫자, 지팡이, 명령서, 별 이름, 낙엽소리, (과거를)보이다, 포상하다, 헤아리다, 예측하다, 기록하다, 꾀하다, 기획하다, 독촉하다, 채찍질하다,	

470	林	木 + 木 나무 목 나무 목	수풀 림
		세상에는 생명나무(木)와 선악나무(木)로 숲(林)을 이룬다.	
		수풀, 숲, 모임, 집단, 야외, 들, 시골, 한적한 곳, 임금, 군왕, 많은 모양, 많다	
471	森	木 + 林 나무 목 수풀 림	빽빽할 삼
		숲(林)에는 나무(木)가 빽빽하다(森).	
		수풀, 무성한 모습, 많은 모양, (나무가)빽빽하다, 축 늘어진 모양, 무성하다, 늘어서다, 우뚝 솟다, 삼엄하다, 오싹하다, 드리우다	
472	柰	木 + 示 나무 목 보일 시	능금나무 내
		선악 나무(木) 앞에서 하나님(示)이 "어찌하랴?(柰)" 탄식하셨다.	
		능금나무, 말리, 어찌, 어떻게, 어찌하랴, 어찌 cf. 奈(어찌 내) : 크신(大) 하나님(示)이 "어찌하랴(奈)" 탄식하셨다.	
473	禁	林 + 示 수풀 림 보일 시	금할 금
		하나님(示)이 에덴동산 두 나무(林)를 금하셨다(禁).	
		금하다, 견디다, 이겨내다, 누르다, 억제하다, 꺼리다, 삼가다, 위협하다, 규칙, 계율, 금령, 비밀, 감옥, 주술, 저주, 대궐, 궁궐, 옷고름, 짐승을 기르는 우리	
474	焚	林 + 火 수풀 림 불 화	불사를 분
		숲(林)이 불(火)로 인해 불살라지다(焚).	
		불사르다, 타다, 불태우다, 넘어지다, 넘어뜨리다	

木(29)…厤…床…麻

475	床	广 + 木 집 엄　나무 목	평상 상
		생명의 집(广)에 있는 나무(木)는 단상(床)이다.	
		평상, 상, 소반, 마루, 우물 난간, 기물을 세는 단위	

476	麻	广 + 朩(十+儿) + 朩(十+儿) 집 엄 삼줄기껍질 빈 삼줄기껍질 빈	삼 마
		생명의 집(广)인 인간들(儿儿)과 관련한 십자가(十十)는 죄를 마비시킨다(麻).	
		삼, 참깨, 베옷을 일컫는 말, 삼으로 지은 상복, 조서, 근육이 마비되는 병, 마비되다, 마비시키다 cf. 베옷은 항균 기능이 있다.	

477	厤	厂 + 秝(禾+禾) 기슭 엄　나무성글 력	다스릴 력 책력 력
		생명력이 성한(秝) 인자(厂)가 오셔서 다스리신다(厤).	
		책력, 역법, 수, 셈, 연대, 수명, 운명, 일기, 일지	

卅(31)…昔…散

478	昔	艹변형 + 日 받들 공　가로 왈	옛 석
		하나님 말씀(日)을 사람들이 함께 받든(卄) 일은 오래(昔)다.	
		옛날, 어제, 접때, 앞서, 저녁, 밤, 끝, 처음, 말린 고기, 오래되다, 끝나다, 섞이다, 교착하다	

479	散	艹변형 + 月 + 攵(攴) 받들 공　육달 육　칠 복	흩을 산
		하나님이 받들던(卄) 인간(月)을 죄 때문에 쳐서(攵) 흩으셨다(散).	
		흩다, 한가롭다, 헤어지다, 내치다, 풀어 놓다, 달아나다, 도망가다, 절룩거리다, 비틀거리다, 나누어 주다, 부여하다, 뒤범벅되다, 쓸모없다, 천하다, 속되다, 어둡다, 겨를, 여가,	

廿(31)···革···堇···燕

480	革	廿 + 中 + 一 스물 입 가운데 중 한 일	가죽 혁
		에덴동산 땅(一) 가운데(中)에서 죄인들(廿)이 입은 것이 가죽(革)이다.	
		가죽, 가죽 장식, 갑옷, 투구(쇠로 만든 모자), 피부, 날개, 늙다, (날개를)펴다, (털을)갈다, 고치다, 중해지다, 위독해지다, 엄하다, 심하다	
481	堇	革 + 土 가죽 혁 흙 토	진흙 근
		하나님이 가죽(革) 옷을 해 입힌 인간(土)은 본래 진흙(堇)이다.	
		(노란)진흙, 찰흙, 때, 시기, 조금, 약간, (흙을)바르다.	
482	燕	廿 + 北 + 口 + 灬 스물 입 달아날 배 입 구 불 화	잔치 연 제비 연
		하나님의 말씀(口) 앞에서 달아난(北) 죄인들(廿)을 불(灬)로 심판할 때 열리는 것이 구원의 잔치(燕)다.	
		제비, 잔치, 향연, 연회, 즐겁게 하다, 편안하다, 함부로 대하다, 업신여기다 cf. 제비 모양을 본 딴 글자이기도 함.	

廿(31)···黃···廣···寅

483	黃	廿 + 一 + 由 + 八 스물 입 한 일 말미암을 유 여덟 팔	누를 황
		죄인(廿)을 심판하시는 하나님(一)으로 말미암아(由) 사람들(八)이 병들고 지쳐 누래졌다(黃).	
		누렇다, 노래지다, 앓다, 누런빛, 황금, 늙은이, 어린아이, 유아, 황제, 열병, 병들고 지친 모양, 곡식, 곡류	
484	廣	广 + 黃 집 엄 누를 황	넓을 광
		생명의 집(广)인 인간들이 누렇게(黃) 병들어 널리(廣) 퍼졌다.	
		넓다, 넓게 되다, 넓히다, 널찍하다, 공허하다, 비다, 빛나다, 널리, 넓이, 무덤, 직경	
485	寅	宀 + 一 + 由 + 八 집 면 한 일 말미암을 유 여덟 팔	범 인
		하나님의 집(宀)에서 하나님(一)이 사람들(八)로 말미암아(由) 공경(寅)을 받으셨다.	
		범, 동북, 동관, 동료, 공경하다, 나아가다, 당기다, 크다, 삼가다	

厂(32)···辰···厚···原···厤···厭

		厂 + 一 + 氏변형 기슭 엄 한 일 성 씨	별 진
486	辰	하나님(一)이 마굿간(厂)에 구원의 씨(氏)로 오심을 알린 존재가 별(辰)이다.	
		별의 이름, 수성, 별의 총칭, 다섯째 지지, 때, 시각, 시대, 기회, 아침, 새벽, 날, 하루, 택일, 대, 달, 별의	
		厂 + 曰 + 子 기슭 엄 가로 왈 아들 자	두터울 후
487	厚	인간(厂)이 된 아들(子)의 말씀(曰)은 후하다(厚).	
		두텁다, 후하다, 두터이 하다, 두껍다, 짙다, 진하다, 맛있다, 지극하다, 정성스레 대하다, 친하다, 친밀하다, 우대하다, 많다, 크다, 무겁다, 늘리다, 낫다, 훌륭하다, 두께, 부, 매우, 많이, 크게	
		厂(人변형) + 泉변형 기슭 엄 샘 천	근원 원
488	原	인자(厂)는 생명 샘(泉)의 근원(原)이다.	
		언덕, 근원, 저승, 들, 벌판, 원래, 거듭, 근본을 추구하다, 캐묻다, 찾다, 의거하다, 기초를 두다, 기인하다, 용서하다, 놓아 주다, 삼가다, 정성스럽다, 거듭하다	
		厂(人변형) + 秝 기슭 엄 나무성글 력	다스릴 력
489	厤	인자(厂)가 성한 숲(秝)을 이룬 인간들을 다스리신다(厤).	
		책력, 역법, 수, 셈, 연대, 수명, 운명, 일기, 일지	
		厂(人변형) + 曰 + 月 + 犬 기슭 엄 가로 왈 육달 월 개 견	싫어할 염
490	厭	말씀(曰)이 육(月)을 입고 오신 인자(厂)가 개(犬) 취급당하는 것을 하나님이 싫어하셨다(厭).	
		싫어하다, 물리다, 조용하다, 가리다, 막다, 가위눌리다, 누르다, 따르다, 마음에 들다, 젖다, 빠지다 cf. 겟세마네기도 참고	

广(33)···床···麻···鹿

491	床 (牀속자)	广 + 木 집 엄 나무 목	평상 상
		하나님의 집(广)에서 십자가(木)가 선포되는 곳이 평상(床)이다.	
		평상, 상, 소반, 마루, 우물 난간, 기물을 세는 단위, (상 위에서)졸다	
492	麻	广 + 林(十儿十儿) 집 엄 수풀 림	삼 마
		생명의 집(广)인 인간들이(儿儿) 죽을(十十) 때 입는 베옷의 재질은 삼(麻)이다.	
		삼, 참깨, 베옷을 일컫는 말, 삼으로 지은 상복, 조서, 근육이 마비되는 병, 마비되다, 마비시키다	
493	鹿	广 + 工변형 + 八변형 + 比 집 엄 만들 공 여덟 팔 견줄 비	사슴 록(녹)
		하나님의 집(广)으로 창조(工)된 인간들(八)의 아름다움을 견줄(比) 수 있는 동물이 사슴(鹿)이다.	
		사슴, 제위의 비유, 목적물, 곳집, 산기슭, 거칠다, 조잡하다 cf. 사슴의 모양을 본 딴 글자	

广(33)…度…席…庶…遮

		广 + 廿 + 又 집 엄 스물 입 또 우	법도 도 헤아릴 도
494	度	하나님의 집(广)에 사람들(廿)을 용서하는(又) 법도(度)가 있다.	
		법도, 자, 도구, 횟수, 도(온도 단위), 기량, 가락, 모양, 정도, 풍채, 태양, 천체의 속도, 때, 기회, 바로잡다, 떠나다, 통과하다, 건네다, 나르다, 깨닫다, 헤아리다, 추측하다,	
		广 + 廿 + 巾 집 엄 스물 입 수건 건	자리 석
495	席	하나님의 집(广)에 사람들(廿)을 덮는(巾) 구원의 자리(席)가 있다.	
		앉을 자리, 여럿이 모인 자리, 돗자리, 앉음새, 돛, 자리를 깔다, 의뢰하다, 믿고 의지하다	
		广 + 廿 + 灬변형 집 엄 스물 입 불 화	여러 서
496	庶	생명의 집(广)에는 생명(灬)을 얻은 인간들(廿)이 여럿(庶)이다.	
		여러, 거의, 바라건대, 무리, 서출, 벼슬이 없는 사람, 지파, 가깝다, 바라다, 많다, 살찌다, 천하다, 제거하다	
		辶 + 庶 쉬엄쉬엄갈 착 여러 서	가릴 차 이 저
497	遮	여러(庶) 사람이 살아가며(辶) 받은 은혜가 죄의 가림(庶)이다.	
		가리다, 보이지 않게 막다, 감추다, 숨기다, 차단하다, 속이다, 이, 이것	

疒(34)…疫

498	疫	疒 + 殳 병들어기댈 녁 몽둥이 수	전염병 역
		사람을 쳐서(殳) 병들어 기대게(疒) 만드는 것이 전염병(疫)이다.	
		전염병, 돌림병, 역귀(역병을 일으킨다는 귀신)	

产(35)…危…詹

499	危	产 + 巳(卩) 우러러볼 첨 병부 절	위태할 위
		하나님을 우러러보는(产) 구원의 신표(巳)가 없는 인간은 위태하다(危).	
		위태하다, 위태롭다, 불안하다, 두려워하다, 불안해하다, 위태롭게 하다, 해치다, 높다, 아슬아슬하게 높다, 엄하다, 엄정하다, 발돋움하다, 병이 무겁다, 위독하다, 바르다, 똑바르다, 빠르다, 마룻대, 용마루, 별 이름, 거의	
500	詹	产 + 儿 + 言 우러러볼 첨 사람 인 말씀 언	이를 첨
		하나님을 우러러보는(产) 인간(儿)에게 말씀(言)이 이르렀다(詹).	
		이르다, 도달하다, 바라보다, 쳐다보다, 수다스럽다, 말이 많다, 넉넉하다, 두려워하다, 두꺼비	

虍(38)···虎···虐···虛···處···盧···膚

501	虎	虍 + 儿 범호 사람인 어진 인간(儿)은 범(虍)같이 용맹스럽다(虎). 범, 호랑이, 용맹스럽다	범 호

| 502 | 虐 | 虍 + 匚 + 一
 범호 감출혜 한일

 감춰진(匚) 하나님(一)은 범(虍)처럼 모질게(虐) 느껴진다.

 모질다, 사납다, 험악하다, 혹독하다, 학대하다, 해롭게 하다, 깔보다, 경시하다, 무절제하다, 분에 넘치다, 희롱하다, 죽다, 재앙, 재해 | 모질 학 |

| 503 | 虛 | 虍 + 丱 + 一
 범호 쌍상투관 한일

 범(虍)같은 하나님(一) 앞에서 어린 아이(丱)같은 인간은 공허하다(虛).

 비다, 없다, 비워 두다, 헛되다, 공허하다, 약하다, 앓다, 살다, 거주하다, 구멍, 틈, 빈틈, 공허, 무념무상, 마음, 하늘, 폐허, 위치, 방위, 큰 언덕, 별 이름 | 빌 허 |

| 504 | 處 | 虍 + 夂 + 几
 범호 뒤져올치 안석궤

 섬겨야(几) 할 범(虍)같은 하나님은 뒤져오는(夂) 죄인이 거주할 처소(處)다.

 곳, 처소, 때, 시간, 지위, 신분, 부분, 일정한 표준, 살다, 거주하다, 휴식하다, (어떤 지위에)있다, 누리다, 다스리다, 맡다, 대비하다, (미혼으로)친정에 있다, 돌아가다, 사귀다, 보살피다, 처리하다, 대처하다, 분별하다, 차지하다, 두다, 모이다, 자처하다, 결단하다, 멈추다, (병을)앓다, 나누다 | 살 처
 곳 처 |

| 505 | 盧 | 虍 + 田 + 皿
 범호 밭전 그릇명

 교회(田)에 놓인 제단 그릇(皿)은 범(虍)같은 하나님의 심판의 화로(盧)다.

 성(姓)의 하나, 밥그릇, 눈동자, 개 이름, 창자루, 갈대, 화로, 목로(술잔을 놓기 위해 널빤지로 좁고 기다랗게 만든 상), 가마우지, 나라 이름, 머리뼈, 웃음소리, 허술한 집, 검다 | 화로 노 |

| 506 | 膚 | 虍 + 田 + 月
 범호 밭전 육달월

 범(虍)같은 하나님이 에덴동산(田)에서 만드신 몸(月)의 아름다운 부위는 살갗(膚)이다.

 살갗, 피부, 겉껍질, 표피, 제육, 저민 고기, 깔개, 이끼, 얇다, 천박하다, 떨어지다, 벗기다, 크다, 넓다, 붙다, 아름답다 | 살갗 부 |

儿(39)···免···兔

507	免	⺈(勹변형) ＋ 中 ＋ 儿 쌀 포　가운데 중　어진사람 인	면할 면 해산할 문

중심(中)이 은혜로 싸인(⺈) 사람(儿)은 심판을 면한다(免).

면하다, 벗어나다, 용서하여 놓아주다, 허가하다, 벗다, 해직하다, 내치다, 힘쓰다, 노력하다, 해산하다, 아이를 낳다, 관을 벗고 머리를 묶다, 상복

508	兎	ノ ＋ 口 ＋ 儿 ＋ 丶 삐침 별　입 구　어진사람 인　불똥 주	토끼 토

말씀(口)과 성령(ノ)과 예수님의 피(丶)가 있는 인간(儿)은 토끼(兎)처럼 활기차다.

토끼　cf. 토끼의 모습을 본뜬 글자

人(40)···禽

509	禽	人 ＋ 文 ＋ 凵 ＋ 禸 사람 인　글월 문　입벌릴 감　발자국 유	새 금

입(凵)을 열어 하나님의 글(文)을 담은 흔적(禸)을 가진 사람(人)은 자유로운 새(禽)같다.

새, 날짐승, 짐승, 금수의 총칭, 포로, 사로잡다, 사로잡히다
cf. 새의 모습을 본뜬 글자

入(44)···全···內

510	全	入 ＋ 王 들 입　임금 왕	온전할 전

왕(王)이신 예수님을 마음에 들인(入) 인간은 온전하다(全).

온전하다, 순전하다, 무사하다, 상처가 없다, 흠이 없다, 갖추다, (병이)낫다, 완전히, 모두, 다, 흠이 없는 옥

511	內	入 ＋ 冂 들 입　멀 경	안 내 들일 납

인간이 공허할(冂) 때, 들어오시는(入) 하나님을 받아들인다(內).

안, 속, 나라의 안, 국내, 대궐, 조정, 궁중, 뱃속, 부녀자, 아내, 몰래, 가만히, 비밀히, 중히 여기다, 친하게 지내다, 받아들이다

ム(45)…台…參

512	台	ム + 口 나 사 입 구	기쁠 태 별 태
		하나님이 부르신(口) 나(ム)는 기쁘다(台).	
		별, 별의 이름, 지명, 태풍, 나, 기뻐하다, 자기, 대(높고 평평한 건축물)	
513	參	ムムム + 人 + 彡 사 사 사 사람 인 터럭 삼	참여할 참 석 삼
		생명(彡)과 말씀(ムムム)의 삼위일체 하나님이 인간(人) 창조에 참여하셨다(參).	
		참여하다, 간여하다, 관계하다, 나란하다, 가지런하다, 섞이다, 뒤섞다, 헤아리다, 비교하다, 살피다, 탄핵하다, 층나다, 뵈다, 빽빽이 들어서다 높다, 무리, 삼정승, 셋, 인삼, 길다	

攵(46)…史…吏…更

514	史	口 + 攵 입 구 벨 예	역사 사 사기 사
		하나님이 말씀(口)으로 다스리시는(攵) 게 역사(史)다.	
		사기, 역사, 기록된 문서, 사관, 문인, 문필가, 서화가, 화사하다, 꾸밈이 있어 아름답다	
515	吏	一 + 史 한 일 역사 사	관리 리
		하나님(一)의 역사(史)를 쓰는 사람이 관리(吏)다.	
		벼슬아치, 관리, 아전, 벼슬살이를 하다	
516	更	一 + 曰 + 攵 한 일 가로 왈 벨 예	고칠 경
		하나님(一)의 말씀(曰)이 죄를 베어내고(攵) 고친다(更).	
		고치다, 개선하다, 변경되다, 바뀌다, 갚다, 배상하다, 잇다, 계속하다, 겪다, 지나가다, 통과하다, 늙은이, 밤 시각, 임기, 번갈아, 교대로, 다시, 더욱, 도리어, 반대로, 어찌	

又(47)···桑

		又又又 + 木 또 우 나무 목	뽕나무 상
517	桑	예수님의 십자가(木)로 용서받은(又又又) 사람들이 흔하기가 뽕나무(桑) 같다.	
		뽕나무, 뽕잎을 따다 CF. 뽕나무에 뽕나무 잎이 무수히 달린 모습을 본뜬 글자.	

又(48)···蚤

		又 + 丶 + 虫 갈래 차 불똥 주 벌레 충	벼룩 조
518	蚤	살을 찔러서(又) 피(丶)를 빨아먹는 벌레(虫)가 벼룩(蚤)이다.	
		벼룩, 손톱, 일찍	

夊(49)···夏

		一 + 自 + 夊 한 일 스스로 자 뒤져올 치	여름 하 개오동나무 가
519	夏	스스로(自) 계신 하나님(一)이 뒤져오는(夊) 죄인에게 회초리를 대는 계절이 여름(夏)이다.	
		여름, 중국, 하나라, 중국사람, 춤 이름, 안거(외출하지 않고 한 곳에 머무르며 수행하는 제도), 오색의 배색, 채색, 우왕이 만든 악칭, 크게 지은 건물, 크다, 개오동나무, 회초리	

子(56)···孟

子 + 皿 아들 자 그릇 명	맏 맹

520 孟

제사 그릇(皿)에 피를 담은 아들(子)은 하나님의 맏(孟)아들이다.

맏, 첫, 처음, 맏이, 맹자의 약칭, 우두머리, 그물, 힘쓰다, 애쓰다, 사납다, 과격하다,
맹랑하다, 크다

予(58)···序

广 + 予 집 엄 줄 여	차례 서

521 序

하나님의 집(广)에서는 주는(予) 사람이 먼저 차례(序)다.

차례, 학교, 학당, 담, 담장, 실마리, 단서, 서문, 머리말, 행랑방, 서문을 쓰다, 펴다,
서술하다, (차례로)지나가다, 따르다, 차례를 매기다, 안정시키다

矛(59)···柔

矛 + 木 창 모 나무 목	부드러울 유

522 柔

십자가(木) 창(矛)으로 양심이 찔린 인간이 부드럽다(柔).

부드럽다, 순하다, 연약하다, 여리다, 무르다, 복종하다, 좋다, 편안하게 하다, 사랑하다,
쌍일(짝숫날)

寸(61)…守…㝵…尃…專…導

523	**守**	⼧ + 寸 집 면 마디 촌	**지킬 수**
		십자가의 피를 품은 마음(寸)이 생명의 집(⼧)을 지킨다(守).	
		지키다, 다스리다, 머무르다, 기다리다, 거두다, 손에 넣다, 청하다, 요구하다, 지키는 사람, 직무, 지방장관, 정조, 지도, 절개, 임시, 가짜, 벼슬의 이름	
524	**㝵**	曰 + 一 + 寸 가로 왈 한 일 마디 촌	**막을 애 그칠 애**
		하나님(一) 말씀(曰)이 마음(寸) 속 죄를 막는다(㝵).	
		그치다, 막히다, 얻다, 손에 넣다, 만족하다, 알다, 깨닫다	
525	**尃**	甫 + 寸 클 보 마디 촌	**펼 부**
		하나님의 크신(甫) 마음(寸)을 인간에게 펴셨다(尃).	
		펴다, 깔다, 퍼지다, 두루 알리다	
526	**專**	十 + 曰 + 入 + 寸 열 십 가로 왈 들 입 마디 촌	**오로지 전**
		십자가(十) 말씀(曰)이 마음(寸)에 들어와야(入) 오로지(專) 하나가 된다.	
		오로지, 오직 한 곬으로, 마음대로, 홀로, 한 장, 마음대로 하다, 독점하다, 하나로 되다, 가득 차다, 섞이지 아니하다, 다스리다, 권세가 많다, 모이다, 둥글다	
527	**導**	道 + 寸 길 도 마디 촌	**인도할 도**
		주님의 마음(寸)이 구원의 길(道)로 인도하신다(導).	
		인도하다, 이끌다, 소통하게 하다, 통하다, 행동으로 옮기다, 행하다, 간청하다, 인도, 유도, 안내, 지도	

丁(64)…可…司…同

528	**可**	丁 + 口 장정 정 입 구	**옳을 가**
		예수님(丁)의 말씀(口)은 옳다(可).	
		옳다, 허락하다, 듣다, 들어주다, 쯤, 정도, 가히, 군주의 칭호, 신의 칭호	
529	**司**	丁 + 一 + 口 장정 정 한 일 입 구	**맡을 사**
		예수님(丁)이 하나님(一) 말씀(口)을 맡으셨다(司).	
		맡다, 엿보다, 살피다, 지키다, 수호하다, 관아, 마을, 벼슬, 관리, 공무원	
530	**同**	ㅣ + 司 뚫을 곤 맡을 사	**한가지 동**
		진리(ㅣ)를 맡은(司) 예수님은 하나님과 한가지(同)다.	
		한가지, 무리, 함께, 그, 전한 바와 같은, 같다, 같이하다, 합치다, 균일하게 하다, 화합하다, 모이다	

531	勾	勹 + 厶 쌀 포 나 사(아무 모)	굽을 구
		누구든(厶) 사탄에게 싸이면(勹) 굽어진다(勾).	
		굽다, 갈고리, 글귀, 구절, 마디, 올가미, 함정, 네모, 지우다, 많다, 잡아당기다, 꾀다, 맡다	

532	句	口 + 勹 입 구 쌀 포	글귀 구 구절 귀
		성경은 하나님 말씀(口)을 싼(勹) 글귀(句)다.	
		글귀, 구절, 마디, 올가미, 갈고리, 휘어지다, 지워 없애다, 당기다, 유혹하다, 맡다, 주관하다, 넉넉하다, 많다	

533	苟	++ + 句 풀 초 글귀 구	진실로 구 구차할 구
		인간들(++)에게 주신 성경 글귀(句)는 진실하다(苟).	
		진실로, 참으로, 다만, 겨우, 만약, 구차하게, 바라건대, 잠시, 미봉하다, 낮다, 탐하다	

534	旬	日 + 勹 해 일 쌀 포	열흘 순
		해(日)가 온 세상을 둘러 싸(勹) 두루 미친다(旬).	
		열흘, 열 번, 십 년, 두루, 두루 미치다, 균일하다, 꽉 차다, 부역, 노역	

535	包	巳 + 勹 뱀 사 쌀 포	쌀 포 꾸러미 포
		사탄(巳=뱀)이 보따리로 둘러 싸듯(勹) 인간을 죄로 쌌다(包).	
		감싸다, 용납하다, 아우르다, 아이를 배다, 꾸러미, 보따리, 주머니, 봉지, 푸줏간	

		米 + 勹 쌀미 쌀포	움킬 국
536	匊	생명의 떡(米=쌀)이신 예수님이 인간을 싸서(勹) 움켜쥐셨다(匊).	
		움키다, 움켜쥐다, 손바닥, 움큼	
537	菊	++ + 匊 풀 초 움킬 국	국화 국
		움켜쥔(匊) 꽃잎 모양을 가진 풀(++)은 국화(菊)다.	
		국화, 대국	
538	匃	ㄴ변형 + 人 + 勹 윗 상 사람 인 쌀포	빌 개
		인간(人)을 생명 싸개로 싸려고(勹) 예수님이 위(ㄴ)에 계신 하나님께 비셨다(匃).	
		빌다, 구하다, 구걸하다, 주다, 베풀다	
539	曷	曰 + 匃 가로 왈 빌 개	어찌 갈
		죄인이 하나님께 빌며(匃) 하는 말(曰), "어찌(曷)~?"	
		어찌~하지 아니하냐?, 언제, 어느 때에, 누가, 그치다, 해치다, 상하게 하다	

力(68)…劦…也…韋

540	劦	力 + 力 + 力 힘 력 힘 력 힘 력	**힘 합할** 협
		삼위일체 하나님이 힘(力力力)을 합하셨다(劦).	
		(힘을)합하다, (바람이)잔잔해지다, 갑자기	
541	也	ㄴ + 力 숨을 은 힘 력	잇기 야 어조사 야
		힘써(力) 생령이 숨어(ㄴ) 들어가니 하나님과 이어졌다(也).	
		잇기, 어조사, ~이다, ~느냐?, ~도다, ~구나, 발어사, 또한, 역시, 딴, 다른, 잇달다, 대야(둥글넓적한 그릇)	
542	韋	力 + 一 + 口 + 牛 힘 력 한 일 입 구 걸을 과	(다룸)가죽 위
		예수님이 하나님(一) 말씀대로(口) 십자가의 길을 힘써(力) 걸어(牛) 만든 것이 의의 가죽(韋)옷이다.	
		가죽, 다룸가죽, 둘레, 부드럽다, 에워싸다, 떠나다, 틀리다, 어기다, 위배하다	

刀(69)…召

543	召	刀 + 口 칼 도 입 구	**부를** 소
		하나님이 말씀(口)으로 심판하려고(刀) 부르셨다(召).	
		부르다, 초래하다, 불러들이다, 알리다, 청하다, 부름, 대추, 땅 이름	

刃(70)…忍

544	忍	刃 + 心 칼날 인 마음 심	**참을** 인
		하고자 하는 마음(心)을 칼날(刃)로 베어내어 참다(忍).	
		참다, 잔인하다, 동정심이 없다, 차마 못하다, 질기다, 용서하다, 참음	

羽(71)⋯習⋯翟⋯翊

545	習	羽 + 白 깃 우 흰 백	익힐 습
		무엇이든 분명해지려면(白) 새가 깃(羽)으로 날개짓하듯 익혀야(習) 한다.	
		익히다, 익숙하다, 배우다, 연습하다, 복습하다, 겹치다, 능하다, 버릇, 습관, 풍습, 항상, 늘	

546	翟	羽 + 隹 깃 우 새 추	꿩 적
		아름다운 깃(羽)을 가진 새(隹)는 꿩(翟)이다.	
		꿩, 깃옷, 수레 포장, 오랑캐, 고을의 이름	

547	翊	羽 + 立 깃 우 설 립	다음날 익
		세워진(立) 깃(羽)이 날개(翊)다.	
		다음날, 명일, 이튿날, 날개, 깃, (새날이)밝다, 돕다, 보좌하다	

罒(75)⋯黑⋯墨⋯熏

548	黑	罒 + 土 + 灬(火변형) 그물 망 흙 토 불 화	검을 흑
		죄의 그물(罒)에 갇혀 마음에 불(灬) 품은 인간(土)은 검다(黑).	
		검다, 거메지다, (사리에)어둡다, 나쁘다, 악독하다, 고약하다, 사악하다, 모함하다, 횡령하다, 검은빛, 흑색, 저녁, 밤, 은밀한, 보이지 않는, 비밀의, 돼지, 양	

549	墨	黑 + 土 검을 흑 흙 토	먹 묵
		검은(黑) 흙(土)으로 만든 것이 먹(墨)이다.	
		먹, 형벌의 종류, 그을음, 먹줄, 다섯 자, 점괘, 척도 이름, 묵자의 학파, 잠잠하다, 가만히 있다, 말이 없다, 검다, 검어지다, (사리에)어둡다, 더러워지다, 불결하다, 교활하다	

550	熏	千 + 黑 일천 천 검을 흑	불길 훈 연기 낄 훈
		흑암(黑)이 많음(千)은 불길(熏) 때문이다.	
		불길, 연기, 황혼, 연기 끼다, 타다, 태우다, 취하다, 불에 말리다	

血(78)…衆

血 + ㆍ(八변형) + 化 피 혈 여덟 팔 될 화	무리 중

551 衆

예수님의 피(血)로 된(化) 사람들(八)이 무리(衆)다.

무리, 군산, 백성, 서민, 많은 물건, 많은 일, 차조(찰기가 있는 조), 땅, 토지, 장마, 성(姓)의 하나, 많다

匕(81)…旨…皆

匕 + 曰 비수 비 가로 왈	뜻 지 맛 지

552 旨

양심을 찌르는(匕) 말씀(曰)이 하나님의 뜻(旨)이다.

뜻, 조서, 성지(임금의 뜻), 맛, 맛있는 음식, 어조사, 맛이 있다, 아름답다,

比 + 白 견줄 비 흰 백	다 개

553 皆

바벨탑을 세워 거룩하신(白) 하나님과 견주려는(比) 인간들이 다(皆)다.

다, 모두, 함께, 다 같이, 두루 미치다, 견주다, 비교하다

弋(83)…武

一 + 止 + 弋 한 일 그칠 지 주살 익	굳셀 무

554 武

하나님(一)이 죄를 그쳐(止) 취한(弋) 인간은 굳세다(武).

호반(무관의 반열), 무인, 무사, 병사, 군대의 위용, 무위, 병법, 전술, 무예, 무술, 병장기, 무기, 발자취, 발자국, 반보, 석 자, 무왕의 준말, 굳세다, 용맹스럽다, 맹렬하다, (군사를)부리다, 지휘하다, 잇다, 계승하다

戈(84)···哉···栽···裁···載···截

555	哉	十 + 戈 + 口 열 십　창 과　입 구	어조사 재
		말씀(口)이 창(戈)에 찔려 죽으심에서(十) 재앙이 비롯되었다(哉).	
		어조사, 비롯하다, 처음, 재난, 재앙	

556	栽	十 + 戈 + 木 열 십　창 과　나무 목	심을 재
		예수님이 십자가(木)에서 창(戈)에 찔려 죽어(十) 구원을 인간 안에 심으셨다(栽).	
		(초목을)심다, 어린 싹, 묘목, 분재, 담틀(흙담을 쌓을 때 양쪽에 세운 널로 된 틀)	

557	裁	十 + 戈 + 衣 열 십　창 과　옷 의	마를 재
		예수님이 창(戈)에 찔려 죽어(十) 의의 옷(衣)으로 마름(裁)을 당하셨다.	
		(옷을)마르다, 자르다, (옷을)짓다, 만들다, (글을)짓다, 교육하다, 결단하다, 결정하다, 분별하다, 헤아리다, 절제하다, 제어하다, 깎다, 삭감하다, 자살하다, 헝겊, 체재, 격식, 겨우, 필(피륙을 세는 단위)	

558	載	十 + 戈 + 車 열 십　창 과　수레 거	실을 재
		예수님이 창(戈)에 찔려 죽어(十) 인간을 구원의 수레(車)에 실으셨다(載).	
		싣다, (머리에)이다, 오르다, 올라타다, 행하다, 시행하다	

559	截	十 + 戈 + 隹 열 십　창 과　새 추	끊을 절
		예수님(隹)이 창(戈)에 찔려 죽어(十) 세상 죄를 끊으셨다(截).	
		끊다, 말을 잘하다, 다스리다, 정제하다, 말을 잘하는 모양	

飞(87)···飛

	飞 + 飞 + 升 날 비 날 비 오를 승	날 비
560 飛	양 날개(飞飞)로 위로 올라서(升) 난다(飛).	
	날다, 지다, 떨어지다, 오르다, 빠르다, 빨리 가다, (근거 없는 말이)떠돌다, 튀다, 튀기다, 넘다, 뛰어 넘다, 날리다, 빨리 닿게 하다, 높다, 비방하다, 새, 날짐승, 빨리 달리는 말, 높이 솟아 있는 모양, 무늬, 바둑 행마의 한 가지	

几(89)···風

	几 + ノ + 中 + 入 안석 궤 삐침 별 가운데 중 들 입	바람 풍
561 風	사람 중심(中)에 들어와(入) 하나님을 섬기게(几) 하는 성령(ノ)은 바람(風)같다.	
	바람, 가르침, 풍속, 습속, 경치, 경관, 모습, 기질, 병 이름, 감기, 중풍, 기세, 노래, 악곡, 뜻, 낌새, 소식, 풍문, 멋대로, 거리낌 없이, (바람을)쐬다, (바람이)불다, 감화시키다, 외우다, 떠돌다, (암수가)서로 꾀다	

- 158 -

囗(90)⋯囚⋯因⋯困⋯団⋯囪

562	囚	囗 + 人 에워쌀 위 사람 인	가둘 수
		죄지은 사람(人)을 에워싸(囗) 가두다(囚).	
		가두다, 갇히다, 자유를 빼앗다, 감금되다, 사로잡다, 죄인, 옥사, 포로, 인질	

563	因	囗 + 大 입구 큰 대	인할 인
		크신(大) 예수님은 말씀(囗)으로 인하시다(因).	
		인하다, 말미암다, 원인이나 계기로 되다, 의지하다, 의거하다, 겹치다, 잇달다, 이어받다, 따르다, 부탁하다, 쌓이다, 친하게 지내다, 인연, 연고, 유래, 까닭, 관련하여, ~에서, ~부터	

564	困	囗 + 木 에워쌀 위 나무 목	곤할 곤 괴로울 곤
		에덴동산에 에워싸인(囗) 선악과(木) 때문에 괴롭다(困).	
		곤하다, 기운 없이 나른하다, 졸리다, 지치다, 괴로움을 겪다, 시달리다, 막다르다, 난처하다, 괴롭다, 통하지 아니하다, 가난하다, 부족하다, 흐트러지다, 어지러워지다, 난처한 일, 괴로움, 메마른 땅	

565	団	囗 + 寸 입 구 마디 촌	둥글 단 경단 단
		말씀(囗)에 담긴 주님의 마음(寸)은 둥글다(団).	
		둥글다, 모이다, 모으다, 굴러가다, 지배하다, 통치하다, 덩어리, 모임, 가게, 점포, 단체, 집단, 경단, 둥글게 뭉친 것,	

566	囪	丶 + 夕 + 囗 불똥 주 저녁 석 입 구	창 창 바쁠 총
		저녁(夕) 심판 때 하나님께 부름(囗) 받은 생명(丶)은 바쁘다(囪).	
		창, 굴뚝, 아궁이, 바쁘다, 바쁘고 급하다	

口(90)···回···圖···國

567	回	口 + 口 입구 에워쌀 위	돌아올 회
		인간은 하나님 말씀(口)으로 에워싸여(口) 돌아온다(回).	
		돌아오다, 돌다, 돌이키다, 간사하다, 피하다, 어기다, 굽히다, 번, 횟수	
568	圖	口 + 口 + 亠 + 回 에워쌀 위 입구 머리 두 돌아올 회	그림 도
		하나님(亠)이 말씀(口)으로 에워싸(口) 인간을 돌아오게(回) 하는 그림(圖)을 그리셨다.	
		그림, 도장, 서적, 책, 규칙, 그리다, 베끼다, 꾀하다, 대책과 방법을 세우다, 꾀하여 손에 넣다, 헤아리다, 계산하다, 세다, 얻다	
569	國	口 + 口 + 一 + 戈 에워쌀 위 입구 한일 창과	나라 국
		하나님(一)이 말씀(口)의 창(戈)으로 에워싸(口) 지키는 곳이 하나님 나라(國)다.	
		나라, 국가, 서울, 도읍, 고향, 고장, 지방, 세상, 세계, (나라를)세우다	

口(90)···呂···宮···品

570	呂	口 + 丶 + 口 입구 불똥 주 입구	법칙 려 음률 려 / 성씨 려
		생명(丶)의 말씀(口)은 인간(口)에게 법칙(呂)이다.	
		성의 하나, 법칙, 음률, 등뼈, 풍류, 나라 이름, 땅 이름	
571	宮	宀 + 呂 집 면 법칙 려	집 궁
		생명의 집(宀)은 하나님의 법칙(呂)이 거하는 집(宮)이다.	
		집, 가옥, 대궐, 궁전, 종묘, 사당, 절, 불사, 학교, 담, 장원, 마음, 임금의 아내나 첩, 소리의 이름, 궁형(생식기를 없애는 형벌), 관, 두르다	
572	品	口 + 口 + 口 입구 입구 입구	물건 품
		삼위일체 말씀(口口口)의 하나님이 말씀으로 지은 게 물건(品)이다.	
		물건, 물품, 등급, 차별, 품격, 품위, 질, 성질, 품계, 벼슬 차례, 벼슬의 등급, 종류, 갈래, 법, 규정, 온갖, 품평하다, 가지런히 하다, 같다, 같게 하다	

口(90)…只…呈…冐…号

573	只	口 + 八 입구 여덜 팔	다만 지 외짝 척
		말씀(口)의 하나님만이 인간들(八)을 단지(只) 지으셨다.	
		다만, 단지, 뿐, 오직, 겨우, 한갓, 그러나, 오직~하여야만, 오직 ~밖에 없다, 이, 이것, 어조사, 짧은 거리	

574	呈	口 + 壬 입구 짊어질 임	드릴 정
		예수님이 말씀(口)대로 십자가를 짊어져(壬) 생명을 하나님께 드리셨다(呈).	
		드리다, 윗사람에게 바치다, 나타내다, 드러내 보이다, 뽐내다, 상쾌하다, 한도, 한정, 청원서, 미치다	

575	冐	口 + 月 입구 육달 월	요란할 연 장구벌레 연
		육(月)에서 나오는 말(口)은 요란하다(冐).	
		장구벌레(모기의 애벌레), 요란하다, 요동하다, 공허하다	

576	号	口 + 丂 입구 공교할 교	이름 호 부르짖을 호
		하나님이 말씀(口)으로 인간을 공교롭게(丂) 부르셨다(号).	
		이름, 부호, 명령, 차례, 번호, 부르짖다, 일컫다, 고하다, 울다,	

577	匹	儿 + 匚 어진사람 인 감출 혜	짝 필
		아담 안에 감춰진(匚) 하와(儿)가 아담의 짝(匹)이다.	
		짝, 배우자, 상대, 맞수, 혼자, 단독, 벗, 동아리, 마리, 천한 사람, 짝짓다, 비교하다, 대비하다, 맞서다, 상대가 되다, 집오리, 비유하다	
578	匡	匚 + 王 감출 혜 임금 왕	바를 광
		본래 감춰진(匚) 왕(王), 예수님은 바르시다(匡).	
		바르다, 바로잡다, 바루다, 구원하다, 구제하다, 돕다, 보좌하다, 비뚤다, 휘다, 두려워하다, 겁내다, 편안하다, 눈자위, 광주리, 앉은뱅이	
579	匠	匚 + 斤 감출 혜 도끼 근	장인 장
		죄를 쪼개는 도끼(斤)를 감추는(匚) 하나님은 장인(匠)이시다.	
		장인, 장색, 기술자, 고안, 궁리, 우두머리, 가르침	
580	匣	匚 + 甲 감출 혜 갑옷 갑	갑 갑
		인간은 십자가 말씀을 갑옷(甲) 삼아 감춰진(匚) 상자(匣)같다.	
		갑(작은 상자), 우리(짐승을 가두어 기르는 곳), 궤에 담다	
581	區	匚 + 品 감출 혜 물건 품	나눌 구 구역 구
		하나님이 말씀으로 덮어(匚) 만물(品)을 종류대로 나누셨다(區).	
		구분하다, 나누다, 구차스럽다, 구역, 지경, 행정구획, 거처, 구별, 방위, 숨긴 곳, 숨기다, 용량	

	匚 + 非 감출 혜 아닐 비	도적 비

582 匪

하나님의 말씀으로 감춰지지(匚) 않은(非) 사람은
도적(匪)이다.

비적(떼지어 다니는 도적), 대(나무)상자, 문채, 채색, 아니다, 문채나다, 담다, 넣다,
나누다

	匚 + 若 감출 혜 같을 약	숨길 닉(익)

583 匿

예수님이 죄인을 덮어(匚) 의인 같이(若) 여겨 숨기셨다(匿).

숨기다, 감추다, 숨다, 도피하다, 숨어 나타나지 아니하다, 숨은 죄, 드러나지 아니한
죄악, 사악하다, 사특하다

一	한 일	유일(一)하신 하나님이 빛을 창조하신 첫째(一) 날 수 하나, 유일, 하나님, 첫째, 빛, 오로지, 모든, 같다
二	두 이	하나님이 궁창 위(一)의 물과 아래(一)의 물, 둘(二)로 나눈 날 수 둘, 두 번, 버금, 두 마음
三	석 삼	하늘 위의 물과 아래 물 사이(二)에서 뭍(一)이 드러나게 한 셋째(三) 날 수 셋, 자주, 거듭, 세 번, 여러 번, 완전수
四	넉 사	인간(儿)을 둘러 사방(口)을 비추는 광명체를 만드신 넷째(四) 날 수 넷, 네 번, 사방
五	다섯 오	천지(二)를 힘써(力) 생명으로 채우신 다섯째(五) 날 수 다섯, 제왕의 자리, 여러 번 하다
六	여섯 육	생명의 하나님(亠)이 인간을 둘로 나누어(八) 창조하신 여섯째(六) 날 수 여섯, 죽이다(戮 죽일 육=육시하다, 힘을 합치다, 욕보이다, 죄를 짓다, 벌, 죽음, 예 수님이 십자가에 죽으신 날)
七	일곱 칠	생기(乚)를 불어 넣으신 하나님(一)이 인간과 함께 안식하신 일곱째 (七) 날 수 일곱, 일곱 번, 완전수, 예수님이 무덤에 계신 날　cf. 예수님이 십자가에 죽어(匕) 땅속에 계신 날 수
八	여덟 팔	노아 홍수 때, 의인(丿)을 죄인(丶)으로부터 나눠 구원함으로 새로 시작한 여덟째(八) 날 수 여덟, 나누다(믿음으로 의인과 죄인이 나뉨),　cf. 구원 받은 노아의 여덟 식구, 예수님 이 부활하신 안식 후 첫날
九	아홉 구	오순절, 새(乙)같이 임한 성령(丿)에 충만해진 사람들이 많아짐(九)을 의미하는 수 아홉, 많은 수, 남쪽, 오래된 것, 많다, 늦다, 모으다, 합치다
十	열 십	하나님(一)의 진리(丨)가 십자가(十)로 인하여 완전해짐을 의미하는 수 열, 전부, 일체, 완전, 십자가, 완전수

584	急	勹(勹변형) + 彐 + 心 쌀 포　　머리 계 마음 심	**급할** 급
		죄인을 감싸는(勹) 하나님(彐)의 마음(心)이 급하시다(急).	
		급하다, 중요하다, 켕기다, 재촉하다, 빠르다, 긴요하다, 줄다, 경계하다, 갑자기, 엄하게	
585	尋	彐 + 工 + 口 + 寸 머리 계 만들 공 입 구 마디 촌	**찾을** 심
		하나님(彐)이 마음(寸)을 다해 만든(工) 인간(口)을 찾으셨다(尋).	
		찾다, 캐묻다, 탐구하다, 연구하다, 쓰다, 사용하다, 치다, 토벌하다, 잇다, 계승하다, 첨가하다, 거듭하다, 생각하다 높다, 길다, 깊다, 미치다, 이르다, 발(길이의 단위), 여덟 자, 평소, 갑자기, 이윽고	
586	帚	彐 + 冖 + 巾 머리 계 덮을 멱 수건 건	**비** 추
		하나님(彐)이 죄를 수건(巾)처럼 덮어(冖) 비처럼 쓸어내셨다(帚).	
		비, 빗자루, 대싸리, 별 이름, 소제하다, 쓸다	
587	彛 (彝)	彐(彑) + 米 + 分 + 廾 머리 계 쌀 미 나눌 분 받들 공	**떳떳할** 이
		하나님(彑)께 쌀(米)을 나누어(分) 소제로 드려 받드는(廾) 사람은 떳떳하다(彛).	
		떳떳하다, 변하지 아니하다, 평탄하다, 상도, 떳떳한 도리, 술 그릇, 제기 이름	

彑(⺕94)···彔···彖···彙

588	彔	彑(크변형) + 水 머리 계　　물 수		새길 록 깎을 록
		하나님(彑)이 흘리신 물(水)로 인간 안에 사랑을 새기셨다(彔).		
		(나무를)새기다, 본디, 원래, 근본		
589	彖	彑 + 勿 + 匕 머리 계　말 물　비수 비		판단할 단 돌 시
		하나님(彑)이 죄를 그치게(勿) 양심을 찔러(匕) 판단하신다(彖).		
		판단하다, 점치다, 토막, 한 단락		
590	彙	彑(크변형)　+ 冖 + 果 머리 계　덮을 멱 실과 과		무리 휘
		하나님(彑)이 덮어놓은(冖) 선악과(果) 앞에 사람들이 무리(彙) 지었다.		
		무리, 동류, 고슴도치, 모으다, 번잡하고 어지럽다, 성하다(기운이나 세력이 한창 왕성하다)		

591	**尼**	尸 + 匕 주검 시 비수 비	여승 니
		죄의 비수(匕)에 찔려 죽게(尸) 된 인간을 하나님이 저지하다(尼).	
		여승, 성의 하나, 화평하다, 말리다, 저지하다, 정지시키다, 가깝다, 가까이하다	
592	**尾**	尸 + 毛 주검 시 털 모	꼬리 미
		영혼이 죽어(尸) 양심에 털(毛) 난 사탄이 하와에게 꼬리쳤다(尾).	
		꼬리, 끝, 뒤, 뒤쪽, 마리(물고기를 세는 단위), 별자리 이름, 아름다운 모양, 흘레하다, 교미하다, 곱고 예쁘다, 뒤를 밟다 cf. 털이 난 짐승의 꼬리 모양을 본 딴 글자	
593	**居**	尸 + 古 주검 시 예 고	살 거
		십자가 말씀이 예(古)부터 죽은(尸) 인간 안에 거주했다(居).	
		살다, 거주하다, 있다, 차지하다, (처지에)놓여 있다, (벼슬을)하지 않다, 자리 잡다, 앉다, 쌓다, 저축하다, 곳, 자리, 거처하는 곳, 집, 무덤, 법, 법도, 까닭, 평상시, 보통 때, 살아 있는 사람, 어조사(의문)	
594	**屋**	尸 + 至 주검 시 이를 지	집 옥
		주검(尸)에 이른(至) 몸은 본래 영혼이 거하는 집(屋)이다.	
		집, 주거, 덮개, 수레의 덮개, 지붕, 장막, 300묘, 무거운 형벌로 다스리다, 멸망하다, 휘장	
595	**展**	尸 + 廾 + 氏변형 주검 시 스물 입 성씨 씨	펼 전
		죽은(尸) 인간들(廾)에게 하나님이 구원의 씨(氏)를 펼치셨다(展).	
		펴다, 늘이다, 벌이다, 구르다, 뒹굴다, 나아가다, 기록하다, 참되다, 진실 되다, 살피다, 살펴보다, 발달하다, 더 나아지다, 가지런히 하다, 정돈하다, 정의를 두터이 하다, 베풀다, 정성, 옷 이름, 수레 움직이는 소리, 참으로, 진실로	

		尸 + 丁변형 + 口 주검 시 장정 정 입 구	판 국
596	局	죽은(尸) 인간(口)을 예수님(丁)이 구분하셨다(局).	
		판(장기, 바둑), 마을, 관청, 방, 구분, 구획, 재간, 재능, 당면한 사태, 모임, 회합, 도량, 사물의 끝, 웃는 모양, 굽다, 굽히다, 웅크리다, (시로, 노끈 등이)말리다, 좀스럽다, 좀스럽게 굴다	
		尸 + 彡(八변형) + 工변형 + 又 주검 시 두 이 만들 공 또 우	빌릴 가
597	叚	창조주(工)께서 죽은(尸) 인간들(彡)을 용서하려고(又) 인간의 몸을 빌리셨다(叚).	
		빌리다, 빌려 주다, 성의 하다, 층계, 구분, 갈림, 부분, 단락, 가지, 종류	
		巴변형 + 目 꼬리 파 눈 목	눈썹 미
598	眉	눈(目) 위에 꼬리(巴) 모양을 한 것이 눈썹(眉)이다.	
		눈썹, 노인, 눈썹 긴 사람, 언저리, 가장자리, 둘레, 미녀, 알랑거리다, 교태를 부리다	

戶(97)···肩···扇···扁···房···雇

		戶 + 月 집 호 달 월	어깨 견
599	**肩**	생명의 집(戶)을 짊어지는 몸(月)이 어깨(肩)다.	
		어깨, 어깨뼈, 세 살 먹은 짐승, (무게를)견디다, 맡다, 맡기다, 임용하다, 지다, 짊어지다, 이겨 내다, 단단하다, 곧다, 여위고 약하다, 여위고 작다	

		戶 + 羽 집 호 깃 우	부채 선
600	**扇**	깃(羽) 달린 바람의 집(戶)은 부채(扇)다.	
		부채, 문짝, 사립문, 행주, 수건, 거세한 말, 부채질하다, 성하다, 세차다, 거세하다	

		戶 + 冊 집 호 책 책	널찍할 편
601	**扁**	진리의 책(冊)을 가진 생명의 집(戶)인 사람의 마음은 널찍하다(扁).	
		작다, (마음이)좁다, 낮다, 납작하다, 현판, 편액, 검의 이름, 반신불수, 두루, 널리, 널찍하다	

		戶 + 方 집 호 모 방	방 방
602	**房**	생명의 집(戶)을 모방한(方) 것이 방(房)이다.	
		방, 곁방, 규방, 침실, 거실, 관아, 사당, 집, 가옥, 화살을 담아 두는 통, 아내, 처첩, 별 이름, 도마(제사의 희생을 올려놓는 제기), 둑, 제방, 꽃송이, 향시	

		戶 + 隹 집 호 새 추	품팔 고
603	**雇**	새(隹)같은 예수님이 생명의 집(戶)을 빌려(雇) 임하셨다.	
		품을 팔다, 품을 사다, 고용하다, 빌리다, 세내다, 뻐꾸기	

<복음한자맵> 다음 한자맵을 눈을 감고 마음에 그리며 순서대로 쓴다..

門(100)···間···問···悶···聞···閔

604	間	門 + 曰 문 문 가로 왈	사이 간
		하나님의 말씀(曰)은 하늘의 문(門) 사이(間)에 있다.	
		사이, 때, 동안, 차별, 틈, 틈새, 간첩, 혐의, 사사로이, 몰래, 비밀히, 간혹, 사이에 두다, 끼이다, 섞이다, 이간하다, 헐뜯다, 간소하다, 검열하다, 엿보다, 살피다, 틈을 타다, 섞이다, 참여하다, 범하다, 차도가 있다	

605	問	門 + 口 문 문 입 구	물을 문
		인간(口)이 구원의 문(門)인 예수님께 묻다(問).	
		묻다, 문초하다, 방문하다, 찾다, 알리다, 부르다, 소식, 물음	

606	悶	門 + 心 문 문 마음 심	답답할 민
		구원의 문(門)인 예수님 마음(心)이 답답하시다(悶).	
		답답하다, 깨닫지 못하다, (사리에)어둡다, 번민하다, 혼미하다, 민망하다, 뒤섞이다, 번민, 혼미한 모양	

607	聞	門 + 耳 문 문 귀 이	들을 문
		인간은 구원의 문(門)인 예수님 음성을 귀(耳)로 듣는다(聞).	
		듣다, (소리가)들리다, 알다, 깨우치다, 소문나다, 알려지다, (냄새를)맡다, 방문하다, (소식을)전하다, 묻다, 질문하다, 아뢰다, 알리다, (틈을)타다, (기회를)노리다, 견문, 식견, 소식, 소문, 명성, 명망, 식견 있는 사람	

608	閔	門 + 文 문 문 글월 문	위문할 민
		하나님은 구원의 문(門)인 예수님의 글(文)로 인간을 위문하신다(閔).	
		성의 하나, 근심, 우환, 땅 이름, 가을 하늘, 위문하다, 걱정하다, 근심하다, 가엾게 여기다, 앓다, (사리에)어둡다, 힘쓰다, 노력하다	

609	閑	門 + 木 문 문 나무 목	한가할 한
		십자가(木)로 구원의 문(門)이 되신 예수님의 마음이 아름답다(閑).	
		한가하다, 등한하다, 막다, 보위하다, 닫다, 아름답다, 품위가 있다, 조용하다, 틈, 틈새, 법, 법도, 마구간, 목책	

610	開	門 + 开 문 문 열 개	열 개
		천국을 여는(开) 예수님이 구원의 문(門)을 여셨다(開).	
		열다, 열리다, (꽃이)피다, 펴다, 늘어놓다, 개척하다, 시작하다, 깨우치다, 타이르다, 헤어지다, 떨어지다, 사라지다, 소멸하다, 놓아주다, 사면하다, 끓다, 비등하다, 말하다, 개진하다, 출발하다, 평평하다, 산 이름	

611	閨	門 + 圭 문 문 홀 규	안방 규
		예수님이 홀(圭)을 쥐고 문(門)을 열어 들어가신 지성소는 성전의 안방(閨)이다.	
		안방, 도장방, 침실, 부녀자, 남녀관계, 협문(대문이나 정문 옆에 있는 작은 문), 궁중의 작은 문	

612	閏	門 + 王 문 문 임금 왕	윤달 윤
		구원의 문(門)이요, 왕(王)이신 예수님이 주신 생명은 잉여(閏) 생명이다.	
		윤달, 잉여(쓰고 난 후 남은 것), 정통이 아닌 임금의 자리, 윤달이 들다	

613	關	門 + 幺幺 + 丱 문 문 어릴 요 쌍쌍투 관	관계할 관 빗장 관
		어리고(幺) 어린(幺) 양의 문(門)으로 들어가 아이(丱)처럼 맺는 것이 관계(關)다.	
		관계하다, 닫다, 끄다, 가두다, 감금하다, 주다, 받다, 관문, 세관, 기관, 빗장, 난관, (시위를)당기다 cf. 丱(쌍상투 관) : 총각, 어린아이, 어린 시절, 어리다	

614	閣	門 + 各 문 문 각각 각	집 각 문설주 각
		제각각(各) 양의 문(門)으로 들어가 이룬 게 하나님의 집(閣)이다.	
		집, 문설주, 마을, 관서, 궁전, 내각, 다락집, 충집, 복도, 찬장, 선반, 잔교(절벽과 절벽 사이 높이 걸쳐 놓은 다리), 놓다, 싣다, 얹다	

鬥(101)···鬪

615 鬪	| + 王 + 王 + 亅 + 豆 + 寸 뚫을 곤 임금 왕 임금 왕 갈고리 궐 콩 두 마디 촌	**싸움 투**
	세상 왕(王)은 진리(|)로 심판을, 우리 왕(王)은 은혜(亅)로 제사(豆)하는 자들의 마음(寸)을 빼앗으려고 다투셨다(鬪).	
	싸우다, 싸우게 하다, 승패를 겨루다, 투쟁하다, 다투다, 경쟁하다, 당하다, 맞서다, 한데 모으다, 맞추다, 합치다, 싸움	

三(103)···春···奉···泰

616 春	三 + 人 + 日 석 삼 사람 인 해 일	**봄 춘**
	삼(三)위일체 하나님이 인자(人)로 오셔서 해(日)처럼 비춘 계절이 봄(春)이다.	
	봄, 동녘, 술(의 별칭), 남녀의 정, 젊은 나이, 정욕, 움직이다. 진작하다, 분발하다	
617 奉	三 + 人 + 十 + 一 석 삼 사람 인 열 십 한 일	**받들 봉**
	인간(人)으로 오셔서 땅(一)에서 십자가(十)를 지신 삼(三)위일체 하나님을 인간이 받들다(奉).	
	받들다, 바치다, 섬기다, 힘쓰다, (제사를)지내다, 기르다, 양육하다, 이바지하다, 돕다, 편들다, 준수하다, 보전하다, 대우하다, 녹봉, 씀씀이, 임금	
618 泰	三 + 人 + 氺 석 삼 사람 인 물 수	**클 태**
	생명수(氺)인 삼(三)위일체 하나님의 인자(人)는 크시다(泰).	
	크다, 심하다, 편안하다, 교만하다 너그럽다, 통하다, 술동이, 심히	

丰(104)…害…憲…夆…拜…彗…慧

619	害	宀 + 丰변형 + 口 집 면 예쁠 봉 입 구	해할 해 어느 할
		하나님의 집(宀)에서 아름다운(丰) 말씀(口)이 인간의 죄를 저지하다(害).	
		해하다, 거리끼다, 해롭다, 시기하다, 훼방하다, 방해하다, 해, 재앙, 요새, 손해, 어느, 어찌, 막다, 저지하다, 어찌~아니하다	

620	憲	害 + 八 + 心 해할 해 여덟 팔 마음 심	법 헌
		죄에 갇힌 인간(八)의 마음(心)을 해하는(害) 것이 주의 법(憲)이다.	
		법, 가르침, 깨우침, 관청, 관아, 관리, 상관, 명령, 모범, 시호, 성하게 일어나는 모양, 기뻐하는 모양, 고시하다, 나타내 보이다, 민첩하다, 기뻐하다, 성하다, 높이다, 본뜨다,	

621	夆	夂(ノ+又) + 丰 뒤져올 치 예쁠 봉	이끌 봉
		아름다운(丰) 하나님이 뒤져오는(夂) 죄인을 구원의 십자가로 이끄셨다(夆).	
		끌다, 이끌다, 만나다, 거스르다, 크다, 넉넉하다, 봉우리, 벌	

622	拜	手 + 一 + 丰 손 수 한 일 예쁠 봉	절 배 뺄 배
		인간이 아름다운(丰) 하나님(一) 앞에 손(手) 모아 절하다(拜).	
		절하다, 굽히다, 삼가고 공경하다, 벼슬을 주다, 받다, 방문하다, 찾다, 빼다, 뽑다, 발굴하다	

623	彗	丰 + 丰 + 크(=又) 예쁠 봉 예쁠 봉 (돼지)머리 계	비 혜 꼬리별 혜
		삼위일체 하나님을 아름답게(丰丰) 붙잡는(크) 인간은 총명하다(彗).	
		혜성, 꼬리별, 빗자루, 쓸다, 털다, 말리다, 쬐다, 총명하다, 영리하다	

624	慧	彗 + 心 꼬리별 혜 마음 심	슬기로울 혜 지혜 혜
		혜성처럼 총명한(彗) 마음(心)이 슬기롭다(慧).	
		슬기롭다, 총명하다, 사리에 밝다, 교활하다, 간교하다, 상쾌하다, 시원스럽다, 슬기, 능력, 지혜, 깨달음	

王(105)…全…金…弄…皇

		入 + 王 들 입 임금 왕	온전 전
625	**全**	왕(王)이신 예수님이 들어오시면(入) 인간은 온전해진다(全).	
		오전하다, 순전하다, 무사하다, 상처가 없다, 흠이 없다, 갖추다, 갖추어지다, 온전하게 하다, (병이)낫다, 완전히, 모두, 다, 흠이 없는 옥	

		人 + 王 + 八 사람 인 임금 왕 여덟 팔	쇠 금 성 김
626	**金**	인간들(八)을 위해 왕(王)으로 인자(人)의 귀함은 금(金)같다.	
		성의 하나, 쇠, 금, 돈, 화폐, 누른 빛, 귀하다	

		王 + 廾 임금 왕 받들 공	희롱할 롱(농)
627	**弄**	받들어야(廾) 할 왕(王)인 예수님을 인간들이 희롱했다(弄).	
		희롱하다, 가지고 놀다, 업신여기다, 즐기다, 좋아하다, (악기를)타다, 노리개, 장난감, 곡조 cf. 십자가를 함께 진 인간들(廾)이 왕(王)이신 예수님을 희롱하다(弄).	

		白 + 王 흰 백 임금 왕	임금 황 갈 왕
628	**皇**	거룩하신(白) 왕(王), 하나님은 황제(皇)이시다.	
		임금, 봉황, 춤, 면류관, 하늘, 존칭, 크다, 가다, 훌륭하다, 아름답다, 바로잡다, 엄숙하다	

主(107)…靑…素…毒…責

629	靑	主 + 円 주 인 주 둥글 원(화폐단위 엔)	푸를 청
		주(主)로 인해 둥글게(円) 사는 사람은 젊다(靑).	
		푸르다, 젊다, 고요하다, 조용하다, 푸른 빛, 대껍질, 봄, 동쪽	

630	素	主 + 糸 주인 주 가는실 사	본디 소 흴 소
		주(主)와 실(糸)처럼 연결된 인간은 본디(素) 옳다.	
		본디, 바탕, 성질, 정성, 평소, 처음, 희다, 질박하다, 넓다, 부질없다, 옳다	

631	毒	主 + 毋 주인 주 말 무	독할 독 거북 대
		생명의 주(主)가 없는(毋) 사람은 독하다(毒).	
		독, 해악, 해치다, 죽이다, 괴로워하다, 미워하다, 원망하다, 거칠다, (병을)고치다	

632	責	主 + 目 + 八 주인 주 눈 목 여덟 팔	꾸짖을 책 책임 책
		주(主)께서 죄인들(八)을 보시고(目) 꾸짖으셨다(責).	
		꾸짖다, 헐뜯다, 취하다, 받아내다, 바라다, 재촉하다, 권하다, 책임을 지우다, 처벌, 빚, 부채	

羊(108)…羔…華…美…善…義…着…差…羞…養…達

633	羔	羊 + 灬(火) 양 양 불 화	염소 고
		화(灬)를 품은 양(羊)이 염소(羔)다.	
		새끼 양, 흑양, 염소	

634	華	羊 + 灬 + 丶 양 양 불 화 불똥 주	빛날 화
		하나님의 어린 양(羊)의 피(丶)로 구원받은 생명들(灬)은 빛난다(華).	
		꽃, 광채, 찬란하다, 화려하다, 사치하다, 번성하다, 때, 세월, 중국 cf. 하나님을 등진(北) 인간들과 함께(艹) 하는 십자가(十)는 빛난다(華).	

635	美	羊 + 大 양 양 큰 대	아름다울 미
		크신(大) 하나님의 어린 양(羊)은 아름답다(美).	
		아름답다, 좋다, 맛있다, 경사스럽다, 즐기다, 기리다	

636	善	羊 + 丷 + 口 양 양 풀 초 입 구	착할 선
		인간들(丷)에게 말씀하시는(口) 어린 양(羊)은 선하시다(善).	
		착하다, 좋다, 훌륭하다, 잘하다, 옳게 여기다, 아끼다, 친하다	

637	義	羊 + 我 양 양 나 아	옳을 의
		내(我)가 창을 잡아 죽인 하나님의 어린 양(羊)은 옳다(義).	
		옳다, 의롭다, 바르다, 선량하다, 착하다, 순응하다, 맺다, 해 넣다, 섞다, 혼합하다, 정의, 올바른 도리, 의리, 우의, 뜻, 의미, 의의, 예절, 의식, 임금의 나들이, 의로운 일, 명분, 법도, 용모, 행동거지, 공적인 것, 공익을 위한 것, 인공적인 것	

		羊 + ノ + 目 양 양 삐침별 눈목	붙을 착 입을 착
638	着	성부(目), 성자(羊), 성령(ノ)이 인간에게 구원의 옷을 입히셨다(着).	
		붙다, (옷을)입다, (머리에)쓰다, (신을)신다, 다다르다, 시작하다, 분명하다, 드러나다	
639	差	羊 + ノ + 工 양 양 삐침별 장인 공	다를 차
		어린 양(羊)의 영(ノ)으로 만든(工) 인간은 다르다(差).	
		다르다, 어긋나다, 기이하다, 견주다, 가리다, 선택하다, 섞이다, 슬퍼하다, 차별	
640	羞	羊 + ノ + 丑 양 양 삐침별 소 축	부끄러울 수 바칠 수
		영(ノ)이신 하나님께 양(羊)과 소(丑)로 제사하는 인간은 죄를 부끄러워한다(羞).	
		부끄러워하다, 수줍어하다, 두려워하다, 겁내다, 미워하다, 싫어하다, (음식을)올리다, 드리다, 나가다, 추천하다, 천거하다, 부끄럼, 수치, 치욕, 모욕, 음식	
641	養	羊 + 食 양 양 먹을 식	기를 양
		하나님이 어린 양(羊)을 먹어(食) 인간을 기르신다(養).	
		(낳아서)기르다, (젖을)먹이다, (심어)가꾸다, 가르치다, 맡다, 취하다, 숨기다, 다스리다	
642	達	土 + 羊 + 辶 흙 토 양 양 쉬엄쉬엄갈 착	이를 달 통달할 달
		사람(土)은 어린 양(羊)과 더불어 살아 갈(辶) 때 하나님께 이른다(達).	
		통달하다, 도달하다, 전달하다, 이루다, 갖추다, 드러나다, 마땅하다, 어린 양	

不(109)…否

643	否	不 + 口 아닐 부 입 구	아니 부 막힐 비
		사탄이 하나님의 말씀(口)을 아니라고(不) 부정하다(否).	
		아니다, 부정하다, 불가하다, 없다, ~느냐, 막히다, 곤하다, 비루하다	

豆(112)…豈…豊…喜

644	豈	山 + 豆 메 산 콩 두	어찌 기
		하나님의 산(山)에서 제사(豆)할 때 하는 말 "어찌하여(豈)~".	
		어찌, 어찌하여, 그, 개가, 승전의 음악, 화평하게 즐기다	
645	豊	曲 + 豆 굽을 곡 콩 두	풍년 풍 예도 례
		죄로 굽은(曲) 인간이 하나님께 제사하여(豆) 얻는 게 풍년(豊)이다.	
		풍년, 잔대, 부들, 풍년이 들다, 우거지다, 무성하다, 성하다, 두텁다, 살지다, 풍만하다, 넉넉하다, 풍성하다, 가득하다, 크다, 예도, 예절, 인사, 예물	
646	喜	吉 + 丷 + 口 길할 길 풀 초 입 구	기쁠 희
		예수님의 길한(吉) 말씀(口)이 인간들(丷)에게는 기쁨이다(喜).	
		기쁘다, 기뻐하다, 즐겁다, 즐거워하다, 좋다, 좋아하다, 즐기다, 사랑하다, 기쁨, 즐거움, 행복 cf. 예수님의 십자가(十)로 예배(豆) 드리는 인간(口)은 기쁘다(喜).	

公(118)···翁

647 翁	公 + 羽 공평할 공 깃 우	늙은이 옹
	날개(羽) 짓에 익숙한 새처럼 매사에 공평한(公) 사람이 어른(翁)이다.	
	늙은이, 어르신네, 아버지, 장인, 시아버지, (새의)목털, 성대한 모양, (기운이)오르다, 파르스름한 빛깔. cf. 羽(깃 우)	

分(119)···忿···貧···寡

648 忿	分 + 心 나눌 분 마음 심	성낼 분
	마음(心)이 나뉘면(分) 성난다(忿).	
	성내다, 화내다, 분하다, 원망하다, 원한을 품다, 차다, 차서 넘치다, 분, 화, 분한 마음	

649 貧	分 + 貝 나눌 분 조개 패	가난할 빈
	보화(貝)가 나뉘면(分) 가난해진다(貧).	
	가난하다, 모자라다, 부족하다, 빈궁하다, 결핍되다, 구차하다, 천하다, 품위가 없다, 인색하다, 말이 많다, 수다스럽다, 가난, 빈곤	

650 寡	宀 + 一 + 丶 + 且 + 分 집 면 한 일 불똥 주 또 차 나눌 분	적을 과
	하나님(一)의 집(宀)에서 장차(且) 나뉘는(分) 생명(丶)은 적다(寡).	
	(수량이)적다, 작다, 약하다, 돌보다, 돌아보다, 홀어머니, 과부, 늙은 과부, 주상(자기가 섬기는 임금을 다른 나라에 대하여 일컫는 경칭), 왕후의 자칭	

穴(120)…空…突…穿…窓

651 空	穴 + 工 구멍 혈 만들 공	빌 공
	하나님이 태초에 만든(工) 구멍(穴=하늘)은 비어(空) 있었다.	
	비다, 없다, 헛되다, 쓸데없다, 쓸쓸하다, 공허하다, 비게 하다, (구멍을)뚫다, 통하게 하다, 막히다, 곤궁하다, 구멍, 공간, 하늘, 공중, 틈, 여가, 부질없이, 헛되이	

652 突	穴 + 犬 구멍 혈 개 견	갑자기 돌
	구멍(穴)에서 개(犬)가 갑자기(突) 쑥 나오다.	
	갑자기, 갑작스럽다, 내밀다, 쑥 나오다, 부딪치다, 구멍을 파서 뚫다, 굴뚝, 대머리, 사나운 말	

653 穿	穴 + 牙 구멍 혈 어금니 아	뚫을 천
	어금니(牙)에 힘주면 구멍(穴)이 뚫린다(穿).	
	뚫다, 꿰뚫다, 뚫어지다, 개통하다, 통과하다, 관통하다, (실을)꿰다, (신발을)신다, (옷을)입다, 구멍, 묘혈	

654 窓	穴 + 厶 + 心 구멍 혈 나 사 마음 심	창 창
	내(厶) 마음(心)을 들여다보는 구멍(穴)이 창(窓)이다.	
	창문, 지게문(마루와 방 사이 문, 부엌의 바깥문), 굴뚝	

尚(124)···堂···當···常···掌···賞···黨

655	堂	尚 + 土 높은 상 흙 토	집 당 정당할 당
		인간(土)은 높으신(尚) 하나님의 집(堂)이다.	
		집, 사랑채, 마루, 대청, 근친, 친족, 남의 어머니, 관아, 명당, 문설주, 평지, 널찍한 곳, 풍채가 의젓한 모양, 높이 드러나는 모양, 땅의 이름, 당당하다, 의젓하다, 풍채가 훌륭하다	
656	當	尚 + 田 높은 상 밭 전	마땅 당
		에덴동산(田)에서 하나님이 높임(尚)을 받는 것은 마땅하다(當).	
		마땅, 밑바탕, 바닥, 저당, 보수, 갑자기, 이, 그, (책임을)맡다, 당하다, 대하다, 주관하다, 주장하다, 필적하다, 짝하다, 균형되다, 어울리다, (때를)만나다, 지키다, 비교하다, 벌주다, 마주 보다	
657	常	尚 + 巾 높은 상 수건 건	항상 상 떳떳할 상
		진리를 수건(巾)처럼 덮는 높으신(尚) 하나님은 항상(常) 영원하다.	
		떳떳하다, 항구하다, 영원하다, 일정하다, 범상하다, 숭상하다, (변함없이)행하다, 항상, 늘, 언제나, 일찍이, 애초에, 도리, 법도, 규율, 통례, 평소, 평상시, 범상, 길이 단위, 천자의 기, 나무 이름, 땅 이름	
658	掌	尚 + 手 높은 상 손 수	손바닥 장
		손(手)을 높여(尚) 하나님께 보이는 게 손바닥(掌)이다.	
		손바닥, (동물의)발바닥, 솜씨, 수완, 늪, 못, 웅덩이, (손바닥으로)치다, 맡다, 주관하다, 주장하다, 바로잡다, 고치다, 받들다, 헌신하다	
659	賞	尚 + 貝 높은 상 조개 패	상줄 상 칭찬할 상
		높으신(尚) 하나님이 보화(貝)같은 사람에게 주는 것이 상(賞)이다.	
		상주다, 증여하다, 칭찬하다, 즐기다, 즐겨 구경하다, 숭상하다, 아름답다 cf. 貝 조개 패=보화	
660	黨	尚 + 黑 높은 상 검을 흑	무리 당
		높임(尚)을 받으려는 검은(黑) 인간들이 무리(黨)다.	
		무리, 한동아리, 마을, 향리, 일가, 친척, 장소, 혹시, 아마도, 거듭, 접하다, 사귀다, 친하게 지내다, 돕다, 치우치다, 편들다, 착하다, 아름답다, 아부하다, 곧다, 바르다	

示(125)…宗…崇

661	宗	宀 + 示 집 면　보일 시	마루 종
		모든 것을 보시는(示) 하나님은 집(宀)에서 인간이 제사하는 대상(宗)이다.	
		마루, 일의 근원, 근본, 으뜸, 제사, 존숭하는 사람, 일족, 동성, 덕망 있는 조상, 우두머리, 가장 뛰어난 것, 사당, 가묘, 종묘, 제사하는 대상, 갈래, 교파, 높이다, 조회하다, 제사하다, 향하다	
662	崇	山 + 宗 메 산　마루 종	높을 숭
		인간이 산(山)에서 제사하는 대상(宗)인 하나님은 높으시다(崇).	
		높다, 높이다, 높게 하다, 존중하다, 모으다, 모이다, 차다, 채우다, 차게 하다, 마치다, 끝나다, 숭아(악기 장식)	

663	音	立 + 曰 설 립 가로 왈	소리 음

말씀(曰)이 세워진(立) 것이 소리(音)다.

소리, 말, 언어, 음악, 음률, 소식, 그늘

664	章	音 + 十 소리 음 열 십	글 장

십자가(十)의 말씀(音)을 새기는 게 글(章)이다.

글, 문장, 단락, 구별, 표지, 본보기, 법, 문체, 무늬, 큰 재목, 형체, 크다,
성하다, 밝다, 나타나다, 드러나다

665	意	音 + 心 소리 음 마음 심	뜻 의

하나님의 말씀(音)이 마음(心)에 새겨진 게 뜻(意)이다.

뜻, 의미, 생각, 사욕, 정취, 무릇, 생각건대, 의심하다, 헤아리다, 기억하다

666	竟	音 + 儿 소리 음 사람 인	다할 경 마침내 경

예수님 말씀(音)이 사람(儿)에게 마침내(竟) 이어졌다.

마침내, 드디어, 도리어, 그러나, 끝, 지경, 거울, 다하다, 끝내다. 극에 이르다,
두루 미치다, 이어지다, 걸치다

667	戠	音 + 戈 소리 음 창 과	찰흙 시

말씀(音)의 창(戈)으로 만든 인간의 재료는 찰흙(戠)이다.

찰흙

668	龍	立 + 月 + 卜 + 己 + 三 설 립 육달월 점 복 몸 기 석 삼	용 룡

모든 것을 헤아리시는(卜) 삼(三)위 하나님을 흉내 내 몸(己)
안에 육(月)욕을 일으키는(立) 존재가 용(龍)이다.

용, 임금, 천자, 비범한 사람, 훌륭한 사람, 명마, 별의 이름, 파충류, 언덕, 얼룩, 은총

竝(134)···普···競

669	普	竝(竝) + 曰 아우를 병　가로 왈	넓을 보
		은혜의 말씀(曰)이 모두(竝)에게 널리(普) 미치다.	
		넓다, 광대하다, 두루 미치다, 나라의 이름, 널리, 두루	
670	競	立 + 兄 + 立 + 兄 설 립 맏 형 설 립 맏 형	다툴 경
		두 사람이 서서(立,立) 자기가 형(兄,兄)이라고 다투다(競).	
		다투다, 겨루다, 쫓다, 따르다, 나아가다, 나란하다, 굳세다, 갑작스럽다, 높다, 성하다, 갑자기	

辛(135)···辛辛···辯···辨···辦···辟

671	辡	辛 + 辛 매울 신 매울 신	따질 변
		죄수들이 서로 허물(辛)을 괴롭게(辛) 따졌다(辡).	
		따지다, 고소하다	

672	辯	言 + 辡 말씀 언 따질 변	말 잘할 변
		양쪽 죄수들이 예수님을 두고 말(言)로 따지며(辡) 논쟁했다(辯).	
		말씀, 말을 잘하다, 교묘하게 말하다, 논쟁하다, 변론하다, 송사하다, 분별하다, 슬기롭다, 변하다, 나누다, 다스리다, 바로잡다, 두루 미치다	

673	辨	辡 + 刂(刀) 따질 변 칼 도	분별할 변 나눌 변
		칼(刂) 같이 따져(辡) 사리를 분별하다(辨).	
		구분하다, 밝히다, 따지다, 쟁론하다, 변론하다, 지혜롭다, 다스리다, 바로잡다, 쓰다, 부리다, 근심하다, 준비하다, 변하다, 고갈, 변화, 갖추다, 구비하다	

674	辦	辡 + 力 따질 변 힘 력	힘들일 판
		힘써(力) 따져(辡) 판별하다(辦).	
		힘들이다, 힘쓰다, 힘써 일하다, 갖추다, 준비하다, 주관하다, 판별하다	

675	辟	尸 + 口 + 辛 주검 시 입 구 매울 신	피할 피 임금 벽
		인간(口)은 주검(尸)의 고통(辛)을 피하려(辟) 한다.	
		피하다, 벗어나다, 회피하다, 숨다, 물러나다, 떠나다, 임금, 법, 허물	

京(137)···豪···毫···高

676	豪	⊥ + 口 + 冖 + 豕 머리 두 입구 덮을 멱 돼지 시	호걸 호
		하나님(⊥) 말씀(口)에 덮여(冖) 돼지(豕)처럼 번성하는 이가 호걸(豪)이다.	
		호걸, 귀인, 사치, 우두머리, 물고기 이름, 뛰어나다, 빼어나다, 성하다, 굳세다, 거느리다, 거드름을 피우다	

677	毫	⊥ + 口 + 冖 + 毛 머리 두 입구 덮을 멱 털 모	붓 호
		말씀(口)으로 덮는(冖) 하나님(⊥) 은혜를 기록하는 털(毛)이 붓(毫)이다.	
		터럭, 털, 가는 털, 붓, 붓 끝, 조금, 가늘다, 호(척도)	

678	高	⊥ + 口 + 冂 + 口 머리 두 입구 멀 경 입구	높을 고
		하나님(⊥) 말씀(口)으로 덮인(冂) 인간(口)은 높다(高).	
		높다, 뛰어나다, 크다, 고상하다, 존경하다, 멀다, 깊다, 비싸다, 뽐내다, 높이, 위, 높은 곳, 높은 자리, 위엄	

亡(141)···盲···巟···忘

679	盲	亡 + 目 망할 망 눈 목	소경 맹 눈 멀 맹
		눈(目)이 망해(亡) 못 보는 사람은 소경(盲)이다.	
		소경, 장님, 눈이 멀다, (사리에)어둡다, 무지하다, 빠르다, 바라보다	

680	巟	亡 + 川 망할 망 내 천	망할 황
		내(川)가 없어지면(亡) 망한다(巟).	
		망하다	

681	忘	亡 + 心 망할 망 마음 심	잊을 망
		마음(心)에서 없어지면(亡) 잊는다(忘).	
		잊다, 기억하지 못하다, 버리다, 돌보지 않다, 끝나다, 단절되다, 소홀히 하다, 망령되다, 상실하다, 잃어버리다, 없다, 건망증	

尗(147)···叔···寂···督

682	叔	尗 + 又 아재비 숙 또 우	아저씨 숙 콩 숙
		인간을 용서하려고(又) 어린(尗) 아기로 오신 때가 말세(叔)다.	
		아저씨, 아재비, 시동생, 끝, 말세, 콩, 젊다, 나이가 어리다, 줍다, 흩어져 있는 것을 줍다	
683	寂	宀 + 叔 집 면 아재비 숙	고요할 적
		말세(叔)에 생명의 집(宀)인 인간이 죽어 고요하다(寂).	
		고요하다, 조용하다, 쓸쓸하다, 적막하다, 죽다, 한가롭다, 열반	
684	督	叔 + 目 아재비 숙 눈 목	살펴볼 독
		말세(叔)에 하나님이 눈(目)으로 세상을 살펴보신다(督).	
		감독하다, 살피다, 살펴보다, 세밀히 보다 거느리다, 통솔하다, 꾸짖다, 재촉하다, 권하다, 우두머리, 통솔하는 사람, 가운데	

止(150) ··· 肯··· 步··· 齒

685	肯	止 + 月(肉) 그칠 지 육달 월	긍정할 긍
		죄를 그친(止) 사람(月)은 긍정적이다(肯).	
		즐기다, 옳이 여기다, 들어주다, 수긍하다, 즐기어 하다, 감히, 뼈에 붙은 살, 살이 붙지 않은 뼈, 뼈 사이 살	
686	步	止 + 小 그칠 지 작을 소	걸음 보
		죄를 그치게(止) 하려고 예수님(小)이 인생길을 걸으셨다(步).	
		걸음걸이, 행위, 운수, 보병, 처하다, 나루터, 걷다, 뒤따르다, (천문을)재다, 보(거리의 한 단위)	
687	齒 (齿)	止 + 凵 + 一 + 从 从 그칠 지 입벌릴 감 한 일 좇을 종	이 치
		입(凵) 속 위아래 나란히(从) 한(一) 줄로 고정(止)되어 있는 것이 이(齒)다.	
		이, 나이, 어금니, 연령, 나란히 서다, 병렬하다, 벌이다, 언급하다, 제기하다, 동류로 삼다	

<복음한자맵> 다음 한자맵을 눈을 감고 마음에 그리며 순서대로 쓴다.

止(150) … 足 … 疋 … 楚

688	足 (𧾷)	口 + 𤴓(止변형) 입 구 그칠 지	발 족
		하나님 말씀(口)에 죄를 그친(止) 것이 발(足)이다.	
		발, 뿌리, 근본, 산기슭, 그치다, 머무르다, 가다, 달리다, 넉넉하다, (분수를)지키다, 싫증나다, 채우다, 이루다, 밟다	
689	疋	乛 + 𤴓(止변형) 구결자 야 그칠 지	짝 필
		인자(乛)는 죄를 그치게(𤴓) 하는 우리 짝(疋)이다.	
		배필, 하나, 피륙, 엇비슷하다, 발, 다리, 바르다, 규범에 맞다, 평소, 피륙을 세는 단위	
690	楚	木 + 木 + 疋 나무 목 나무 목 짝 필	회초리 초 모형 초
		짝(疋)을 이룬 선악나무(木)과 생명나무(木) 때문에 인간들이 괴롭다(楚).	
		회초리, 가시나무, 때리는 매, 아름다운 모양, 우거진 모양, 매질하다, 아프다, 괴롭다, 늘어놓다, 산뜻하다, 곱다	

<복음한자맵> 다음 한자맵을 눈을 감고 마음에 그리며 순서대로 쓴다.

正(152)…焉…延…症

691	焉	正 + 丂 + 灬 바를 정 공교할 교 불 화	어찌 언
		바르고(正) 아름답게(丂) 빛나던 생명들(灬)이 어찌(焉) 됨인고!	
		어찌, 어떻게, 어디, 어디에, 보다, ~보다 더, 이에, 그래서, 이, ~느냐? ~도다! 그러하다, ~와 같다, 오랑캐	
692	延	廴 + 正 길게걸을 인 바를 정	끌 연
		성령께서 죄를 그치고 바른(正) 길로 걸어가도록(廴) 이끄셨다(延).	
		늘이다, 잇다, 늘어놓다, 벌여놓다, 끌다, 불러들이다, 이끌다, 인도하다, 서로 통하다, 넓어지다, 퍼지다, 미치다, 닿다, 오래다, 지체되다, 높다, 멀리, 길이, 너비, 길이 넓이, 면류관 덮개	
693	症	疒 + 正 병들어기댈 녁 바를 정	증세 증
		병(疒)은 바른(正) 인간이 죄지은 증세(症)다.	
		증세, 증상, 적취(몸 안에 쌓인 기로 인하여 덩어리가 생겨서 아픈 병), 어혈(타박상 따위로 살 속에 맺힌 피)	

正(152)…是…走…定

694	是	日 + 正 가로 왈　바를 정	옳을 시
		바른(正) 하나님의 말씀(日)은 옳다(是).	
		이것, 여기, 무릇, 이에, 옳다, 바르게 하다, 옳다고 인정하다, 바로잡다, 다스리다	

695	走	十 + 正 열 십　바를 정	달릴 주
		십자가(十)를 바르게(正) 진 인간은 달려간다(走).	
		달리다, 달아나다, 걷다, 가다, 떠나가다, 나아가다, 길짐승, 하인, 심부름꾼, 종종걸음	

696	定	宀 + 正 집 면　바를 정	정할 정
		하나님의 집(宀)은 인간을 바르게(正) 바로잡는다(定).	
		정해지다, 바로잡다, 다스리다, 평정하다, 편안하다, 안정시키다, 머무르다, 준비하다, 그치다, 이마, 반드시	

爿(155)…壯…將…臧

697	壯	爿 + 士 나무조각 장　선비 사	장할 장
		나무십자가(爿)에 달리신 예수님(士)은 장하시다(壯).	
		장하다, 굳세다, 씩씩하다, 크다, 기세가 좋다, 젊다, 견고하다, 웅장하다, 단단하다, 성하다, 매우 갸륵하다	

698	將	爿 + 月 + 寸 나무조각 장　육달 월　마디 촌	장수 장 장차 장
		몸(月)과 마음(寸)을 다해 십자가(爿)를 진 예수님은 장수(將)다.	
		장수, 인솔자, 장차, 청컨대, 무릇, 만일, 한편, 거의, 그리고, 오히려, 바라건대, 거느리다, 기르다, 양육하다, 동반하다, 행하다, 나아가다, 가지다, 받들다, 지키다	

699	臧	爿 + 戈 + 臣 나무조각 장　창 과　신하 신	착할 장 숨을 장
		하나님의 종(臣)으로 십자가(爿)에서 창(戈)에 찔린 예수님은 착하시다(臧).	
		착하다, 좋다, 감추다, 숨다, 종, 노복, 곳간, 오장, 뇌물	

雨(158)···雷···電···雪···需···靈

700	雷	雨 + 田 비 우 밭 전	우레 뇌
		에덴동산(田)에 비(雨) 올 때 친 것이 우레(雷)다.	
		우레, 천둥, 큰소리의 형용, 사나운 모양의 비유, 위엄 있는 모양, 빠른 모양, 성 위에서 굴리는 돌, (북을)치다, (돌을)내리 굴리다	

701	電	雨 + 电 비 우 번개 전	번개 전
		비(雨) 올 때 치는 번개(电)가 번개(電)다.	
		번개, 전류, 전기, 전화, 전보, 빠름의 비유, 번쩍이다, 빛나다, 빠르다, 밝게 살피다	

702	雪	雨 + 크 비 우 머리 계	눈 설
		머리(크) 되신 하나님이 비(雨)를 얼게 한 게 눈(雪)이다.	
		눈(땅에 떨어지는 얼음의 결정체), 흰색, 흰 것의 비유, (눈이)내리다, 희다, 고결하다, 씻다, 표명하다	

703	需	雨 + 而 비 우 말미암을 이	쓰일 수 연할 연
		비(雨)로 말미암아(而) 땅이 쓸(需) 만 해졌다.	
		쓰이다, 쓰다, 구하다, 공급하다, 기다리다, 머뭇거리다, 기르다, 비가 긋다, 요구, 필요로 하는 물건, 괘 이름, 성(姓)의 하나, 반드시, 연하다, 부드럽다, 덜 차다	

704	靈	雨 + ㅁㅁㅁ + 巫 비 우 입 구 무당 무	신령 령(영)
		제사장(巫)의 제사를 받고 비(雨)를 내리시는 삼위일체 말씀(ㅁㅁㅁ)의 하나님은 영(靈)이시다.	
		신령, 혼령, 혼백, 영혼, 귀신, 유령, 도깨비, 정신, 감정, 존엄, 하늘, 천제, 영적인 존재, 죽은 사람에 대한 높임 말, 복, 도움, 위세, 법령, 신령하다, 기이하다, 영험하다, 총명하다, 통달하다, 아름답다, 훌륭하다	

丂(162)···亏···兮···馬···篤···鳥···鳳···烏···島

705	**亏** (亐)	一 + 丂 한 일 공교할 교 인간이 하나님(一)을 공교하게(丂) 닮았다(亏). 어조사, ~에서, ~부터, ~까지, ~에게, ~보다, 행하다, 동작하다, 구하다, 굽다, 크다, 닮다, 이것, 아!(감탄사)	어조사 우 (땅이름 울)
706	**兮**	八 + 丂 여덟 팔 공교할 교 하나님이 인간(八)을 공교하게(丂) 만드시고 감탄하셨다(兮). 어조사, 감탄사	어조사 혜
707	**馬**	丂 + 一 + 十 + 灬 공교할 교 한 일 열 십 불 화 십자가(十)를 지신 하나님(一)이 불(灬)심판할 때 타고 오는 아름다운(丂) 짐승이 말(馬)이다. 말, 벼슬의 이름, 산가지(수효를 셈하는 데 쓰던 막대기), 큰 것의 비유, 아지랑이, 나라 이름, 크다	말 마
708	**篤**	竹 + 馬 대 죽 말 마 말(馬) 타고 오시는 대쪽(竹) 같은 예수님의 마음은 도탑다(篤). 도탑다, 두터이 하다, 진심이 깃들어 있다, 전일하다, 순일하다, 단단하다, 견실하다, 살피다, 감독하다, (병이)위중하다, 위독하다 고생하다, 매우, 몹시	도타울 독
709	**鳥**	戶 + 一 + 丂 + 灬 집 호 한 일 공교할 교 불 화 불(灬)로 심판하시는 하나님(一)의 아름다운(丂) 집(戶)이신 예수님은 하늘과 땅을 잇는 새(鳥)같다. 새, 새의 총칭, 봉황, 나라 이름, 벼슬 이름, 별 이름, 땅 이름, 섬	새 조
710	**鳳**	几 + 一 + 鳥 안석 궤 한 일 새 조 하나님(一)께 기대어(几) 새(鳥)처럼 자유로운 사람들은 봉황(鳳)같다. 봉황(예로부터 중국 전설에 나오는 상서로운 상상의 새)	봉황새 봉
711	**烏**	戶 + 丂 + 灬 집 호 공교할 교 불 화 아름답게(丂) 생명의 집(戶)이 불(灬) 심판에 까마귀(烏)처럼 탄식하다. 까마귀, 어찌, 탄식하는 소리, 환호하는 소리, 검다, 탄식하다, 나라 이름	까마귀 오
712	**島**	鳥변형 + 山 새 조 메 산 바다에서 새(鳥)가 거하는 산(山)은 섬(島)이다. 새, 새의 총칭, 봉황, 나라 이름, 벼슬 이름, 별 이름, 땅 이름, 섬	섬 도

襾(164)…栗…票…賈…要…遷

		襾 + 木 덮을 아 나무 목	밤 률 두려워할 률
713	栗	인간을 죄로 덮은(襾) 사탄은 십자가(木)를 두려워한다(栗).	
		밤나무, 많은 모양, 단단하다, 견실하다, (결실이)좋다, 잘 여물다, 공손하다, 삼가다, 엄숙하다, 춥다, 지나가다, 두려워하다, 벌벌 떨다, 건너뛰다, 찢다, 쪼개다	
		襾 + 示 덮을 아 보일 시	표 표
714	票	하나님(示)이 죄를 덮으려고(襾) 가인에게 주신 것이 표(票)다.	
		표, 증표, 쪽지, 지폐, 불똥, 가볍게 오르는 모양, 빠르다, 나타내다, 표시하다, (불꽃이)튀다, 흔들다	
		襾 + 貝 덮을 아 조개 패	값 가
715	賈	하나님이 죄인을 덮어(襾) 보화(貝)처럼 값있게(賈) 하셨다.	
		값, 가격, 값어치, 명성, 평판, 수, 값있다, 값지다, 장사, 상인, 상품, 장사하다, 사다, 팔다	
		襾 + 女 덮을 아 여자 여	구할 요 요긴할 요
716	要	여자(女)가 죄를 덮어주기를(襾) 하나님께 구했다(要).	
		요긴하다, 중요하다, 요약하다, 모으다, 요구하다, 맞히다, 얻다, 이루다, 기다리다, 조사하다, 언약하다, 책망하다, 통괄하다, 으르다, 금하다, 말리다, 누르다, 굽히다, 잡다, 근본, 허리, 꼭	
		襾 + 大 + 巴 + 辶 덮을 아 큰 대 병부 절 쉬엄쉬엄갈 착	옮길 천
717	遷	가인이 죄를 덮는(襾) 증표(巴)를 받고 크신(大) 하나님을 떠나(辶) 거처를 옮겼다(遷).	
		옮기다, 옮겨 가다, 떠나가다, 내쫓다, 추방하다, 벼슬이 바뀌다, 달라지다, 바꾸다, 오르다, 붙좇다, 천도, 벼랑, 낭떠러지	

土(166)…圭…垚…堯…坐…赤…坴…幸

718	圭	土 + 土 흙 토 흙 토	서옥 규
		사람(土) 중의 사람(土)인 예수님은 결백하시다(圭).	
		서옥(상서로운 구슬), 홀(제후를 봉할 때 사용하던 신인), 용량 단위, 모서리, 저울눈, 결백하다, 깨끗하다, 모나다	
719	垚	土 + 土 + 土 흙 토 흙 토 흙 토	(요)임금 요
		흙(土)으로 지은 사람(土) 중 가장 큰 사람(土)인 예수님은 우리 임금(垚)이시다.	
		요임금, 높은 모양, 높다, 멀다	
720	堯	垚 + 兀 (요)임금 요 우뚝할 올	(요)임금 요
		임금(垚)이신 예수님이 십자가로 친히 제단을 우뚝(兀) 쌓아 우리의 임금(堯)이 되셨다.	
		요임금, 높다, 멀다, 높은 모양	
721	坐	人 + 人 + 土 사람 인 사람 인 흙 토	앉을 좌
		심판받으려고 죄인들(人人)이 흙(土) 위에 앉아(坐) 있다.	
		앉다, 무릎을 꿇다, 대질하다, 죄받다, 지키다, 머무르다, 자리, 드디어, 마침내, 잠깐, 우선, 저절로	
722	赤	土 + 小변형 흙 토 마음 심	붉을 적
		흙(土) 속에 지어진 심장(心)은 붉다(赤).	
		붉다, 비다, 없다, 벌거벗다, 베다, 몰살시키다, 염탐하다, 실하다, 충성스럽다, 어린애, 진심, 붉은빛, 척후, 분명히	
723	坴	坴 + 土 버섯 록 흙 토	언덕 륙(육)
		버섯(坴)이 자라는 흙(土)은 뭍(坴)이다.	
		언덕, 뭍	
724	幸	土 + 八 + 干 흙 토 여덟 팔 막을 간	다행 행
		흙(土)으로 된 인간들(八)의 죄를 막아준(干) 것은 다행이다(幸).	
		다행, 행복, 좋은 운, 요행, 임금의 나들이, 은총, 오래 사는 일, 기뻐하다, 임금이 사랑하다, 바라다, 희망하다, 행복하게 하다, 행복을 주다, 은혜를 베풀다, 좋아하다 , 즐기다	

土(166)…去…蓋…至…室…窒…臺

725	去	土 + 厶 흙 토　나 사	갈 거
		흙(土)으로 지어진 내(厶)가 걸어가다(去).	
		가다, 버리다, 안 돌보다, 내쫓다, 물리치다, 덜어 버리다, 거두어들이다, (매였던 것을)풀다, 피하다, 죽이다, 과거	

726	蓋	++ + 去 + 皿 풀 초　갈 거　그릇 명	덮을 개
		인간들(++)이 그릇(皿)에 피를 담아 하나님께 가면(去) 죄를 덮어주신다(蓋).	
		덮다, 덮어씌우다, 숭상하다, 뛰어나다, 해지다, 뚜껑, 덮개, 하늘, 상천	

727	至	一 + 厶 + 土 한 일　사사 사　흙 토	이를 지
		흙(土)으로 지어진 내(厶)가 하나님(一)께 이르다(至).	
		도달하다, (영향을)미치다, 과분하다, 지극하다, 힘쓰다, 이루다, 지향하다, 내려 주다, 친근하다, 표하다, 진실, 실체, 본체, 성대하게, 크게, 최고로, 반드시, 마침내	

728	室	宀 + 至 집 면　이를 지	집 실
		인간은 하나님의 집(宀)에 이르는(至) 영혼의 집(室)이다.	
		집, 건물, 방, 거실, 거처, 사는 곳, 아내, 가족, 일가, 몸, 신체, 가재, 구덩이, 무덤, 굴, 별 이름, 칼집, 장가들다, 시집보내다	

729	窒	穴 + 至 구멍 혈　이를 지	막힐 질
		욕망의 구멍(穴)에 이르러(至) 진리가 막혔다(窒).	
		막다, 막히다, 멈추다, 그치다, (가득)차다, 메이다, 통하지 않다, 7월의 딴 이름, 종묘문, 무덤의 문, 질소	

730	臺	吉 + 冖 + 至 길할 길　덮을 멱　이를 지	대 대
		길한(吉) 그리스도의 말씀으로 덮여(冖) 하나님께 이른(至) 사람은 높고 평평한 대(臺)같다.	
		대(높고 평평한 건축물), 돈대(높게 두드러진 평평한 땅), 무대, 받침대, 탁자, 마을, 성문, 방송국, 능, 어른, 남의 존칭, 횟수	

土(166)…寺…等

731	寺	土 + 寸 흙 토　마디 촌	절 사
		인간(土)의 마음(寸)은 하나님의 성전(寺)이다.	
		절, 사찰, 마을, 관청, 관아, 환관, 내시 / 성전(교회)	

732	等	竹변형 + 寺 대 죽　　절 사	무리 등
		성전(寺)에 대나무(竹)처럼 곧은 무리(等)가 있다.	
		무리, 부류, 등급, 계급, 순위, 계단, 저울, 분기, 따위, 같은 또래, 통틀어, 같다, 차이가 없다, 기다리다, 가지런하다, 견주다, 달다, 저울질하다, 구별하다, 나누다	

耂(167)…老…考…孝

733	老	土 + ノ + 匕 흙 토　삐침 별　비수 비	늙을 노
		성령(ノ)으로 양심이 찔려(匕) 사는 인간(土)이 어른(老)이다.	
		늙다, 익숙하다, 노련하다, 숙달하다, 대접하다, 공경하다, 오래 되다, 생애를 마치다, 쇠약하다, 거느리다, 굳게 하다, 어른, 부모, 신의 우두머리, 항상, 늘, 접두사, 접미사	

734	考	耂 + 丂 늙을 노　공교할 교	생각할 고
		어른(耂)은 아름답게(丂) 생각한다(考).	
		생각하다, 깊이 헤아리다, 살펴보다, 관찰하다, 시험하다, 오래 살다, 두드리다, 맞추다, 어울리다, 솜씨가 좋다, 마치다, 오르다, 시험, 제기, 옥의 티, 죽은 아버지	

735	孝	耂 + 子 늙을 노　아들 자	효도 효
		성령 충만한 어른(耂)의 아들(子)이 효도한다(孝).	
		효도, 상복, 제사, 맏자식, 부모를 섬기다, 본받다, 상복을 입다, 제사 지내다	

耂(167)···者···著···署···暑···奢

736	者	土 + ノ + 白 흙 토 삐침 별 흰 백	놈 자 사람 자

거룩한(白) 성령(ノ)이 흙(土) 속에 들어온 존재가
사람(者)이다.

놈, 사람, 것, 곳, 장소, 허락하는 소리, 여러, 무리, 이, ~면, ~와 같다,
기재하다, 적다

737	著	++ + 者 풀 초 사람 자	나타날 저

풀(++)같이 연약한 사람(者)에게 하나님이 나타나셨다(著).

뜻, 분명함, 뚜렷함, 오래되다, 정성, 좋다, 마땅하다, 지위, 계급, 나타나다,
드러나다, 두드러지다, 그리다, 짓다, 저술하다, 쌓다, 두다, 세우다, 생각하다,
알다, 보충하다, (옷을)입다, 다다르다, 시작하다

738	署	罒 + 者 그물 망 사람 자	마을 서

죄의 그물(罒)에 갇힌 사람(者)이 모여 된 게 마을(署)이다.

마을, 부서, 관청, 관아, 표제, 제목, 대리, 벼슬, 관직, 수결, 임명하다, 베풀다,
맡다, 쓰다, 적다, 서명하다, 나누다

739	暑	日 + 者 해 일 사람 자	더울 서

해(日) 때문에 사람(者)이 더워지다(暑).

(날씨가)덥다, 더위, 여름, 더운 계절

740	奢	大 + 者 큰 대 사람 자	사치할 사

사람(者)이 씀씀이가 크면(大) 사치스럽다(奢).

사치하다, 낭비하다, 과분하다, 지나치다, 분에 넘치다, 넉넉하다, 많다, 크다,
자랑하다, 뽐내다, 오만하다, 낫다, 아름답다, 사치

士(168)…吉…志…壹…鼓…壽

741	吉	士 + 口 선비 사 입 구	길할 길
		예수님(士)의 말씀(口)은 길하다(吉).	
		길하다, 좋다, 착하다, 복, 혼인, 제사, 음력 초하루	
742	志	士 + 心 선비 사 마음 심	뜻 지
		예수님(士)의 마음(心)이 뜻(志)이다.	
		뜻, 마음, 본심, 사사로운 생각, 감정, 기록, 표지, 문체의 이름, 살촉, 뜻하다, 알다, 기억하다, 의로움을 지키다	
243	壹	士 + 冖 + 豆 선비 사 덮을 멱 콩 두	한 일
		예수님(士)의 피로 덮어(冖) 드리는 제사(豆)가 하나님께 제일(壹)이다.	
		하나, 오직, 오로지, 통일하다, 순박하다, 전일하다, 혼돈	
744	鼓	十 + 豆 + 支 열 십 콩 두 지탱할 지	북 고
		십자가(十)를 지탱하고(支) 제사할(豆) 때 사용하는 악기가 북(鼓)이다.	
		북, 북소리, 맥박, 되(부피 단위), 무게의 단위, 치다, 두드리다, 휘두르다, 연주하다, 격려하다, 부추기다	
745	壽	士 + 冖 + 工 + 一 + 口 + 寸 선비 사 구결자 야 만들 공 한 일 입 구 마디 촌	목숨 수
		하나님(一)의 말씀(口)이요, 흘린 피 흘리는(冖) 인자(士)가 만든(工) 마음(寸)이 목숨(壽)이다.	
		목숨, 수명, 장수, 머리, 별의 이름, 헌수하다, 오래 살다, 오래 살기를 빌다	

壬(169)…呈…廷

	口 + 壬 입 구 짊어질 임	**드릴 정**
746 呈	예수님이 말씀(口)대로 십자가를 짊어져(壬) 생명을 드렸다(呈).	
	드리다, 윗사람에게 바치다, 나타내다, 나타나다, 드러내 보이다, 뽐내다, 상쾌하다, 한도, 한정, 청원서, 미치다	
	廴 + 壬 길게걸을 인 짊어질 임	**조정 정**
747 廷	예수님이 십자가를 짊어지고(壬) 걸어(廴) 이른 곳이 하늘나라 조정(廷)이다.	
	조정, 관아, 관서, 뜰, 앞마당, 마을, 공변되다, 공정하다	

<복음한자맵> 다음 한자맵을 눈을 감고 마음에 그리며 순서대로 쓴다.

牛(175)…生…先…告…造

	牛 + 一 소 우 한 일	**날 생**
748 生	예수님이 땅(一) 위 소(牛)제물이 되셔서 우리를 나셨다(生).	
	나다, 낳다, 살다, 기르다, 서투르다, 싱싱하다, 만들다, 백성, 선비, 자기의 겸칭, 사람, 날(익지 않음), 삶 cf. 주(主)의 생명(丶)이 우리를 나셨다(生). cf. 예수님이 흙(土)의 몸을 입고 인간(亻=人)으로 나셨다(生). cf. 주(主)의 생명(丶)으로 인간이 나다(生).	
	牛 + 儿 소 우 어진사람 인	**먼저 선**
749 先	소(牛) 제물 되신 예수님은 인간(儿)보다 먼저(先)다.	
	먼저, 미리, 옛날, 이전, 앞, 처음, 첫째, 죽은 아버지, 앞선 사람, 조상, 앞서다, 이끌다, 나아가다, 높이다, 뛰어나다	
	牛 +口 소 우 입 구	**알릴 고**
750 告	소(牛) 제물이신 예수님이 말씀으로(口) 알렸다(告).	
	고하다, 알리다, 아뢰다, 발표하다, 여쭈다, (안부를)묻다, 하소연하다, 고발하다, 가르치다, 깨우쳐 주다, 하소연	
	告 + 辶 알릴 고 쉬엄쉬엄갈 착	**지을 조**
751 造	하나님이 선지자들에게 알리시며(告)로 되어 갈(辶)을 지으신다(造).	
	짓다, 만들다, 이루다, 성취하다, 이룩하다, 양성하다, 배양하다, 기르다, 넣다, 조작하다, 가짜로 꾸미다, 날조하다, 시작하다, 벌여놓다, 갑자기, 처음, 때	

禾(176)…年

752	年	亻(人변형) + 禾 사람 인　걸을 과	해 년
		사람(亻)이 십자가를 지고 걷는(禾) 삶이 해(年)다.	
		해, 나이, 때, 시대, 새해, 신년, 연령, 잘 익은 오곡, 콧마루, 사격의 하나, 사람의 이름, 익다, 아첨하다	

女(185)…妻…妾…宴…婁

753	妻	十 + 彐(手) + 女 열 십　머리 계　여자 여	아내 처
		희생의 십자가(十)를 붙잡은(彐) 여자(女)가 아내(妻)다.	
		아내, 시집보내다, 아내로 삼다, 간음하다	
754	妾	立 + 女 설 립　여자 여	첩 첩
		아내 대신 세운(立) 여자(女)는 첩(妾)이다.	
		첩(여자의 경칭), 시비(좌우에 두고 부리는 부녀자), 여자 아이	
755	宴	宀 + 日 + 女 집 면　가로 왈 여자 여	잔치 연
		하나님의 집(宀)에서 여자(女)인 교회가 여는 게 말씀(日)의 잔치(宴)다.	
		잔치, 술자리, 침실, 내실, 잔치하다, 술자리를 베풀다, 즐기다, 편안하다, 편안하게 쉬다, 안정되다, 늦다, 더디다, 햇빛이 빛나다	
756	婁	申 + 中 + 女 펼 신　가운데 중 여자 여	끌 루
		동산 가운데(中) 펼친(申) 선악 나무에게로 뱀이 여자(女)를 끌었다(婁).	
		끌다, 바닥에 대고 당기다, 성기다, 드문드문하다, 거두다, 아로새기다, (소를)매다, 자주, 별의 이름	

- 198 -

757	敏	每 + 攵 매양 매　칠 복	민첩할 민
		인간은 늘(每) 말씀으로 쳐야(攵) 민첩해진다(敏).	
		민첩하다, 재빠르다, 영리하다, 총명하다, 공손하다, 힘쓰다, 애써 일하다, 자세하다, 엄지발가락	

758	香	禾 + 曰 벼 화　가로 왈	향기 향
		생명 나무(禾)이신 예수님의 말씀(曰)은 향기롭다(香).	
		향기, 향, 향기로운, 향료, 향기롭다, 감미롭다	

759	秀	禾 + 乃 벼 화　이에 내	빼어날 수
		생명 나무(禾)가 곧(乃) 빼어남(秀)이다.	
		빼어나다, (높이)솟아나다, 뛰어나다, 훌륭하다, 성장하다, 자라다, (꽃이)피다, 아름답다, 무성하다, 이삭, 꽃,	

760	季	禾 + 子 벼 화　아들 자	계절 계
		생명 나무(禾)이신 하나님의 아들(子)이 오시는 때가 말세(季)다.	
		계절, 끝, 마지막, 막내, 철, 말년, 말세, 젊다, 어리다, 쇠잔하고 미약하다	

761	委	禾 + 女 벼 화　여자 여	맡길 위
		하나님이 생명 나무(禾)이신 메시아의 오심을 여자(女)에게 맡겼다(委).	
		맡기다, 버리다, 자세하다, 쌓다, 의젓하다, 시들다, 굽다, 끝, 말단, 창고, 자세히	

禾(196)···黍···秉···兼

762	**黍**	禾 + 人 + 氺 벼 화 사람 인 물 수	**기장 서**
		생명 나무(禾)요 생명수(氺)이신 예수님은 인간(人)에게 생명을 주는 기장(黍)같다.	
		기장, 무게의 단위, 술 그릇	
763	**秉**	禾 + 크(手) 벼 화 손 수	**잡을 병**
		인간이 손(크=手)으로 생명 나무(禾)이신 예수님을 붙잡다(秉).	
		잡다, 쥐다, 장악하다, 처리하다, 지키다, 간직하다, 따르다, 순종하다, 헐뜯다, 손잡이, 권력, 볏단, 자루	
764	**兼**	八 + 秉 + ㅣ 여덟 팔 잡을 병 뚫을 곤	**겸할 겸**
		인간들(八)이 생명 나무 잡기(秉)를 진리(ㅣ)와 겸하다(兼).	
		겸하다, 아우르다, 둘러싸다, 포용하다, 겸용하다, 얻다, 쌓다, 포개다, 겹치다, 배가 되게 하다, 나란히 하다, 배향하다, 다하다, 진하다, 같다, 합치다, 아울러, 함께, 마찬가지	

米(197)···采···釆···番···審

765	**采**	冖 + 米 덮을 멱 쌀 미	**점점 미**
		인간이 생명 나무(米)로 덮여(冖) 은혜 아래 점점(采) 깊이 들어가다.	
		점점, 더욱 더, 두루 다니다, 깊이 들어가다	
766	**釆**	ノ + 米 삐침 별 쌀 미	**분별할 변**
		성령(ノ)의 생명 나무(米)로 옳고 그름을 분별하다(釆).	
		구분하다, 나누다, 밝히다, 명백하다, 따지다, 변론하다, 총명하다, 지혜롭다, 다스리다, 바로잡다, 부리다, 널리, 근심하다, 준비하다, 변하다, 고깔, 분별, 변화, 갖추다	
767	**番**	釆 + 田 분별할 변 밭 전	**차례 번**
		에덴동산(田)에서 인간이 선악을 분별하는(釆) 나무 실과를 번갈아(番) 범했다.	
		차례, 횟수, 오랑캐, 울타리, 짐승의 발바닥, 번갈다, 갈마들다(서로 번갈아 들다), 번성하다, 날래다, 머리가 센 모양	
768	**審**	宀 + 番 집 면 차례 번	**살필 심**
		하나님이 하나님의 집(宀)에서 번갈아(番) 지은 죄를 살피신다(審).	
		살피다 주의하여 보다, 자세히 밝히다, 깨닫다, 듣다, 잘 들어두다, 환히 알다, 밝게 알다, 조사하다, 묶다, 바르다, 바르게 하다, 정하다, 안정시키다, 자세히, 참으로, 만일, 만약, 묶음, 다발	

开(208)…形…刑

769	形	开 + 彡 열 개 터럭 삼	모양 형 형상 형
		삼위일체 하나님의 생명(彡)을 열어(开) 만든 게 하나님의 모양(形)이다.	
		모양, 꼴, 형상, 얼굴, 몸, 육체, 그릇, 형세, 세력, 모범, 이치, 도리, 거푸집, 형상하다, 형상을 이루다, 나타나다, 드러나다, 드러내 보이다, 바르다	

770	刑	开 + 刂(刀) 열 개 칼 도	형벌 형
		칼(刂)로 죽음의 심판을 여는(开) 것이 형벌(刑)이다.	
		형벌, 법, 꼴, 모양, 국그릇, 벌하다, 제어하다, 모범이 되다, 준거하여 따르다, 본받다, 다스리다, 되다, 이루어지다, 죽이다, 살해하다	

井(210)…寒…塞

771	寒	宀 + 井 + 一 + 八 + 冫 집 면 우물 정 한 일 여덟 팔 얼음 빙	찰 한
		집(宀) 안 사람들(八)과 땅(一) 속 우물(井)이 어는(冫) 날씨는 차다(寒).	
		차다, 춥다, 떨다, 오싹하다, 어렵다, 가난하다, 쓸쓸하다, 식히다, 얼다, 불에 굽다, 삶다, 중지하다, 그만두다, 침묵하다, 울지 않다, 천하다, 추위, 절기 이름	

772	塞	宀 + 井 + 一 + 八 + 土 집 면 우물 정 한 일 여덟 팔 흙 토	변방 새
		집(宀)과 사람들(八)과 흙(土) 속 우물(井)이 있는 땅(一)이 변방(塞)이다.	
		변방, 요새, 보루, 주사위, 성(姓)의 하나, 보답하다, 굿을 하다, (요새를)쌓다, 사이가 뜨다, 막히다, 막다, 차다, 채우다, 충만하다, 만족시키다	

甘(211)…其…基…某…甚

773	某	甘 + 木 달 감 나무 목	아무 모
		선악 나무(木)에 열린 달콤한(甘) 열매는 누구나(某) 먹는다.	
		아무, 어느, 아무개, 어느 것, 어느 곳, 자기의 겸칭, 매화	

774	其	甘 + 一 + 八 달 감 한 일 여덟 팔	그 기
		하나님(一)은 사람들(八)이 달게(甘) 여기는 그(其)분이다.	
		그, 그것, 만약, 만일, 아마도, 혹은, 어찌, 장차, 바야흐로, 이미, 마땅히, 이에, 그래서, 기약하다, 어조사	

775	基	其 + 土 그 기 흙 토	터 기
		하나님, 그(其)분은 인간(土)의 토대(基)다.	
		터, 기초, 토대, 근본, 사업, 꾀, 일주년, 쟁기, 자리를 잡다, 비롯하다, 기인하다, 근거하다, 꾀하다	

776	甚	甘 + 匹 달 감 짝 필	심할 심
		달달하던(甘) 짝(匹)이 죄 때문에 사납게 심해졌다(甚).	
		심하다, 지나치다, 깊고 두텁다, 초과하다, 사납다, 많다, 탓하다, 꾸짖다, 심히, 매우, 몹시, 대단히, 참으로, 무엇, 어느, 어떤	

世(212)…貰…葉

777	貰	世 + 貝 세상 세 조개 패	세낼 세
		세상(世)에 있는 보배(貝)는 하나님께 잠깐 빌린(貰) 것이다.	
		세내다, 빌리다, 놓아주다, 용서하다, 외상으로 사다, 관대하게 대하다, 외상	

778	葉	艹 + 世 + 木 풀 초 세상 세 나무 목	잎 엽
		세상(世)에 있는 나무(木)에 달린 풀(艹)은 잎(葉)이다.	
		잎, 꽃잎, 시대, 세대, 갈래, 후손, 닢(동전 등을 세는 단위), 옷의 넓이, 잎처럼 얇은 물건, 책장, 가락, 풀의 이름, (손으로)누르다, 모으다	

共(213)···恭···巷···異···翼···糞

779	恭	共 + 小변형 함께 공 마음 심	공손할 공
		마음(小)을 함께(共) 함이 공손(恭)이다.	
		공손하다, 예의 바르다, 삼가다, 직분을 다하다, 받들다, 섬기다, 높이다, 존중하다, 고분고분하다, 순종하다, 조심하다, 크다	

780	巷	共 + 巳 함께 공 뱀 사	거리 항
		죄인(巳)이 함께(共) 하는 곳이 거리(巷)다.	
		거리, 시가, 문밖, 복도, 궁궐, 안의 통로나 복도, 마을, 동네, 집, 주택	

781	異	田 + 共 밭 전 함께 공	다를 이
		에덴동산(田)에서 아담과 하와가 함께(共) 달라졌다(異).	
		다르다, 달리하다, 기이하다, 뛰어나다, 진귀하다, 특별하게 다루다, 우대하다, 괴이하다, 이상야릇하다, 거스르다, 다른, 그 밖의, 딴 것, 괴이한 일, 재앙, 천재	

782	翼	羽 + 異 깃 우 다를 이	날개 익
		양쪽에 다르게(異) 달린 깃(羽)이 날개(翼)다.	
		날개, 지느러미, 이튿날, 솥귀, 도움, 처마, 배, 선박, 법칙, 법도, 정치적 파벌, 진형의 이름, 빠른 모양, 돕다, 이루다, 받들다, 호위하다, 천거하다, 아름답다, 성하다, 빼앗다, (몰아서)잡다, 삼가다	

783	糞	米 + 異 쌀 미 다를 이	똥 분
		쌀(米)이 몸에서 다르게(異) 변한 것이 똥(糞)이다.	
		똥, 비료, 거름을 주다, 치다, 쓸다, 제거하다, (더러운 것을)치우다, 더럽다, 떨다	

共(213)···暴···巽···選···無

784	暴	日 + 共 + 水 가로 왈 함께 공 물 수	사나울 포 드러낼 폭
		말씀(日)대로 물(水)과 함께(共) 심판받은 죄인들은 사납다(暴).	
		사납다, 난폭하다, 해치다, 모질다, 세차다, 불끈 일어나다, 업신여기다, 조급하다, 갑자기, 쬐다, 따뜻하게 하다, 햇볕에 말리다, 나타내다, 드러나다, 알려지다	

785	巽	巳 + 巳 + 共 뱀 사 뱀 사 함께 공	부드러울 손
		함께(共) 한 죄인들(巳巳)이 하나님 앞에서 부드러워졌다(巽).	
		부드럽다, 유순하다, 공순하다, 사양하다, 손괘, 동남쪽	

786	選	巳 + 巳 + 共 + 辶 뱀 사 뱀 사 함께 공 쉬엄쉬엄갈 착	가릴 선
		함께(共) 한 죄인들(巳巳) 중 살아 가야(辶) 할 인간을 가리다(選).	
		가리다, 분간하다, 뽑다, 고르다, 선거하다, 선택하다, 임용되다, 열거하다, 좋다, 뽑힌 사람, 선별된 작품, 잠깐, 잠시	

787	無	亻 + 共 + 共 사람 인 한 가지 꿍 한 가지 공	없을 무
		인자(亻)와 함께(共)하고 함께(共) 하는 자의 죄를 없이하셨다(無).	
		없다, 아니다, 말다, 금지하다, ~하지 않다, 따지지 아니하다, 무시하다, 업신여기다, ~에 관계없이, ~를 막론하고, ~하든 간에, 비록, 차라리, 발어사, 허무, (주검을 덮는)덮개, 무려, 대강	

丘(218)···兵···岳

788	兵	丘 + 八 언덕 구　여덟 팔	병사 병
		십자가 언덕(丘)에 있는 사람들(八)은 로마 병사(兵)였다.	
		병사, 병졸, 군사, 군인, 무기, 병기, 싸움, 전쟁, 재앙, 원수, 상하다, 다치다, 치다, (무기로써)죽이다	
789	岳	丘 + 山 언덕 구　메 산	큰산 악
		골고다 언덕(丘)이 있는 산(山)은 영적으로 큰 산(岳)이다.	
		큰 산, 높은 산, 긴 뿔 모양, 조종, 제후, 대신, 우뚝 솟다	

酉(225)···酋···尊···遵

790	酋	八 + 酉 여덟 팔　술 유	우두머리 추
		성령의 새 술(酉)에 취한 사람들(八)이 영적 우두머리(酋)다.	
		우두머리, 추장, 묵은 술, 오래된 술, 가을, 서방, 서쪽, 익다, 성숙하다, 오래되다, 이루다, 성취하다, 뛰어나다, 훌륭하다, 끝나다, 마치다, 죽이다, 모이다, 닥치다	
791	尊	酋 + 寸 우두머리 추　마디 촌	높을 존
		우두머리(酋)의 마음(寸)은 높다(尊).	
		높다, 높이다, 공경하다, 우러러보다, 중히 여기다, 소중히 생각하다, 따르다, 좇다, 향하다, 어른, 높은 사람, 술통	
792	遵	尊 + 辶 높을 존　쉬엄쉬엄갈 착	좇을 준
		인간은 높으신(尊) 하나님을 쉬엄쉬엄(辶) 좇는다(遵).	
		좇다, 따르다, 따라가다, 거느리다, 지키다, 높이다, 공경하다,	

793	夾	大 + 人人 큰 대 사람 인	낄 협
		두 죄인(人人) 사이에 예수님(大)이 끼셨다(夾).	
		끼다, 좁다, 가깝다, 겸하다, 부축하다, 좌우에서 돕다, 곁, 손잡이, 칼자루	

794	夷	大 + 弓 큰 대 활 궁	오랑캐 이
		예수님(大)이 활(弓)처럼 구부정한 사탄을 멸하셨다(夷).	
		오랑캐, 동방종족, 잘못, 상하다, 죽이다, 멸하다, 평평하다, 평탄하다, 깎다, 온화하다, 안온하다, 기뻐하다, 크다	

795	奈	大 + 示 큰 대 보일 시	어찌 내
		크신(大) 하나님(示)이 탄식하시며 "어찌(奈)하리오."	
		어찌, 능금나무, 대처하다, 대응하다, 견디어내다, 지옥, 나락	

796	奔	大 + 卉 큰 대 풀 훼	달릴 분
		크신(大) 하나님 앞에서 풀(卉)같은 인간이 달아났다(奔).	
		달리다, 급히 가다, 빠르다, 향해 가다, 급히 향해 가다, 달아나다, 도망쳐 내닫다, 패주하다, 도망가다, 예를 갖추지 않고 혼인하다, 야합하다, 공서하다, 빨리, 유성	

		大 + 可 큰 대 옳을 가	기이할 기 의지할 의
797	**奇**	크고(大) 옳으신(可) 예수님은 기이하시다(奇).	
		기특하다, 기이하다, 새롭다, 뛰어나다, 기수, 남은 수, 짝, 심히, 의지하다	
		宀 + 奇 집 면 기이할 기	부칠 기
798	**寄**	생명의 집(宀)이 기이한(奇) 예수님께 부쳐(寄) 있다.	
		부치다, 보내다, 이르다, 맡기다, 의지하다, 붙여 살다, 빌리다, 위임, 부탁, 임무	
		大 + 隹 + 田 큰 대 새 추 밭 전	힘쓸 분
799	**奮**	새(隹)같은 예수님(大)이 에덴동산(田)을 조성하려고 힘쓰셨다(奮).	
		떨치다, 명성을 널리 드날리다, 휘두르다, 힘쓰다, 성내다, 분격하다, 흔들리다, 움직이다	
		大 + 隹 + 寸 큰 대 새 추 마디 촌	빼앗을 탈
800	**奪**	새(隹)같은 예수님(大)이 인간의 마음(寸)을 빼앗으셨다(奪).	
		빼앗다, 약탈하다, 빼앗기다, 잃다, 없어지다, 관직을 삭탈하다, 징수하다, 좁은 길	

801	莫	++ + 日 + 大 풀 초　가로왈　큰 대	없을 막 저물 모, 덮을 멱
		예수님(大)이 말씀(曰)으로 풀(++)같은 인간의 죄를 없애셨다(莫).	
		없다, 말다, ~하지 말라, 불가하다, 꾀하다, 편안하다, 안정되다, 조용하다, 드넓다, 아득하다, 장막, 저물다, 어둡다, 나물	

802	墓	莫 + 土 덮을 멱　흙 토	무덤 묘
		흙(土)으로 덮은(莫) 것이 무덤(墓)이다.	
		무덤, 묘지, 장사지내다	

803	奧	丶 + 冂 + 釆 + 大 불똥 주　멀 경　분별할 변　큰 대	속 오 깊을 오
		피(丶)로 덮어(冂) 분별하시는(釆) 예수님(大)은 속이 깊으시다(奧).	
		깊다, 깊숙하다, 그윽하다, 흐려지다, 흐리다, 쌓다, 속, 깊숙한 안쪽, 구석, 아랫목, 나라의 안, 따뜻하다, 덮다, 절이다	

804	卷	八 + 大 + 一 + 已(㔾) 여덟 팔　큰 대　한 일　병부 절	책 권 말 권
		크신(大) 하나님(一)이 인간들(八)에게 구원의 표(㔾)로 주신 것이 성경 책(卷)이다.	
		책, 공문서, 시험지, 두루마리, 주먹, 풀이름, 말다, 접다, 돌돌 감아 싸다, 굽다, 굽히다, 끊어지다, 거두다, 단절하다, 정성스럽다, 친절하다, 아름답다, 곤룡포	

805	奐	勹변형 + 罒 + 大 쌀 포　그물 망　큰 대	빛날 환
		죄의 그물(罒)에 싸인(勹) 인간에게 예수님(大)은 빛난다(奐).	
		빛나다, 선명하다, 성대하다, 한가하다, 한가롭다, 빛나는 모양, 성대한 모양, 흩어지는 모양	

犬(236)···哭···器···突

806	哭	口口 + 犬 입구 개견	울 곡
		개(犬) 취급당하는 예수님을 보고 사람들(口口)이 울었다(哭).	
		울다, 곡하다, 노래하다, 사람의 죽음을 슬퍼하여 우는 예	
807	器	哭 + 口口 울곡 입구	그릇 기
		예수님 때문에 우는(哭) 사람들(口口)은 하나님의 그릇(器)이다.	
		그릇, 접시, 도구, (생물체의)기관, 그릇으로 쓰다, 그릇으로 여기다, 존중하다	
808	突	穴 + 犬 굴혈 큰대	갑자기 돌
		개(犬)취급 받은 예수님이 굴(穴)에서 갑자기(突) 살아나셨다.	
		갑자기, 갑작스럽다, 내밀다, 쑥 나오다, 부딪치다, 구멍을 파서 뚫다, 굴뚝, 대머리, 사나운 말	

夭(237)···吞···忝···喬

809	吞	夭 + 口 어릴요 입구	삼킬 탄
		죄인들은 젊은(夭) 예수님의 말씀(口)을 경시하여 삼켜버렸다(吞).	
		삼키다, 싸다, 감추다, 경시하다, 안중에 두지 아니하다	
810	忝	夭 + 小(心) 어릴요 마음심	욕될 첨
		어린(夭) 마음(小)은 욕되다(忝).	
		더럽히다, 욕보이다, 욕되게 하다 황송하다, 욕, 수치, 겸손의 말	
811	喬	夭 + 口 + 冂 + 口 어릴요 입구 멀경 입구	높을 교
		인간(口)의 죄를 덮으려고 (冂) 어린(夭) 아기로 오신 말씀(口)의 예수님은 높으시다(喬).	
		높다, (높이)솟다, 뛰어나다, 교만하다, 교활하다, 악랄하다, (마음이)평온하지 못하다, 창 갈고리, 위쪽으로 굽은 가지 cf. 말씀(口)을 덮고(冂) 삼키는(吞) 사탄은 교만한다(喬).	

矢(239)…知…矣

812 知	矢 + 口 화살 시 입 구	알 지
	화살(矢)같은 하나님의 말씀(口)은 참된 앎(知)이다.	
	알다, 알게 하다, 나타내다, 드러내다, 맡다, 주재하다, 주관하다, 대접하다, 사귀다, (병이)낫다, 친한 친구, 짝, 배우자, 대접, 지식, 앎, 지사, 어조사	

813 矣	厶 + 矢 나 사 화살 시	어조사 의
	하나님이 내(厶)게 화살(矢)처럼 곧게 말씀하시~도다!(矣)	
	어조사, ~었다, ~리라, ~이다, ~뿐이다, ~도다!, ~느냐?, ~여라	

夫(240)…替

814 替	夫 + 夫 + 曰 지아비 부 지아비 부 가로 왈	바꿀 체 참람할 참
	지아비(夫)와 지아비(夫)를 말(曰)로서 바꾸는 행위는 참람하다(替).	
	바꾸다, 쇠하다, 쇠퇴하다, 폐하다, 폐기하다, 멸망하다, 정지하다, 참람하다	

夬(242)…吳

815 吳	丨 + 口 + 夬 뚫을 곤 입 구 터놓을 쾌	큰소리칠 오 성씨 오
	사람들이 입(口)을 터서(夬) 진리(丨)로 큰소리치다(吳).	
	성의 하나, 땅의 이름, 나라의 이름, 큰소리치다, 떠들썩하다, 지껄이다, 큰소리, 큰 입	

今(248)···含···貪···念

816 含	今 + 口 이제 금 입 구	머금을 함
	인간이 지금(今) 하나님 말씀(口)을 머금다(含).	
	머금다, 품다, 참다, 견디어내다, 싸다, 담다, 넣다, 싸서 가지다, 초목이 꽃을 피우다, 무궁주(염할 때 죽은 사람의 입 속에 넣는 깨알처럼 작고 까만 구슬)	
817 貪	今 + 貝 이제 금 조개 패	탐낼 탐
	인간의 마음은 돈(貝)만 보면 바로(今) 탐낸다(貪).	
	탐내다, 탐하다, 바라다, 희망하다, 자초하다, 탐, 탐욕	
818 念	今 + 心 이제 금 마음 심	생각 념
	지금(今) 마음(心)에 일어나는 것이 생각(念)이다.	
	생각, 스물, 이십, 잠깐, 극히 짧은 시간, 생각하다, (마음에)두다, 기억하다, 외우다, 읊다, 암송하다, 삼가다, 가엾게 여기다, 불쌍히 여기다, 어여삐 여기다, 귀여워하다	

819 倉	合 + 戶 합할 합 집 호	창고 창
	물건을 합쳐(合) 보관하는 집(戶)이 창고(倉)다.	
	곳집, 창고, 옥사, 선창, 바다, 푸른색, 꾀꼬리, 당황하다, 푸르다, 슬프다, 갑자기	

820 會	合 + ˮ(小) + 曰 합할 합 작을 소 가로 왈	모일 회
	예수님(ˮ)의 말씀(曰)과 합할(合) 때 인간이 모인다(會).	
	모이다, 만나다, 맞다, 능숙하다, 잘하다, 이해하다, 깨닫다, 통계를 내다, 반드시 ~해야 한다, ~할 가능성이 있다, 집회, 회합, 계, 모임, 기회, 시기, 잠깐 동안, 회계, 대도시, 때마침	

821 龠	合 + 口口 + 冊 합할 합 입 구 책 책	피리 약
	성경 책(冊)과 합한(合) 인간들(口口)은 복음의 피리(龠)다.	
	피리, 작(분량의 단위의 하나, 한 홉의 십분의 일)	

822 兪	亼 + 月 + 巜 모일 집 육달 월 큰도랑 괴	대답할 유
	심판(巜) 앞에 모인(亼) 인간(月)이 하나님께 대답하다(兪).	
	대답하다, 응답하다, 보답하다, 그러하다, 수긍하다, 지나가다, 편안하다, 병이 낫다, 더욱, 성(姓)의 하나, 나라 이름(수), CF. 兪의 속자 = 俞 / 巜=刂(刀=칼, 심판)	

火(257)···灰···炭

823	灰	ナ(十변형) + 火 한 일 삐침별 불 화	재 회
		불(火)로 심판(十)한 세상은 재(灰)가 된다.	
		재, 석회, 먼지, 잿빛, 회색, 재로 만들다, 실망하다, 낙심하다, 의기소침하다, 맥이 탁 풀리다	
824	炭	山 + 灰 메 산 재 회	숯 탄
		산(山)에서 타다 남은 재(灰)가 숯(炭)이다.	
		숯, 목탄, 숯불, 석탄, 재, 탄소, 먹물	

炊(259)···榮···營···螢···勞

825	榮	炊 + 冖 + 木 불꽃 개 덮을 멱 나무 목	영화 영 꽃 영
		십자가(木)로 덮여(冖) 불꽃(炊)처럼 빛나는 인간은 영화롭다(榮).	
		영화, 영예, 영광, 명예, 피, 혈액, 꽃, 영광스럽다, 영애롭다, 성하다, 무성하다, 싱싱하다, 피다, 나타나다	
826	營	炊 + 冖 + 呂 불꽃 개 덮을 멱 법칙 려	경영할 영
		은혜로 덮여(冖) 불꽃(炊)처럼 빛나는 인간이 세상을 법(呂)으로 경영한다(營).	
		경영하다, 짓다, 꾀하다, 계획하다, 두려워하다, 변명하다, 오락가락하다, 재다, 현혹하다, 갈다, 고을 이름, 별 이름, 진영, 주택	
827	螢	炊 + 冖 + 虫 불꽃 개 덮을 멱 벌레 충	반딧불이 형
		불꽃(炊)으로 덮여(冖) 빛나는 벌레(虫)가 반딧불이(螢)다.	
		반딧불이, 개똥벌레	
828	勞	炊 + 冖 + 力 불꽃 개 덮을 멱 법칙 려	일할 로(노)
		하나님이 죄인을 덮어(冖) 불꽃(炊)처럼 빛나게 하려고 힘써(力) 일하셨다(勞).	
		일하다, 힘들이다, 애쓰다, 지치다, 고달프다, 고단하다, 괴로워하다, 근심하다, 수고롭다, 위로하다, 치사하다, 수고, 노고, 공로, 공적	

氏(262)···昏···民···畏···長···喪···罘···還

829	昏	氏 + 日 각시 씨 날 일 생명의 씨(氏)이신 예수님이 찾아오신 날(日)은 저물(昏) 때다. (날이)어둡다, 희미하다, 날이 저물다, 일찍 죽다, 요절하다 장가들다, (눈이)흐리다, 어리석다, 현혹되다, 미혹되다, 혼란하다, 경멸하다, 해질녘, 문지기, 힘쓰다, 애쓰다	저물 혼 힘쓸 민

830	民	冖 + 氏 덮을 멱 각시 씨 생명의 씨(氏)로 덮인(冖) 사람들이 하나님의 백성(民)이다. 백성, 사람, 직업인, 나(자신)	백성 민

831	畏	田 + 氏 밭 전 성씨 에덴동산(田)에서 생명의 씨(氏) 되신 인자를 죄인들이 두려워했다(畏). 두려워하다, 경외하다, 꺼리다, 심복하다, 조심하다, 으르다, 위협하다, 죽다, 두려움	두려워할 외

832	長	ㅣ + 三 + 氏 뚫을 곤 석 삼 성씨 진리(ㅣ)이신 삼(三)위일체 하나님의 씨(氏)가 있는 사람이 어른(長)이다. 길다, 낫다, 나아가다, 자라다, 맏, 어른, 길이, 우두머리, 처음, 늘, 항상 cf. 镸(긴 장, 어른 장)	어른 장 긴 장

833	喪	十 + 口口 + 氏 열 십 입 구 성씨 생명의 씨(氏)이신 예수님이 인간들(口口) 사이에서 십자가(十)에 죽으셨다(喪). 잃다, 잃어버리다, 상복을 입다, 죽다, 상제노릇을 하다, 망하다, 도망하다, 달아나다, 잊어버리다, 허비하다, 초상, 시체, 재해, 상복	죽을 상

834	罘	罒 + 一 + 口 + 伇 그물 망 한 일 입 구 성씨 씨 죄의 그물(罒)에 갇힌 인간이 하나님(一) 말씀(口)대로 생명의 씨(氏)가 되어 오신 예수님을 놀라서 보았다(罘). 놀라서 보다, 놀란 눈으로 보다, 근심하다, 외롭다	놀라서 볼 경

835	還	辶 + 罘 쉬엄쉬엄갈 착 놀라서 볼 경 죄인이 하나님의 구원을 놀라서 보고(罘) 걸어(辶) 돌아왔다(還). 돌아오다, 돌아보다, 돌려보내다, 물러나다, (눈동자를)굴리다, 갚다, 빠르다, 다시, 또, 도리어, 물이 돌며 흐르다, 회전하다, 원을 그리다	돌아올 환

836	辰	厂 + 一 + 氏 기슭엄 한일 성씨 씨	별 진 때 신
		하나님(一)이 구원의 씨(氏)로 오실 때, 마굿간(厂)에 비춘 것이 별(辰)이다.	
		별 이름, 수성, 별 총칭, 다섯째지지, 때, 시각, 시대, 기회, 아침, 새벽, 날, 하루, 택일, 해, 달, 별의	

837	晨	日 + 辰 해 일 별 진	새벽 신
		뜨는 해(日)와 지는 별(辰)이 함께 있을 때가 새벽(晨)이다.	
		새벽, 때, 시일, 진시, 별 이름, 새벽을 알리다	

838	脣	辰 + 月 때 신 육달 월	입술 순 꼭 맞을 민
		사랑할 때(辰), 맞춤하는 몸(月)이 입술(脣)이다.	
		입술, 가장자리, 둥근 물건의 둘레, 꼭 맞다	

839	辱	辰 + 寸 때 신 마디 촌	욕될 욕
		십자가에 달리실 때(辰), 사람들이 예수님 마음(寸)을 욕보였다(辱).	
		욕되다, 수치스럽다, 더럽히다, 욕되게 하다, 모욕을 당하다, 욕보이다, 무덥다, 황공하다, 거스르다, 치욕, 수치	

840	農	曲 + 辰 굽을 곡 때 신	농사 농
		때(辰)를 따라 하나님이 죄로 굽은(曲) 인간들을 농사하신다(農).	
		농사, 농부, 농가, 농사짓다, 노력하다, 힘쓰다	

衣(264)···表···哀···衷···袁···衰···褻···裏···襄

841	**表**	士 + 衣 선비 사 옷 의	겉 표

예수님(士)의 의의 옷(衣)이 구원의 표(表)다.

겉, 거죽, 바깥, 표, 모범, 규범, 푯말, 웃옷, 시계, 조짐, 징조, 용모, 거동,
우두머리, 외척, 특이한 곳, 저고리, 표하다, 입다, 입히다, 뛰어나다,
나타내다, 드러나다
cf. 주(主)의 씨(氏)로 오신 예수님이 구원의 표(表)다.

| **842** | **哀** | 衣 + 口
옷 의   입 구 | 슬플 애 |

예수님이 말씀(口)대로 의의 옷(衣)이 되어 죽으시니
슬프다(哀).

가엾다, 불쌍히 여기다, 사랑하다, 슬퍼하다, 민망히 여기다, 슬픔, 상중,
애처로이
cf. 하나님(ㅗ) 말씀(口)의 씨(氏)가 되려고 예수님이 죽으시니 슬프다(哀).

| **843** | **衷** | 中 + 衣
가운데 중 옷 의 | 속마음 충 |

의의 옷(衣)이 되는 것이 예수님의 중심(中) 속마음(衷)이다.

속마음, 참마음, 속옷, 정성, 가운데, 중앙, 정성스럽다, 착하다, 알맞다,
타협하다, 바르다, 감추다, 텅 비다
cf. 슬퍼하시는(哀) 것이 진리(ㅣ)이신 하나님의 속마음(衷)이다.

| **844** | **袁** | 一 + 口 + 衣
한 일 입 구 옷 의 | 옷길 원
성씨 원 |

하나님(一)의 말씀(口)으로 지어진 의의 옷(衣)은 길다(袁).

성의 하나, (옷이)치렁치렁한 모양, (옷이)길다
cf. 말씀(口)의 씨(氏)인 인자(士)의 옷은 길다(袁).

| **845** | **衰** | 衣 + 丑
옷 의   소 축 | 쇠할 쇠 |

예수님이 지은 의의 옷(衣) 때문에 구약의 소(丑) 제물은
쇠하게(衰) 되었다.

쇠하다, 약하다, 상복, 줄다, 줄이다, 도롱이
cf. 인간 때문에 슬퍼(哀) 하나님(一)의 마음이 쇠해졌다(衰).

846	褱	衣 + 罪(변형) 옷 의 허물 죄	가릴 회
		인간이 옷(衣)으로 허물(罪)을 가렸다(褱).	
		품다, 임신하다, 생각하다, 둘러싸다, 따르다, 위로하다, 보내다, 길들이다, 편안하다, 이르다, 마음, 생각, 기분	

847	裏	衣 + 里 옷 의 마을 리	속 이(리)
		의의 옷(衣)은 마을(里)을 이룬 사람들 속(裏)에 입는다.	
		속, 내부, 가운데, (사물의)안쪽, 뱃속, 가슴속, 속마음, 충심(마음속에서 우러나는 참된 마음), 태, 모태, 곳, 장소, 다스려지다, 안에 받아들이다	

848	襄	衣 + 口口 + 井 옷 의 입 구 우물 정	도울 양
		하나님의 법도(井)인 의의 옷(衣)으로 인간들(口口)을 도우셨다(襄).	
		돕다, 오르다, 이루다, 높다, 옮기다, 치우다, 탈 것 cf. 井 - 우물, 저자, 마을, 조리(條理), 법도, (왕후의)무덤, 반듯하다	

849	集	隹 + 木 새 추 나무 목	모일 집
		사람들은 예수님(隹)의 십자가(木)로 모인다(集).	
		모으다, 모이다, 편안히 하다, 이르다, 도달하다, 가지런하다, 이루다	
850	隻	隹 + 又 새 추 또 우	홀로 척 외짝 척
		예수님(隹)이 용서하시는(又) 일을 홀로(隻) 행하셨다.	
		외짝, 하나, 새 한 마리, 척(배를 세는 단위), 쪽, 짝, 단독의, 단일의, 단 하나의	
851	崔	山 + 隹 뫼 산 새 추	높을 최
		산(山)에 계신 예수님(隹)은 높으시다(崔).	
		성의 하나, 움직이는 모양, 높다, 높고 크다, 뒤섞이다, 헛되이 보내다	
852	雇	戶 + 隹 집 호 새 추	품팔 고
		생명의 집(戶)을 위해 예수님(隹)이 십자가에 품을 파셨다(雇).	
		품을 팔다, 품을 사다, 고용하다, 빌리다, 세내다, 뻐꾸기	
853	雚	++ + 口口 + 隹 풀 초 입 구 새 추	황새 관
		풀(++) 같은 인간들(口口)을 구원하신 예수님(隹)은 고고한 황새(雚)같다.	
		황새, 박주가리, 물억새	
854	雙	隹(+隹) + 又 새 추 또 우	두 쌍 쌍 쌍
		새(隹) 옆에 또(又) 새(隹)가 있으니 한 쌍(雙)이다.	
		두, 둘, 한 쌍, 짝수, 밭의 면적, 돛, 견주다, 비견하다, 서로 짝짓다, 짝이 되다	

云(267)···育···棄

855	育	云 + 月 이를 운 육달 월	기를 육
		하나님이 말씀으로(云) 인간(月)을 기르신다(育).	
		기르다, 자라다, 어리다, 낳다	

856	棄	云 + 廿 + 木 이를 운 스물 입 나무 목	버릴 기
		하나님이 이르신(云) 생명 나무(木)를 인간들(廿)이 버렸다(棄).	
		버리다, 그만두다, 돌보지 않다, 꺼리어 멀리하다, 물리치다, 잊다	

玄(271)···畜···率

857	畜	玄 + 田 검을 현 밭 전	쌓을 축 짐승 축 / 기를 휵
		심오한 하늘(玄) 하나님이 에덴동산(田) 생명을 기르셨다(畜).	
		짐승, 가축, 개간한 밭, 비축, 쌓다, 모으다, 쌓이다, 모이다, 간직하다, 소장하다, 제지하다, 말리다, 기르다, 양육하다, 먹이다, 치다, 아끼다, 사랑하다, 효도하다 cf. 하나님(亠)이 작아지셔서(幺) 에덴동산(田) 생명을 기르셨다(畜).	

858	率	亠 + 幺 + 灬변형 + 十 머리 두 작을 요 불 화 열 십	거느릴 솔 비율 률(율)
		심오한 하늘(玄) 하나님이 십자가(十)로 생명들(灬)을 살려 거느리셨다(率).	
		거느리다, 좇다, 따르다, 소탈하다, 꾸밈없다, 경솔하다, 가볍다, 거칠다, 대강, 대략, 비율, 제한, 우두머리, 장수 cf. 하나님(亠)이 작아지셔서(幺) 십자가(十)를 지심으로 생명들(灬)을 거느리셨다(率).	

勿(305)…忽…豕…家…象

859	忽	勿 + 心 말 물 마음 심	소홀히 할 홀 갑자기 홀
		인간이 마음(心)에 하나님 두기를 그쳐(勿) 소홀히(忽) 하다.	
		갑자기, 돌연히, 문득, 느닷없이, 잊다, 마음에 두지 않다, 소홀히 하다, 경시하다, 다하다, 멸하다, 망하다, 어지럽다, 작은 수의 단위, 어두운 모양, 형체가 없는 모양, 북해를 맡아 다스리는 제왕	
860	豕	一 + 勿 + 匕 한 일 말 물 비수 비	돼지 시
		하나님(一)이 성령의 검(匕)으로 죄를 없앤(勿) 자가 번성하다(豕).	
		돼지, 번성하다	
861	家	宀 + 豕 집 면 돼지 시	집 가
		생명의 집(宀)은 번성하는(豕) 집(家)이다.	
		집, 가족, 집안, 문벌, 지체, 조정, 도성, 전문가, 정통한 사람, 학자, 학파, 남편, 아내, 살림살이, 여자	
862	象	勹(勹변형) + 丶 + 冖 + 豕 쌀 표 불똥 주 덮을 멱 돼지 시	코끼리 상
		예수님의 피(丶)로 싸고(勹) 덮어서(冖) 번성케(勿) 하는 것이 하나님의 형상(象)이다.	
		코끼리, 모양, 형상, 법, 징후, 도리, 상징하다, 유추하다, 본뜨다, 그리다, 표현하다, 본받다, 따르다, 같다, 비슷하다 cf. 사람 중심(中)을 찌르고(匕) 싸서(勹) 죄를 없이(勿) 한 것이 하나님의 형상(象)이다.	

死(320)…葬

863	葬	++ + 死 + 廾 풀 초 죽을 사 받들 공	장사지낼 장
		인간들(++)이 죽으면(死) 받들어(廾) 장사지낸다(葬).	
		장사지내다, 매장하다, 장사(葬事)	

夗(321)⋯祭⋯察

864	祭	夗(夕+巳) + 示 누워뒹굴 원 보일 시	제사 제
		누워 뒹굴며(夗) 회개하는 제사가 하나님(示)이 받으시는 제사(祭)다.	
		제사, 제사를 지내다, 서로 접하다, 사귀다, 미루어 헤아리다, 갚다, 보답하다, 나라 이름, 땅 이름	
865	察	宀 + 祭 집 면 제사 제	살필 찰
		하나님의 집(宀)에서 제사하는(夗) 자를 하나님이 살피신다(察).	
		살피다, 알다, 살펴서 알다, 상고하다, 자세하다, 밝고 자세하다, 조사하다, 생각하여 보다, 드러나다, 널리 알려지다, 깨끗하다, 결백하다, 밀다, 천거하다	

舛(323)⋯桀⋯舜

866	桀	舛 + 木 어그러질 천 나무 목	훼 걸
		십자가(木) 위에서 어그러진(舛) 예수님은 닭의 훼처럼 뛰어나시다(桀).	
		홰, 닭의 홰, 준걸, 뛰어난 인재, 하왕이 이름, 걸왕, 특출하다, 뛰어나다, 용감하다, 씩씩하다, 흉포하다, 흉악하다, 교활하다, 들다, 들어 올리다	
867	舜	爫 + 冖 + 舛 손톱 조 덮을 멱 어그러질 천	순임금 순
		죄로 어그러진(舛) 인간을 은혜로 덮는(冖) 삼위일체 하나님(爫)은 순임금처럼 뛰어나시다(舜).	
		순임금(중국 태고의 천자), 무궁화, 나팔꽃, 뛰어나다	

巾(324)⋯帶

868	帶	世변형 + ㄴ + 冖 + 巾 세상 세 숨을 은 덮을 멱 수건 건	띠 대
		영(ㄴ)으로 세상(世)을 수건(巾)처럼 덮은(冖) 것이 뱀의 띠(帶)다.	
		띠, 뱀, 근처, 지구 표면을 구분한 이름, 띠를 두르다, 장식하다, 꾸미다, 두르다, 차다, 데리고 있다, 데리고 나가다, 붙어 다니다	

布(327)…希

869	希	乂 + 布 벨 예 베풀 포	바랄 희
		하나님은 죄를 베어내고(乂) 은혜 베푸실(布) 것을 바라신다(希).	
		바라다, 동경하다, 희망하다, 사모하다, 앙모하다, 드물다, 성기다, 적다, 칡베	

冊(330)…典…侖

870	典	冊 + 一 + 八 책 책 한 일 여덟 팔	법 전
		인간들(八)을 구원하려고 하나님(一)이 주신 책(冊)이 법(典=성경)이다.	
		법, 법전, 경전, 책, 서적, 벼슬, 예, 의식, 고사, 저당잡히다, 맡다, 단아하다, 종사하다	
871	侖	人 + 一 + 冊 사람 인 한 일 책 책	생각할 륜 둥글 륜(윤)
		인간(人)은 하나님(一)의 책(冊)을 생각한다(侖).	
		생각하다, 펴다, 조리를 세우다, 반성하다, 빠지다, 올락하다, 둥글다, 조리, 차례	

冉(335)…再…冓

872	再	一 + 冉 한 일 나아갈 염	거듭 재 두 재
		죄인은 하나님(一)께 나아가(冉) 은혜받기를 거듭한다(再).	
		두, 두 번, 재차, 거듭, 다시 한 번, 두 번하다, 거듭하다	
873	冓	井 + 再 우물 정 거듭 재	짤 구
		하나님이 법도(井)로 하나님의 형상을 거듭(再) 짜신다(冓).	
		짜다, (재목을 어긋매끼어)쌓다, 방(궁중에서 여관들이 거처하는 곳), 수의 단위 * 井(우물 정) - 조리, 법도, 반듯하다, 마을	

冎(340)···過

874	過	辶 + 冎 + 口 쉬엄쉬엄갈 착 뼈발라낼 과 입 구	지날 과 재앙 화
		말씀대로(口) 뼈를 발라(冎) 제사해 온(辶) 것이 재앙(過)을 지나게 했다.	
		예전, 지나다, (지나는 길에)들르다, 경과하다, 왕래하다, 교제하다, 초과하다, 지나치다, (분수에)넘치다, 넘다, 나무라다, 보다, 돌이켜 보다, 옮기다, 허물, 잘못, 재앙	

甬(343)···通···痛

875	通	辶 + 甬 쉬엄쉬엄갈 착 길 용	통할 통
		십자가의 길(甬)을 가면(辶) 하나님께로 통한다(通).	
		통하다, 내왕하다, 알리다, 알다, 정을 통하다, 통(편지 따위를 세는 단위)	
876	痛	疒 + 甬 병들어기댈 녁 길 용	아플 통
		길(甬)을 가는 사람이 병들어 기대면(疒) 아프기(痛) 때문이다.	
		(몸이)아프다, 아파하다, 애석히 여기다, 번민하다, 고민하다, 슬퍼하다, 슬프다, 간절하다, 사무치다, 괴롭히다, 원망하다, 높고 험하다, (힘을)다하다, 아픔, 고통, 원망, 원한, 몹시, 매우	

甫(345)···尃

877	尃	甫 + 寸 클 보 마디 촌	펼 부
		예수님의 마음(寸)이 세상에 크게(甫) 펼쳐지다(尃).	
		펴다, 깔다, 퍼지다, 두루 알리다	

878	背	北 + 月 달아날 배 육달 월	등 배 **배반할 배**
		인간(月)이 하나님을 등지고(北) 배반했다(背).	
		등, 뒤, 집의 북쪽, 간괘, 배자(부녀자들이 저고리 위에 덧입은 옷), 햇무리, 등지다, 등 뒤에 두다, 배반하다, 물러나다, 달아나다, 죽다, 외우다, 암송하다	

879	乖	千(丿+十) + 北 일천 천 달아날 배	**어그러질 괴**
		수많은(千) 사람이 성령과 십자가에서 달아나(北) 어그러졌다(乖).	
		어그러지다, 어긋나다, 거스르다, 끊어지다, 단절하다, 다르다, 차이가 있다, 비정상이다, 비뚤어지다, 떠나다, 이별하다, 약다, 얌전하다, 말을 잘 듣다, 착하다, 영리하다, 기민하다, 똑똑하다	

880	乘	乖 + 人 어그러질 괴 사람 인	**탈 승**
		어그러지기(乖) 위해 인자(人)께서 생명나무에 오르셨다(乘).	
		타다, 오르다, 헤아리다, 이기다, 업신여기다, 꾀하다, 다스리다, 곱하다, 수레, 넷(셋에 하나 더한 수), 기수사(수량을 셀 때 쓰는 수사), 사기(책 이름) cf. 달아난(北) 인간 때문에 예수님이 생명나무(禾)에 오르셨다(乘).	

881	垂	乖변형 + 一 어그러질 괴 한 일	**드리울 수**
		하나님(一)이 어그러진(乖) 인간에게 은혜를 드리우셨다(垂).	
		드리우다, 기울다, 쏟다, 베풀다, 전하다, (후세에)물려주다, 가장자리, 변두리, 변방, 국경지대, 항아리, 사람 이름, 거의	

非(349)…輩…罪

882	輩	非 + 車 아닐 비 수레 거	무리 배
		하나님을 비방하던(非) 자들이 수레(車)로 무리(輩) 짓다.	
		무리, 줄(수레의 행렬), 순서, 친족 간의 서열, 항렬, 대, 세대, 짝, 떼지다, 비교하다, 견주다, 주다	

883	罪	罒 + 非 그물 망 아닐 비	허물 죄
		사탄의 그물(罒)에 갇혀 하나님을 비방하는(非) 게 죄(罪)다.	
		허물, 죄, 잘못, 과실, 죄인, 재앙, 온갖 불행한 일, 그물, (허물을)탓하다, 떠넘기다, 죄를 주다	

或(355)…惑

884	惑	或 + 心 혹 혹 마음 심	미혹할 혹
		사탄이 혹(或)하는 마음(心)을 갖도록 미혹했다(惑).	
		미혹하다, 현혹시키다, 의심하다, 의아스럽게 여기다, 번뇌	

戉(356)…戚

885	戚	戉 + 尗 창 모 아저씨 숙	근심할 척/친척 척 재촉할 촉
		예수님이 젊어서(尗) 창(戉)에 찔리니 슬프다(戚).	
		친척, 일가, 겨레, 도끼, 두꺼비, 악기 이름, 가깝다, 친하다, 근심하다, 염려하다, 슬퍼하다, 성내다, 두려워하다, 무서워하다, 괴롭히다, 재촉하다, 조급하다, 긴박하다, 곤궁하다, 빠르다 cf. 尗(아저씨 숙) : 아저씨, 아재비, 시동생, 끝, 말세, 콩, 젊다, 나이가 어리다, 흩어져 있는 것을 줍다 cf. 예수님을 죄의 창(戉)으로 찌른 사람은 말세(尗)에 근심한다(戚).	

戍(357)…幾…蔑

		幺 + 幺 + 戍 어릴 요 어릴 요 지킬 수	몇 기 기미 기
886	幾	어리고(幺) 어린(幺) 예수님을 지키려고(戍) 하나님이 아버지 요셉에게 보인 꿈이 징조(幾)다.	
		몇, 얼마, 어느 정도, 그, 거의, 어찌, 자주, 종종, 조용히, 조용하고 공손하게, 바라건대, 원하건대, 언저리, 기미, 낌새, 조짐, 징조, 기계장치, 기틀, 요령, 때, 기회, 위태하다, 가깝다, 가까워지다, 살피다, 원하다, 시작하다, 다하다, 끝나다	

		++ + 罒 + 戍 풀 초 그물 망 지킬 수	업신여길 멸
887	蔑	말씀을 지켜야(戍) 할 인간들(++)이 죄의 그물(罒)에 갇혀 하나님을 업신여겼다(蔑).	
		업신여기다, 욕되게 하다, 모독하다, 더럽히다, 멸하다, 코피를 흘리다, 깎다, 버리다, 없다, 잘다, 속이다, (사리에)어둡다, 더러운 피	

戌(358)…威…歲

		戌 + 女 개 술 여자 여	위엄 위
888	威	여자(女)가 죄로 찔러 개(戌)처럼 취급한 하나님은 위엄(威) 있으시다.	
		위엄, 권위, 세력, 힘, 권세, 두려움, 거동, 공덕, 법칙, 형벌, 시어머니, 쥐며느리, 존엄하다, 진동하다, 떨치다, 두려워하다, 구박하다, 해치다, 으르다, 협박하다, 험하다, 가파르다	

		止 + 戌 + 小 그칠 지 개 술 작을 소	해 세
889	歲	죄를 그치려는(止) 예수님(小)을 개(戌) 취급해 인생이 얻은 게 해(歲)다.	
		해, 나이, 세월, 새해, 일생, 한평생, 결실, 수확, 목성, 제사 이름	

咸(360)···感

	感	咸 + 心 다 함 마음 심	느낄 감
890		마음(心)을 다(咸)하면 하나님 마음이 느껴진다(感).	
		느끼다, 감응하다, 느낌이 통하다, 감동하다, 마음이 움직이다, 고맙게 여기다, 은혜를 새겨두다, 깨닫다, 생각하다, 한하다, 원한을 품다, 움직이다, 흔들다, 닿다, 부딪치다, 감동, 감응, 느낌	

弗(367)···費

	費	弗 + 貝 아닐 불 조개 패	쓸 비
891		재물(貝)을 떨어버리는(弗) 것이 소비다(費).	
		쓰다, 소비하다, 소모하다, 손상하다, 해치다, 닳다, 널리 쓰이다, 빛나다, 비용, 용도, 재화, 보배로운 재물, 쓸데없는 말을 지껄이는 일, 빛나는 모양 cf. 弗(아닐 불) : 아니다, 말다, 근심하다, 걱정하다, 다스리다, 어긋나다, 떨다, 떨어버리다, 빠른 모양, 달러	

巴(370)···邑

	邑	口 + 巴 입 구 바랄 파	고을 읍 아첨할 압
892		뱀의 말(口) 꼬리(巴)에 넘어간 사람들이 모인 곳이 고을(邑)이다.	
		고을, 마을, 도읍, 도성, 나라, 영지, 읍(행정 구역 단위), 우울한 모양, (도읍을)닦다, 영유하다, 근심하다, 아첨하다, 영합하다	

日(376)…昌…晶…易…曷…昇…曼…冥

893	昌	日 + 日 가로 왈 가로 왈	창성할 창
		말씀(日)의 하나님이 말씀하시니(日) 만물이 창성해졌다(昌).	
		창성하다, 흥성하다, 번성하다, 아름답다, 곱다, 착하다, 선량하다, 방종하다, 어지럽히다, 외치다, 주창하다, 성한 모양, 기쁨, 경사, 예쁜 모양, 훌륭한 말, 물건, 사물, 창포	

894	晶	日 + 日 + 日 가로 왈 가로 왈 가로 왈	맑을 정
		삼위일체 말씀(日日日)의 하나님은 맑으시다(晶).	
		맑다, 깨끗하다, 밝다, 빛나다, 수정, 결정	

895	易	日 + 勿 가로 왈 말 물	바꿀 역 쉬울 이
		하나님 말씀(日)에 순종하면 죄를 그치기(勿) 쉽다(易).	
		바꾸다, 고치다, 교환하다, 무역하다, 전파하다, 번지어 퍼지다, 바뀌다, 새로워지다, 다르다, 어기다, 배반하다, 주역, 역학, 만상의 변화, 국경, 겨드랑이, 쉽다, 편안하다, 평온하다, 경시하다, 다스리다	

896	曷	日 + 匃 가로 왈 빌 개	어찌 갈
		말씀(日)의 하나님께 빌(匃) 때 하는 말 "~어찌하여(曷)"	
		어찌, 어찌하여, 언제, 어느 때에, 누가, 누군가, 전갈, 어찌~하지 아니하냐?, 막다, 그치다, 해치다, 상하게 하다, 할단새(꿩과의 새)	

897	昇	日 + 升 가로 왈 오를 승	오를 승
		오른다는(升) 말씀대로(日) 예수님이 하늘에 오르셨다(昇).	
		(해가)오르다, (높은 곳에)오르다, (지위가)오르다, (벼슬을)올리다, (임금이)죽다	

		曰 + 罒 + 又	길게 끌 **만**
		가로 왈 그물 망 또 우	
898	曼	죄의 그물(罒)에 갇힌 인간을 용서하는(又) 하나님의 말씀(曰)이 아름답다(曼).	
		길게 끌다, 길다, 멀다, (말이)아름답다, (살결이)곱다, 가볍다, 없다, 만연하다, 퍼져 자라다, 무늬 없는 비단, 흐릿한 모양	

		冖 + 曰 + 亠 + 八	어두울 **명**
		덮을 멱 가로 왈 머리 두 여덟 팔	
899	冥	하나님(亠)이 말씀(曰)으로 덮으려(冖) 인간들(八)에게 나타낸 때가 어두울(冥) 때다.	
		(날이)어둡다, 어리석다, 어리다, 그윽하다, 아득하다, (생각에)잠기다, 깊숙하다, 어둠, 밤, 저승, 하늘, 바다, 신의 이름, 명귀(저승에 산다는 귀신), (눈이)어둡다, 미혹되다	

<복음한자맵> 다음 한자맵을 눈을 감고 마음에 그리며 순서대로 쓴다.

曰(376)…卓…卓…草

		卜 + 曰 + 十	높을 **탁**
		점 복 가로 왈 열 십	
900	卓	십자가(十)로 헤아려(卜) 말씀하시는(曰) 하나님은 높으시다(卓).	
		높다, 멀다, 높이 세우다, 뛰어나다, 멈추다, 세우다, 정지하다, 탁자, 마침, 바로 그때, 홀로 cf. 卓=桌 / 十=木	

		十 + 曰 + 十	해돋을 **간**
		열 십 가로 왈 열 십	
901	卓	십자가(十) 말씀(曰)이 사방(十)으로 비취되 해 돋(卓) 듯 했다.	
		(해가 뜰 때)햇빛이 빛나는 모양	

		⧻ + 曰 + 十	풀 **초**
		풀 초 가로 왈 열 십	
902	草	십자가(十) 말씀(曰) 앞에 있는 인간들(⧻)이 풀(草)같다.	
		풀, 가친 풀, 잡초, 황야, 풀숲, 초원, 시초, 초고, 초안, 초서, 암컷, (풀을)베다, 시작하다, 창조하다, 엉성하다, 거칠다, 천하다, 미천하다	

903 艮	曰 + 化변형 가로 왈 될 화	그칠 간 은 은 / 끌 흔
	말씀(曰)이 육신이 되신(化) 예수님 때문에 죄가 그쳤다(艮).	
	괘 이름, 한계, 그치다, 멈추다, 한정하다, 어렵다, 가난하다, 머무르다, 어긋나다, 거스르다, 견고하다, 은, 끌다	

904 退	艮 + 辶 그칠 간 쉬엄쉬엄갈 착	물러날 퇴
	죄를 그치려고(艮) 오신(辶) 예수님에게서 사탄이 물러났다(退).	
	물러나다, 물리치다, 바래다, 변하다, 겸양하다, 사양하다, 떨어뜨리다, 쇠하다, 움츠리다, 줄어들다, 닿다	

905 良	﹨ + 艮 불똥 주 그칠 간	어질 량(양)
	피(﹨) 흘려 죄를 그치게(艮) 한 예수님은 어지시다(良).	
	어질다, 좋다, 훌륭하다, 아름답다, 착하다, 곧다, 길하다, 잠깐, 잠시, 진실로, 참으로, 남편	

906 食	人 + 良 사람 인 어질 량	밥 식 먹을 식
	인간(人)은 예수님의 어진(良) 모습을 먹는다(食).	
	밥, 음식, 제사, 벌이, 생활, 생계, 먹다, 먹이다, 현혹케 하다, 지우다, 먹이, 밥, 기르다, 먹이다, 양육하다, 사람 이름	

臼(377)…興…輿…與…擧…譽…學…覺

907	興	臼 + 同 + 一 + 八 허물 구 한가지 동 한 일 여덟 팔	흥할 흥
		허물진(臼) 인간들(八)이 하나님(一)께 한가지로(同) 제사하면 흥한다(興).	
		일다, 일으키다, 시작하다, 창성하다, 흥겹다, 기뻐하다, 성공하다, 등용하다, 다스리다, 징발하다, 느끼다, 유행하다, 흥취, 흥미, 취미, 혹시, 어조사, (희생의)피를 바르다, 다툴 기미, 실마리	

908	輿	臼 + 車 + 一 + 八 허물 구 수레 거 한 일 여덟 팔	수레 여 명예 예
		하나님(一)께 제사하여 구원의 수레(車)를 타는 것은 허물진(臼) 인간들(八)에게 명예(輿)다.	
		수레, 가마, 차상, (수레를 모는)하인, 노비, 땅, 수레를 만드는 사람, 기본, 정기, 싣다, 실어 나르다, 지다, 들어 올리다, 마주 들다, 많다, 명예, 영예	

909	與 (与)	臼 + 与 + 八 절구 구 줄 여 여덟 팔	줄 여 더불 여
		허물진(臼) 인간들(八)에게 예수님과 더불어(与) 생명을 주셨다(與).	
		더불다, 같이하다, 참여하다, 주다, 베풀어주다, 허락하다, 인정하다, 간여하다, 간섭하다, 돕다, 찬양하다, 기록하다, 따르다, 친하다, 의심하다, 만일, 가령, 미리, 위하여, 및, ~보다는, 어조사, 무리	

910	擧	與 + 手 줄 여 손 수	들 거
		무엇을 주기(與) 위해 손(手)으로 들다(擧).	
		들다, 일으키다, 행하다, 낱낱이 들다, 빼어 올리다, 들추어내다, 온통, 흥기하다, 선거하다, 추천하다, 제시하다, 제출하다, 거동, 행위, 모든	

911	譽	與 + 言 줄 여 말씀 언	기릴 예 명예 예
		칭찬의 말(言)을 주어(與) 상대의 명예를 기리다(譽).	
		기리다, 즐기다, 찬양하다, 칭찬하다, 바로잡다, 명예, 영예, 좋은 평판	

		臼 + 爻 + 冖 + 子 허물 구 사귈 효 덮을 멱 아들 자	배울 학
912	學	허물(臼)을 덮는(冖) 하나님의 아들(子)과 사귀는(爻) 것이 배움(學)이다.	
		배우다, 공부하다, 흉내 내다, 모방하다, 가르침, 학교, 학문, 학자, 학통, 학파, 가르치다, 고지새(되샛과의 새)	
913	覺	臼 + 爻 + 冖 + 見 허물 구 사귈 효 덮을 멱 볼 견	깨달을 각
		허물(臼)을 덮는(冖) 하나님(見)과 사귐으로써(爻) 깨닫는다(覺).	
		깨닫다, 깨우치다, 드러내다, 밝히다, 나타나다, 터득하다, 높고 크다, 곧다, 바르다, 깨달음, 선각자, 거리, 이정, 별 이름, (잠을)깨다, 견주다	

<복음한자맵> 다음 한자맵을 눈을 감고 마음에 그리며 순서대로 쓴다.

臼(377)···叟···寫

		臼 + l + 又 허물 구 뚫을 곤 또 우	어른 수
914	叟	진리(l)로 허물(臼)을 용서(又) 받은 사람이 어른(叟)이다.	
		늙은이, 어른, 쌀 씻는 소리, 움직이는 모양, 촉의 별칭	
915	寫	宀 + 臼 + 勹 + 灬 집 면 허물 구 쌀 포 불 화	베낄 사
		하나님의 집(宀)은 허물(臼) 있는 생명들(灬)을 은혜로 싸서(勹) 하나님의 모양을 본뜨는(寫) 곳이다.	
		베끼다, 본뜨다, 묘사하다, 그리다, 주조하다, 부어 만들다, 옮기다, 옮겨 놓다, 털어놓다, 토로하다, 떨어버리다, 덜어 없애다, 비추다, 비치다, 쏟다, 끌어대다, 부리다, 풀다, 새다, 새어들다	

田(378)…累…男…勇…畏…胃

916 累	田 + 糸 밭 전 실 사		여러 루 자주 루
	에덴동산(田)에 있는 적은(糸) 사람들이 자주(累) 벌거벗었다.		
	여러, 자주, 묶다, 거듭하다, 포개다, 폐를 끼치다, 더럽히다, 연하다, 연좌, 연루, 벌거벗다, 땅 이름		
917 男	田 + 力 밭 전 힘 력		사내 남
	에덴동산(田)을 힘써(力) 가꾸는 사람이 사내(男)다.		
	사내, 아들, 남자, 남작, 남복		
918 勇	マ(又변형) + 男 또 우 사내 남		날랠 용
	죄를 용서(マ) 받은 남자(男)가 용감하다(勇).		
	날래다, 용감하다, 과감하다, 결단력이 있다, 강하다, 용기가 있다, 다툼, 용사, 병사		
919 畏	田 + 一 + 化 밭 전 한 일 될 화		두려워할 외
	에덴동산(田)에서 사람이 되신(化) 하나님(一)을 아담과 하와가 두려워했다(畏).		
	두려워하다, 경외하다, 꺼리다, 심복하다, 조심하다, 으르다, 위협하다, 죽다, 두려움		
920 胃	田 + 月 밭 전 육달 월		밥통 위
	밭(田)에서 난 소출을 소화하는 몸(月)의 기관이 밥통(胃)이다.		
	위장, 위, 마음, 별 이름, 말하다, 이르다		

田(378)…畾…疊…思…慮…畢

921	畾	田 + 田 + 田 밭 전 밭 전 밭 전	밭 갈피 뢰(뇌)
		밭(田)과 밭(田) 사이에 있는 밭(田)이 밭 갈피(畾)다.	
		밭 갈피(일이나 사물의 갈래가 구별되는 어름), 밭 사이의 땅, 성채(성과 요새를 아울러 이르는 말), 성채를 쌓다	

922	疊	畾 + 冖 + 且 밭 갈피 뢰 덮을 멱 또 차	거듭 첩 겹쳐질 첩
		밭 갈피(畾)에 또(且) 덮어(冖) 밭을 거듭(疊) 포개다.	
		거듭, 겹쳐지다, 포개다, 연속하다, 잇닿다, 접다, 포개어 개다, 흔들다, 두려워하다, 울리다, 진동시키다, (가볍게)치다, (북을)두드리다, (죄를)결정하다, 모직물, 무명(무명실로 짠 피륙), 베, 비단	

923	思	田 + 心 밭 전 마음 심	생각할 사
		아담이 마음(心)에 에덴동산(田)을 늘 생각하다(思).	
		생각, 심정, 정서, 의사, 의지, 사상, 뜻, 마음, 시호, 성(姓)의 하나, 어조사, 생각하다, 사색하다, 그리워하다, 슬퍼하다, 시름겨워하다, 수염이 많다, 수염이 많은 모양	

924	慮	虍 + 思 범 호 생각 사	생각할 려 사실할 록(녹)
		하나님을 범(虍)같이 생각하면(思) 걱정스러운 생각(慮)이 든다.	
		생각하다, 이리저리 헤아려 보다, 근심하다, 걱정하다, 어지럽게 하다, 맺다, 연결하다, 꾀하다, 흩뜨리다, 생각, 계획, 걱정, 근심, 염려, 대강, 대개, 대략, 꾀, 기(척후가 들고 있는 기) 사실하다, 조사하다	

925	畢	田 + 北 + 十 밭 전 달아날 배 열 십	마칠 필
		예수님이 달아난(北) 인간들을 구원하여 교회(田)를 이루는 일을 십자가(十)로 마치셨다(畢).	
		마치다, 끝내다, 다하다, 완성하다, 드리다, 빠르다, 날렵하다, 그물, 간찰(간지에 쓴 편지), 슬갑, 조복, 달 이름, 마침내, 다, 모두	

田(378)···苗···畓···畐···富···魚

926	**苗**	++ + 田 풀 초 밭 전	**모 묘**
		교회(田)에 심겨진 사람들(++)이 하나님의 백성(苗)이다.	
		모, 모종, 핏줄, 백성, 곡식, 사냥, 오랑캐 이름 cf. 밭(田)에 심긴 풀(++)은 모(苗)다.	
927	**畓**	水 + 田 물 수 밭 전	**논 답**
		생명수(水)가 있는 교회(田)는 하나님의 논(畓)이다.	
		논, 수전(水田) cf. 밭(田)에 물(水)이 담기면 논(畓)이다.	
928	**畐**	一 + 口 + 田 한 일 입 구 밭 전	**가득할 복**
		하나님(一) 말씀(口)이 에덴동산(田)에 가득하다(畐).	
		가득하다	
929	**富**	宀 + 畐 집 변 가득할 복	**부유할 부**
		생명의 집(宀)은 말씀이 가득해야(畐) 부유하다(富).	
		부유하다, 재산이 넉넉하고 많다, 성하다, 풍성하다, 매우 넉넉하고 많다, 어리다, 세차다, 부자, 행복,	
930	**魚**	勹변형 + 田 + 灬 쌀 포 밭 전 불 화	**물고기 어**
		생명싸개(勹)인 교회(田)의 생명들(灬)은 주께서 낚은 물고기(魚)같다.	
		물고기, 바다 짐승 이름, 어대(魚袋 관리가 차는 고기 모양의 패물), 말 이름, 별 이름, 나(인칭대명사), 고기잡이하다, 물에 빠져 죽다 cf. 고기 낚던 어부가 사람을 낚는 어부로 변화된 사람=베드로	

田(378)…鬼…蒐…卑

931	鬼	丶 + 田 + 儿 + 厶 불똥 주 밭 전 어진사람 인 개인 사	귀신 귀

에덴동산(田)에 생명(丶)을 가진 인간(儿)에게 사적으로(厶) 다가가 유혹한 존재가 귀신(鬼)이다.

귀신, 혼백, 죽은 사람의 넋, 도깨비, 상상의 괴물, 별 이름, 먼 곳, 지혜롭다, 교활하다, 귀신을 믿다, 멀다

932	蒐	++ + 鬼 풀 초 귀신 귀	모을 수

귀신(鬼)이 사람들(++)을 사냥하여 모은다(蒐).

모으다, 숨기다, 은닉하다, 점검하다, 검열하다, 찾아내다, 꼭두서니, 사냥, 봄사냥

933	卑	丶 + 曰 + 丿 + 十 불똥 주 밭 전 삐침별 열 십	낮을 비

성부(曰) 성자(丶) 성령(丿) 삼위일체 하나님이 십자가(十)까지 낮아지셨다(卑).

낮다, 왜소하다, 낮추다, 겸손하게 대하다, 천하다, 천하게 여기다, 비루하다, 저속하다, 쇠하다, 가깝다, ~으로 하여금 ~하게 하다, 낮은 곳, (신분, 지위 등)낮은 사람, 현 이름, 나라 이름, 부끄러워하는 모양, 힘쓰는 모양, 하여금

由(379)…宙…笛

934	宙	宀 + 由 집 면 말미암을 유	집 주

하나님의 집(宀)으로 말미암아(由) 생긴 게 우주의 집(宙)이다.

집, 주거, 때, 무한한 시간, 하늘, 천지 사이, 기둥, 동량(기둥과 들보를 아울러 이르는 말)

935	笛	竹변형 + 由 대 죽 말미암을 유	피리 적

대나무(竹)로 말미암은(由) 악기가 피리(笛)다.

피리(악기의 하나), 날카로운 소리, 대나무

甲(382)…禺…萬…單

936	禺	甲 + 入 + 冂 친압할 압 들 입 멀 경	긴꼬리원숭이 우 땅이름 옹
		에덴동산에 들어와(入) 진리를 덮고(冂) 인간에게 친압한(甲) 척 한 존재는 사탄이 처음(禺)이다.	
		땅 이름, 짐승 이름, 사시, 긴꼬리원숭이, 허수아비, 처음 cf. 긴꼬리원숭이의 모양을 본 뜬 한자 cf. 친압하다(버릇없이 너무 지나치게 친하다)	
937	萬	++ + 禺 풀 초 긴꼬리원숭이 우	일만 만
		처음(禺)같이 유혹받은 인간들(++)이 매우 많다(萬).	
		일 만, 성(姓)의 하나, 만무(절대로 없음), 대단히, 매우, 매우 많은, 여럿, 절대로, 전혀, 많다 cf. 에덴동산(田)에서 짐승(사탄) 발자국(영향력 内)에 당한 사람들(++)이 매우 많다(萬).	
938	單	口口 + 甲 + 一 입 구 갑옷 갑 한 일	홀 단
		사람들(口口)의 갑옷(甲)이 되려고 예수님이 땅(一)에서 십자가를 홀로(單) 지셨다.	
		홀, 하나, 오직, 다만, 혼자, 참, 정성, 참으로, 한 벌의 옷, 큰 모양, 단자, 모두, 죄다, 외롭다, 복잡하지 않다, 다하다, 나머지가 없다, 도탑다, 인정이 있다, 느리다, 완만하다, 가벼운 마음으로 길을 떠나다, 크다, 고을 이름	

里(383)…童…量

939	童	立 + 里 설 립 마을 리	아이 동
		마을(里)에서 세워야(立) 할 다음세대는 아이(童)다.	
		아이, 어린 양이나 소, 종, 노복, 눈동자, 대머리, 성한 모양, 어리석다, 민둥민둥하다, 벗겨지다, 땅 이름 cf. 에덴동산(田)에서 흙(土)으로 세워진(立) 사람은 하나님의 아이(童)다.	
940	量	曰 + 一 + 里 가로 왈 한 일 마을 리	헤아릴 량(양)
		하나님(一)이 말씀(曰)으로 마을(里)을 헤아리신다(量).	
		헤아리다, 추측하다, 달다, 재다, 되질하다, 가득 차다, 양(量), 분량, 용기, 용적, 기량, 성격, 재능, 되(부피 단위)	

<복음한자맵> 다음 한자맵을 눈을 감고 마음에 그리며 순서대로 쓴다.

車(385)…軍…運…連…專…惠

941	軍	冖 + 車 덮을 멱 수레 거	군사 군
		진칠 때 수레(車)를 위장막으로 덮는(冖) 자들이 군사(軍)다.	
		군사, 진을 치다	
942	運	冖 + 車 + 辶 덮을 멱 수레 거 쉬엄쉬엄갈 착	돌 운 옮길 운
		수레(車)가 갈(辶) 때, 물건을 덮어(冖) 옮긴다(運).	
		운명, 운반, 운송, 운하, 천체의 궤도, 햇무리, 옮기다, 움직이다, 돌다, 나르다, 궁리하다, 쓰다, 운용하다, 휘두르다, 가지고 놀다, 배를 젓다, 어지럽다, 미치다, 돌리다, 회전하다, 가다, 보내다, 운전하다, 운수, 새로, 남북의 거리	
943	連	車 + 辶 수레 거 쉬엄쉬엄갈 착	잇닿을 련(연)
		수레바퀴(車)가 갈(辶) 때 축이 서로 잇닿아(連) 있다.	
		잇닿다(서로 이어져 맞닿다), 연속하다, 산 이름	
944	專	十 + 曰 + 入 + 寸 열 십 가로 왈 들 입 마디 촌	모일 단 오로지 전
		십자가(十)의 말씀(曰)이 마음(寸)에 들어와야(入) 오로지(專) 하나가 된다.	
		오로지, 오직 한 곬으로, 마음대로, 홀로, 단독으로, 사사로이, 한 장, 한 겹, 전일하다, 제멋대로 하다, 마음대로 하다, 독차지하다, 독점하다, 하나로 되다, 차다, 가득 차다, 섞이지 아니하다, 다스리다, 권세가 많다, 모이다, 둥글다	
945	惠	十 + 曰 + 入 + 心 열 십 가로 왈 들 입 마음 심	은혜 혜
		십자가(十)의 말씀(曰)이 마음(心)에 들어와야(入) 은혜롭다(惠).	
		은혜, 사랑, 자애, 경어, 세모창, 털매미, (은혜를)베풂다, 사랑하다, 인자하다, 순하다, 유순하다, 슬기롭다, 총명하다, 아름답다, 곱다, 꾸미다, 장식하다	

日(387)…旦…亘…宣…早…旱…星

946	旦	日 + 一 날 일　한 일	아침 단
		해(日)가 땅(一) 위로 떠오르는 때가 아침(旦)이다.	
		아침, 해 돋을 무렵, 환한 모양, 누그러지는 모양, 정성스러운 모양, 여장배우, 형벌 이름, (밤을)새우다, (밤이)새다	

947	亘	日 + 二 날 일　두 이	뻗칠 긍
		해(日)가 떠올라 온 천지(二)에 뻗쳤다(亘).	
		뻗치다, 연접하다, 서로 잇닿다, 다하다, 극진하다, 가로지르다, 건너다, 이끌다, 두루, 널리, 넓이, 길이, 베풀다, 선포하다, 구하다	

948	宣	宀 + 亘 집 면　뻗칠 긍	베풀 선
		하나님의 집(宀)에서 말씀이 천지에 뻗쳐(亘) 베풀어지다(宣).	
		베풀다, 끼치어 주다, 널리 펴다, 떨치다, 발양하다, 밝히다, 임금이 말하다, 하교를 내리다, 머리가 세다, 밭을 갈다, 사용하다, 통하다, 조서, 조칙, 임금의 말, 궁전, 임금이 거처하는 곳	

949	早	日 + 十 날 일　열 십	이를 조
		햇빛(日)이 땅 아래로만(十) 비치는 아침은 이르다(早).	
		이르다, 서두르다, 젊다, 일찍, 서둘러, 급히, 빨리, 젊어서, 새벽, 이른 아침	

950	旱	日 + 干 날 일　마를 건(방패 간, 줄기 간, 막을 간)	가물 한
		해(日)가 비쳐 마르게(干) 하니 가물다(旱).	
		가물다, 사납다, 가뭄, 물, 육지, 육로, 밭	

951	星	日 + 生 해 일　날 생	별 성
		해(日)같은 빛이 나오는(生) 행성이 별(星)이다.	
		별, 별 이름, 해, 세월, 천문, 천체 현상, 점, 밤, 저울의 눈금, 순도, 화폐를 세는 단위, 희뜩희뜩하다, (비가)개다	

		白 + 巾 흰 백 수건 건	비단 백
952	**帛**	흰(白) 천(巾)이 비단(帛)이다.	
		비단, 견직물, 명주, 폐백, 백서(비단에 쓴 글)	

		白 + 水 흰 백 물 수	샘 천
953	**泉**	깨끗한(白) 물(水)이 솟아나면 샘(泉)이다.	
		뻗치다, 연접하다, 서로 잇닿다, 다하다, 극진하다, 가로지르다, 건너다, 이끌다, 두루, 널리, 넓이, 길이, 베풀다. 선포하다, 구하다	

		厂(人변형) + 泉변형(白+小) 기슭 엄 샘 천	근원 원 언덕 원
954	**原**	인간(厂) 예수님은 생명 샘(泉)의 근원(原)이다.	
		언덕, 근원, 근본, 저승, 들, 벌판, 문체의 한 가지, 원래, 거듭, 재차, 근본을 추구하다, 캐묻다, 찾다, 의거하다, 기초를 두다, 기인하다, 용서하다, 놓아주다, 삼가다, 정성스럽다, 거듭하다	

		辶 + 白 쉬엄쉬엄갈 착 흰 백	핍박할 박
955	**迫**	거룩하게(白) 살아가는(辶) 사람을 세상이 핍박한다(迫).	
		핍박하다, 닥치다, 줄어들다, 가까이하다, 궁하다, 좁다, 몰리다, 다가오다, 다급하다, 허둥거리다, 다그치다	

956	**看**	手 + 目 손 수 눈 목	볼 간
		손(手)으로 가리고 눈(目)으로 보다(看).	
		보다, 바라보다, 지키다, 감시하다, 번서다, 관찰하다, 헤아리다, 가리다, 고르다, 방문하다, 환대하다, 진료하다, 행하다, 분별하다, 결정되다, ~에 달려있다, 대접, 대우, 해득한 것	
957	**冒**	冖 + 二 + 目 덮을 멱 두 이 눈 목	무릅쓸 모
		하나님이 천지(二)의 죄를 보고(目) 덮으려고(冖) 십자가의 해를 무릅쓰셨다(冒).	
		무릅쓰다, 나아가다, 이기다, 견디다, 거짓으로 대다, 덮다, 씌우다, 쓰다, 가리다, 시기하다, 시새우다, 번민하다, 고민하다, 번성하다, 무성하다, 쓰개, 모자, 수의, 옥 이름, 탐하다, 침범하다, 저촉하다	
958	**眉**	巴변형 + 目 꼬리 파 눈 목	눈썹 미
		눈(目) 위 꼬리(巴)처럼 생긴 것이 눈썹(眉)이다.	
		눈썹, 노인, 눈썹 긴 사람, 언저리, 가장자리, 둘레, 미녀, 알랑거리다, 교태를 부리다	
959	**直**	十 + 目 + 上변형 열 십 눈 목 위 상	곧을 직
		모든 것을 보고(目) 땅 위(上)에서 십자가(十)를 지신 예수님은 곧으시다(直).	
		곧다, 굳세다, 바르다, 옳다, 부정이 없다, 펴다, 꾸미지 아니하다, 품삯, 만나다, 온순하다, 억울함을 씻다, 당하다, 대하다, 대적하다, 바루다, 고치다, 모시다, 곧, 일부러, 다만, 겨우, 바른 도, 바른 행위, 값, 물가	
960	**置**	罒 + 直 그물 망 곧을 직	둘 치
		곧으신(直) 하나님이 죄의 그물(罒)을 폐기해 두셨다(置).	
		두다, 배치하다, 내버려 두다, 버리다, 폐기하다, 사면하다, 석방하다, 베풀다, 세우다, 설치하다, 사다, 사들이다, 위탁하다, 맡기다, 임명하다, (식물을)심다, 만들다, 마련하다, 값, 값어치	

		直변형 + 八 곧을 직　여덟 팔	참 진
961	眞	인간들(八)에게 곧은(直) 것이 참(眞)이다.	
		참, 진리, 진실, 본성, 본질, 참으로, 정말로, 진실하다, 사실이다, 명료하다, 또렷하다, 뚜렷하다, 똑똑하다	

		厂변형 + 十 + 目 기슭 엄　열 십　눈 목	방패 순
962	盾	인간(厂)으로 와 십자가(十)를 지신 하나님(目)은 방패(盾)시다.	
		방패, 화폐 이름, 피하다, 숨다, 사람 이름, 별 이름, 벼슬 이름	

		目 + 一 + 八 눈 목　한 일 여덟 팔	갖출 구
963	具	하늘(一) 하나님(目)께 인간들(八)은 온전히 갖추어야(具) 한다.	
		갖추다, 갖추어지다, 구비하다, 온전하다, 족하다, 모두, 일일이, 자세히, 상세히, 함께, 다 같이, 차림, 그릇, 연장, 설비, 준비, 힘, 기량	

		竹(竹) + 目 + 廾 대나무 죽　눈 목　받들 공	셈할 산
964	算	대(竹)쪽 같은 하나님(目)이 섬기는(廾) 인간들을 셈하신다(算).	
		셈, 계산, 수, 수효, 산가지, 나이, 수명, 지혜, 슬기, 대로 만든 그릇, 세금, 셈하다, 미리 알다, 계획하다, 꾀하다	

965	員	口 + 貝 입 구 조개 패	더할 운 인원 원
		말씀(口)으로 귀함(貝)이 더해진다(員).	
		인원, 수효, 관원, 동그라미, 둥글다, 더하다, 늘이다, 이르다, 일컫다, 사람 이름	

966	圓	口 + 員 에워쌀 위 더할 운	둥글 원 화폐단위 엔
		말씀으로 에워싸여(口) 더해진(員) 성격이 둥글다(圓).	
		둥글다, 온전하다, 원만하다, 둘레, 동그라미, 화폐 단위(엔)	

967	貫	毌 + 貝 꿰뚫을 관 조개 패	꿸 관 당길 만
		보화(貝)를 꿰뚫어(毌) 한 줄로 꿰다(貫).	
		꿰다, 뚫다, 이루다, 달성하다, 섬기다, 통과하다, 익숙하다, 이름을 열기한 문서, 조리, 돈꿰미, 이름 문서, 당기다	

968	實	宀 + 貫 집 면 꿸 관	열매 실
		생명의 집(宀)으로 꿰어진(貫) 인간들이 하나님의 열매(實)다.	
		열매, 씨, 종자, 공물, 재물, 재화, 내용, 바탕, 본질, 녹봉, 자취, 행적, 참됨, 정성스러움, 곡식이 익다, 굳다, 자라다, 튼튼하다, 실제로 행하다, 책임을 다하다, 밝히다, 적용하다, 그릇에 넣다, 진실로, 마침내, 이르다	

969	買	罒 + 貝 그물 망 조개 패	살 매
		죄의 그물(罒)에 갇힌 인간을 보배로운(貝) 예수님으로 사셨다(買).	
		사다, 세내다, 고용하다, 불러오다, 자초하다	

970	賣	士 + 買 선비 사 살 매	팔 매
		인간을 사려고(買) 예수님(士)이 대신 팔리셨다(賣).	
		팔다, 속이다, 배신하다, 내통하다, 넓히다, 내보이다, 과시하다, 뽐내다, 자랑하다, 으스대다, (전력을)다하다, (힘을 아낌없이)발휘하다	

971	賈	襾변형 + 貝 덮을 아 조개 패	값 가 장사 고
		예수님의 보배로운(貝) 피로 덮은(襾) 인간은 값지다(賈).	
		값, 가격, 값어치, 명성, 평판, 수, 값있다, 값지다, 장사, 장수, 상인, 상품, 장사하다, 사다, 팔다	

972	貞	ト + 貝 점 복 조개 패	곧을 정
		모든 것을 헤아리는(ト) 보배로운(貝) 하나님은 곧으시다(貞).	
		곧다, 지조가 굳다, 마음이 곧바르다, 충정하다, 점치다, 정절, 정조, 곧 바름, 성심	

973	負	勹변형 + 貝 쌀 포 조개 패	질 부
		보배로운(貝) 피로 싸서(勹) 구원하려고 예수님이 죄 짐을 지셨다(負).	
		(짐을)지다, 떠맡다, 빚지다, 업다, 힘입다, (부상을)입다, 저버리다, 패하다, 근심하다, 짐, 지는 일, 빚	

974	貪	今 + 貝 이제 금 조개 패	탐낼 탐
		보화(貝)를 보자 즉시(今) 탐하다(貪).	
		탐내다, 탐하다, 바라다, 희망하다, 자초하다, 탐, 탐욕	

975	貧	分 + 貝 나눌 분 조개 패	가난할 빈
		보화(貝)가 나뉘면(分) 가난해진다(貧).	
		가난하다, 모자라다, 부족하다, 빈궁하다, 결핍되다, 구차하다, 천하다, 품위가 없다, 인색하다, 말이 많다, 수다스럽다, 가난, 빈곤	

976	貴	中 + 一 + 貝 가운데 중　한 일　조개 패	귀할 귀
		하나님(一) 중심(中)에 보배로운(貝) 인간은 귀하다(貴).	
		귀하다, (신분이)높다, 중요하다, 귀중하다, 귀하게 여기다, 숭상하다, 공경하다, 존중하다, 비싸다, 값이 높다, 바라다, 귀한 사람, 높은 지위나 권세, 높임말, 존칭의 접두어	

977	質	斤 + 斤 + 貝 도끼 근　도끼 근　조개 패	바탕 질
		삼가고(斤) 삼가는(斤) 게 보배로운(貝) 인간의 본질이다(質).	
		바탕, 본질, 품질, 성질, 품성, 저당물, 저당품, 맹세, 모양, 소박하다, 질박하다, 대답하다, 솔직하다, 이루다, 정하다, 저당잡히다, 폐백, 예물	

978	賀	加 + 貝 더할 가　조개 패	하례 하
		말에 보화(貝)를 더하여(加) 하례하다(賀).	
		하례하다, 칭찬하여 기리다, 더하다, 보태다, 위로하다, 메다, 지다, 경축, 경사	

979	寶	宀 + 王 + 缶 + 貝 집 면　임금 왕　질그릇 부　조개 패	보배 보
		하나님의 집(宀)에서 왕(王)이신 예수님은 질그릇(缶)같은 인간에게 귀한(貝) 보배(寶)다.	
		보배, 보물, 옥새, 도장, 돈, 전폐, 높임말, 도(道), 보(특정 목적의 기금 마련을 위한 재단), 진귀한, 보배로 여기다, 귀중하게 여기다	

980	賓	宀 + 八변형 + 貝 뜰 저　여덟 팔　조개 패	손 빈
		성전 뜰(宀)에 초대된 인간들(八)은 보배로운(貝) 손님(賓)이다.	
		손, 손님, 사위, 물가, (손으로)대접하다, 객지살이하다, 복종하다, 따르다, 인도하다, 물리치다, 버리다, 존경하다, 어울리다, 화친하다, (손을)모으다	

<복음한자맵> 다음 한자맵을 눈을 감고 마음에 그리며 순서대로 쓴다.

見(392)···寬

981	寬	宀 + 艹 + 見 + 丶 집 면　풀 초　볼 견　불똥 주	너그러울 관
		하나님의 집(宀) 사람들(艹)은 예수님의 피(丶)를 보고(見) 너그러워진다(寬).	
		너그럽다, 도량이 크다, 관대하다, 관대히 용서하다, 느슨하다, 늦추다, 넓다, 광활하다, 크다, 물러나다, 멀어지다, 떠나다, 멀어지다, 사랑하다, 위로하다, (옷을)벗다, 줄이다	

982	**息**	自 + 心 스스로 자 마음 심	숨 쉴 식
		하나님(自) 마음(心)으로 영혼이 숨 쉰다(息).	
		(숨을)쉬다, 호흡하다, 생존하다, 살다, 생활하다, 번식하다, 자라다, 키우다, 그치다, 그만두다, 중지하다, 망하다, 멸하다, 호흡, 숨, 아이, 자식, 여관, 휴게소, 이자, 군더더기 살, 나라 이름	
983	**臭**	自 + 犬 스스로 자 개 견	냄새 취 맡을 후
		하나님(自)이 인간에게 개(犬) 취급받으실 낌새를 맡으셨다(臭).	
		냄새, 구린내, 몹시, 심하게, 지독하게, 썩다, 더럽다, (사이가)나빠지다, 맡다, 더럽히다, 추악하다, 평판이 나쁘다, 무가치하다, (냄새를)맡다	
984	**鼻**	自 + 田 + 廾 스스로 자 밭 전 받들 공	코 비
		하나님(自)이 에덴동산(田)에서 인간들(廾)에게 생기를 불어넣은 몸이 코(鼻)다.	
		코, 구멍, 시초, 처음, 손잡이, 종, 노복, (코를)꿰다	
985	**鼎**	爿변형 + 目 + 片변형 나무조각 장 눈 목 나무조각 편	솥 정
		인간이 진 십자가(爿, 片)는 하나님(目)을 담아내는 솥(鼎)이다.	
		솥, 점괘, 괘의 이름, 삼공(三公)의 자리, 말뚝, 의자, 바야흐로, 지위가 높고 귀하다, 대치하다	
986	**頁**	一 + 自 + 八 한 일 스스로 자 여덟 팔	머리 혈
		스스로(自) 계신 하나님(一)은 인간들(八)의 머리(頁)다.	
		머리, 목, 목덜미, 책 면(페이지)	
987	**夏**	一 + 自 + 夊 한 일 스스로 자 뒤져올 치	여름 하
		하나님(一)이 스스로(自) 십자가를 지고 뒤져오는(夊) 계절이 인생의 여름(夏)이다.	
		여름, 중국, 하나라, 중국사람, 춤 이름, 오색의 배색, 채색, 우왕이 만든 악칭, 크게 지은 건물, 크다, 개오동나무, 회초리	

首(394)···道···導

988	道	辶 + 首 쉬엄쉬엄갈 착　머리 수	길 도
		머리(首) 되신 예수님은 인간이 살아 갈(辶) 길(道)이다.	
		~에서, ~부터, 가다, 가르치다, 깨닫다, 다스리다, 따르다, 말하다, 완벽할 글, 의존하다, 이끌다, 인도하다, 정통하다, 통하다, 다니다, 행정구역단위, 행하다, 길, 도리, 이치, 재주, 방법, 술책, 근원, 바탕, 기능, 작용, 주의, 사상, 제도	

989	導	道 + 寸 길 도　마디 촌	인도할 도
		하나님이 예수님의 마음(寸)을 십자가의 길(道)로 인도하셨다(導).	
		인도하다, 이끌다, 소통하게 하다, 통하다, 행동으로 옮기다, 행하다, 간하다, 인도, 유도, 안내, 지도	

虫(399)···蜀···獨···屬

990	蜀	罒 + 勹 + 虫 그물 망　쌀 포　벌레 충	나라이름 촉
		죄의 그물(罒)에 싸여(勹) 벌레(虫) 같이 된 인간이 하나님께 제사했다(蜀).	
		나라 이름, 촉나라, 고을 이름, 나비의 애벌레, 제기	

991	獨	犭 + 蜀 개 견　나라이름 촉	홀로 독
		예수님이 개(犭) 취급당하며 하늘에 제사(蜀)를 홀로(獨) 드렸다.	
		외발 사람, 외롭다, 전단하다(혼자 마음대로 결정하고 단행하다), 독재하다, (개가)싸우다	

992	屬	尸 + 氺변형 + 蜀 주검 시　물 수　나라이름 촉	엮을 속 무리 속 / 이을 촉
		예수님이 하늘 제사(蜀)로 생명수(氺)를 흘려 죽은(尸) 인간을 하나님과 이으셨다(屬).	
		무리, 동아리, 벼슬아치, 혈족, 붙다, 부착하다, 거느리다, 복종하다, 수행하다, 나누다, 사랑하다, 잇다, 모이다, 불러 모으다, 글을 짓다, 글을 엮다, 부탁하다	

山(400)…幽…岸

		幺 + 幺 + 山 작을 요 작을 요 메 산	그윽할 유
993	幽	산(山) 속에 있는 작은(幺幺) 사람들이 분위기가 그윽하다(幽).	
		그윽하다, 멀다, 아득하다, 깊다, 조용하다, 고요하다, 어둡다, 밝지 아니하다, 가두다, 갇히다, 피하여 숨다, 검다, 귀신, 초현실적인 것, 저승, 어두운 곳, 구석, 검은빛, 마음	

		山 + 厂 + 干 메 산 기슭 엄 줄기 간	언덕 안
994	岸	산(山) 기슭(厂)에 줄기(干)처럼 있는 것이 언덕(岸)이다.	
		언덕, 낭떠러지, 층계, 계단, 높은 지위, (역참에 있는)옥, 감옥, 높다, 뛰어나다, 오만하다, 엄정하다, 우람하다, (이마를)드러내다	

出(403)…屈

		尸 + 出 주검 시 날 출	굽힐 굴
995	屈	밖으로 나와야(出) 할 영혼이 주검(尸)에 갇혀 굽혀졌다(屈).	
		굽히다, 굽다, 구부러지다, 한쪽으로 휘다, 오그라들다, 움츠리다, 쇠하다, 다하다, (길이가)짧다, 꺾다, 억누르다, 베다, 자르다, 강하다, 물러나다, 물리치다, 거두다, 거두어 다스리다, 섞다, 솟다, 이상한, 색다른	

卬(410)…迎

		辶 + 卬 쉬엄쉬엄갈 착 나 앙	맞을 영
996	迎	주님께 가는(辶) 나(卬)를 주님이 맞으셨다(迎).	
		맞다, 맞이하다, 영접하다, 마중하다, 맞추다, ~를 향하여, ~쪽으로, 마중	

卯(412)···留···貿

		卯변형 + 田 나 앙　　　밭 전	머무를 류
997	留	나(卯)는 에덴동산(田)에 머물고(留) 싶다.	
		머무르다, 정지하다, 뒤지다, 지체하다, 더디다, 늦다, 붙잡다, 만류하다, 억류하다, 죽이다, 다스리다, 기다리다. 오래다 장구하다, 혹, 종양, 별 이름	
		卯변형 + 貝 나 앙　　　조개 패	바꿀 무 무역할 무
998	貿	내(卯)가 재물(貝)에 어두우면 생명을 바꾼다(貿).	
		무역하다, (물건을)사다, 바꾸다, 갈마들다(서로 번갈아들다), (눈이)어둡다, 흐트러지다, 눈이 어두운 모양	

亞(416)···惡

		亞 + 心 버금 아 마음 심	악할 악 미워할 오
999	惡	하나님과 버금가려는(亞) 마음(心)은 악하다(惡).	
		악하다, 나쁘다, 더럽다, 추하다, 못생기다, 흉년 들다, 병들다, 앓다, 죄인을 형벌로써 죽이다, 대변, 질병, 재난, 잘못, 바르지 아니한 일, 악인, 나쁜 사람, 위세, 권위, 미워하다, 헐뜯다, 부끄러워하다, 기피하다, 두려워하다, 불길하다	

耳(418)···取···最···敢

		耳 + 又 귀 이 또 우	취할 취
1000	取	들으시는(耳) 하나님이 인간을 용서하여(又) 취하셨다(取).	
		가지다, 손에 들다, 취하다, 의지하다, 돕다, 채용하다, 골라 뽑다, 받다, 받아들이다, 이기다, 다스리다, 멸망시키다, 장가들다, 어조사, 인연의 하나, 춘추의 필법	
		曰 + 取 가로 왈 취할 취	가장 최
1001	最	하나님 말씀(曰)을 취하는(取) 인간이 제일(最)이다.	
		가장, 제일, 으뜸, 최상, 가장 뛰어난 것, 모두, 모조리, 우두머리, 중요한 일, 요점, 합계, 모이다, 모으다, 정리되다, 끊어지다	
1002	敢	丁변형 + 耳 + 攵 아래 하 귀 이 칠 복(둥글월 문)	감히 감 용감할 감
		인간을 듣고(耳) 아래로(丁) 내려와 치시는(攵) 예수님은 용감하시다(敢).	
		감히, 구태여, 함부로, 감히 하다, 굳세다, 용맹스럽다, 결단성 있다	

臣(420)···監···賢

		臣 + 亻(人변형) + 丶 + 皿 신하 신 사람 인 불똥 주 그릇 명	살필 감 볼 감
1003	監	인자(亻)의 피(丶)를 그릇(皿)에 담는 백성(臣신하)을 하나님이 살피신다(監).	
		보다, 살피다, 경계하다, 독찰하다, 거울삼다, 비추어보다, 감옥, 마을, 관청, 관아, 감찰, 거울, 성의 하나	
		臣 + 又 + 貝 신하 신 또 우 조개 패	어질 현
1004	賢	백성(臣)을 보배로이(貝) 여겨 용서하시는(又) 하나님은 어지시다(賢).	
		어질다, 현명하다, 좋다, 낫다, 더 많다, 넉넉하다, 가멸다, 존경하다, 두텁다, 착하다, 선량하다, 지치다, 애쓰다, 어진 사람	

<복음한자맵> 다음 한자맵을 눈을 감고 마음에 그리며 순서대로 쓴다.

尹(421)…君…爭

		尹 + 口 다스릴 윤 입 구	임금 군 남편 군
1005	**君**	말씀(口)으로 다스리는(尹) 예수님은 우리의 임금(君)이다.	
		임금, 영주, 남편, 부모, 아내, 군자, 어진 이, 현자, 조상의 경칭, 그대, 자네, 군	
		爫(爪) + 尹변형 손톱 조 다스릴 윤	다툴 쟁
1006	**爭**	삼위일체 하나님(爫)이 인간을 다스리려고(尹) 마귀와 다투셨다(爭).	
		다투다, 논쟁하다, 간하다, 경쟁하다, 모자라다, 차이 나다 어찌, 어떻게, 하소연 cf. 爫(爪) = 삼위일체 하나님	

聿(422)···肅···盡···隶···事···唐

1007	肅	聿 + 一 + 片 + 爿 붓 사 열 십 조각 편 조각 장	엄숙할 숙
		십자가(片, 爿)를 진 사람들이 하나님(一)의 법(聿)을 붙잡는 모습이 엄숙하다(肅).	
		엄숙하다, 공경하다, 정중하다, 정제하다, 맑다, 경계하다, 엄하다, 절하다, 차다, 삼가다	

1008	盡	聿 + 灬 + 皿 붓 사 불 화 그릇 명	다할 진
		하나님의 법(聿)대로 제사 그릇(皿)에 피들(灬)을 담는데 최선을 다하다(盡).	
		다하다, 완수하다, 극치에 달하다, 최고에 달하다, 다 없어지다, 사망하다, 죽다, 모든, 전부의, ~만, 다만 ~뿐	

1009	隶	크 + 氺 머리 계 물 수	미칠 이 잡을 이
		머리(크) 되신 예수님의 생명수(氺)가 온 세상에 미쳤다(隶).	
		(공간이)미치다, 닿다, 종, 죄인	

1010	事	一 + 口 + 크 + 亅 한 일 입 구 머리 계 갈고리 궐	일 사
		머리(크) 되신 하나님(一)의 말씀(口)대로 구원하는(亅) 것이 일(事)이다.	
		붓, 어조사, 마침내, 이에, 친히, 스스로, 함께, 펴다, 닦다, 바르다	

1011	唐	广 + 聿 + 口 집 엄 붓 사 입 구	갑자기 당 당황할 당
		말씀(口)의 붓(聿)으로 생명의 집(广)을 세우자 사탄이 당황했다(唐).	
		당나라, 길, 도로, 통로, 둑, 제방, 뜰 안의 길, 허풍, 큰 소리, 정자, 갑자기, 느닷없이, 당황하다, 황당하다, 공허하다, 텅 비다, 저촉되다, 위반되다, 허풍 떨다, 크다, 넓다	

聿(423)···書···晝···畵···筆···建

1012	**書**	聿 + 曰 붓 율 가로 왈	글 서 책 서
		말씀(曰)의 법(聿)을 쓴 것이 성경 책(書)이다.	
		글, 글씨, 글자, 문장, 기록, 서류, 편지, 장부, 쓰다	
1013	**晝**	聿 + 曰 + 一 붓 율 가로 왈 한 일	낮 주
		하나님(一)이 말씀하신(曰) 법(聿)대로 예수님이 십자가에 달린 때가 낮(晝)이다.	
		낮, 정오, 땅 이름	
1014	**畵**	聿 + 田 + 凵 붓 율 밭 전 입벌릴 감	그림 화
		하나님이 에덴동산(田)에서 입 벌린(凵) 인간에게 율법(聿)을 주기로 계획하셨다(畵).	
		그림, 그리다, 그림으로 장식된, 긋다, 분할하다, 구분하다, 계획하다, 설계하다, 꾀하다	
1015	**筆**	竹 + 聿 대 죽 붓 율	붓 필
		대(竹)쪽 같은 예수님은 마음에 법(聿)을 쓰는 붓(筆)이다.	
		붓, 글씨, 필기구, 필법, 가필, 획수, 필획, 글자를 쓰다, 글을 짓다 cf. 붓(聿)은 대나무(竹)로 만들어야 글 쓰는 붓(筆)이다.	
1016	**建**	聿 + 廴 붓 율 길게걸을 인	세울 건
		인간은 살며(廴) 십자가의 법(聿)을 세운다(建).	
		세우다, 일으키다, 아뢰다, 개진하다, 끼우다, 엎지르다, 열쇠	

亻(40)…仁…代…伐…伏…付

		亻 + 二 사람 인 두 이	어질 인
1017	**仁**	인자(亻)는 천지(二)에 가장 어지시다(仁).	
		어질다, 자애롭다, 인자하다, 감각이 있다, 민감하다, 사랑하다, 불쌍히 여기다, 어진 이, 현자, 어진 마음, 박애, 자네, 씨, 속살, 과실 씨의 흰 알맹이	
		亻 + 弋 사람 인 주살 익	대신할 대
1018	**代**	인자(亻)를 취한(弋) 것은 사람 대신(代)이다.	
		대신하다, 대리하다, 교체하다, 번갈아들다, 시대, 일생, 세대, 대리, 대금, 계승의 차례, 번갈아	
		亻 + 戈 사람 인 창 과	칠 벌
1019	**伐**	인자(亻)가 창(戈)에 찔리다(伐).	
		치다, 정벌하다, 베다, (북을)치다, 찌르다, 찔러 죽이다, 비평하다, 모순되다, 저촉되다, 무너지다, 자랑하다, 치료하다, 방패, 공로, 훈공, 간흉	
		亻 + 犬 사람 인 개 견	엎드릴 복 안을 부
1020	**伏**	사람(亻) 앞에 개(犬)가 엎드리다(伏).	
		엎드리다, 머리를 숙이다, 굴복하다, 항복하다, 인정하다, 숨다, 감추다, 잠복하다, 살피다, 엿보다, 내려가다, 낮아지다, 기다, 삼복의 통칭, 편지 중의 존경어, (알을)안다, (알을)품다	
		亻 + 寸 사람 인 마디 촌	줄 부
1021	**付**	인자(亻)가 십자가 사랑의 마음(寸)을 주셨다(付).	
		주다, 수여하다, 맡기다, 부탁하다, 의지하다, 따르다, 따라 붙다,	

1022	**信**	亻 + 言 사람 인 말씀 언	**믿을 신**
		사람(亻)은 인자의 말씀(言)을 믿는다(信).	
		믿다, 신임하다, 맡기다, 신봉하다, 성실하다, ~에 맡기다, 확실하다, 마음대로 하다, 알다, 신의, 신용, 신표, 편지, 서신, 정보, 증거, 기호, 서류, 소식, 소식을 전하는 사람, 확실히, 정말로	
1023	**休**	亻 + 木 사람 인 나무 목	**쉴 휴**
		인자(亻)는 구원의 일을 마치고 십자가(木)에서 쉬셨다(休).	
		쉬다, 휴식하다, 사직하다, 그만두다, 그치다, 멈추다, 중지하다, 말다, 금지하다, 아름답다, 훌륭하다, 기리다, 찬미하다, 편안하다, 용서하다, 달래다, 너그럽다, 관대하다, 이별하다, 검소하다, 겨를, 휴가, 행복, 기쁨, (나무)그늘, 어조사, 따뜻하게 하다, 탄식하다	
1024	**体**	亻 + 本 사람 인 근본 본	**몸 체** **용렬할 분**
		사람(亻)의 근본(本)은 몸(体)이다.	
		용렬하다, 거칠다, 상여꾼, 몸, 신체, 몸소, 친히, 형상, 근본, 격식, 물질 cf. 體(몸 체)	
1025	**仙**	亻 + 山 사람 인 메 산	**신선 선**
		산(山)에 있는 인자(亻)는 신선(仙)같다.	
		신선, 센트(미국 화폐 단위) 선교(신선이 되기 위한 도를 닦는 종교), 날 듯하다, 신선이 되다	
1026	**位**	亻 + 立 사람 인 설 립	**자리 위**
		사람(亻)이 서(立) 있는 곳이 자리(位)다.	
		자리, 곳, 위치, 지위, 직위, 제위, 왕위, 방위, 분, 명, 비트, 위치하다, 자리 잡다, 서다, 서 있다, 임하다, 닿다, 도달하다, 나아가다	

1027 作

亻 + 乍
사람 인 잠깐 사

지을 작

인자(亻)가 잠깐(乍) 사이 지어졌다(作).

짓다, 만들다, 창작하다, 일하다, 노동하다, 행하다, 행동하다, 부리다, ~하게 하다, 일어나다, 일으키다, 이르다, 미치다, 비롯하다, 삼다, 임명하다, 닮다, 농사, 일, 사업, 공사, 저작, 작품, 저주하다

1028 佳

亻 + 圭
사람 인 홀 규

아름다울 가

인자(亻)가 쥔 홀(圭)은 아름답다(佳).

아름답다, 비려하다, 좋다, 훌륭하다, 좋아하다, 즐기다, 사랑하다, 크다, 크게, 매우

1029 件

亻 + 牛
사람 인 소 우

물건 건
사건 건

인자(亻)가 소(牛) 제물이 되신 것은 놀라운 사건(件)이다.

물건, 사건, 조건, 계산, 단위, 가지, 세는 단위, 문서, 서류, 문건, 구분하다

1030 何

亻 + 可
사람 인 옳을 가

어찌 하 / 멜 하
꾸짖을 하

인자(亻)가 옳게(可) 꾸짖으시니 어찌(何) 할고?

어찌, 어느, 어떤, 어떠한, 언제, 얼마, 약간, 무엇, 왜냐하면, 잠시, 꾸짖다, 나무라다, 메다, 받다, 맡다, 당하다, 해당하다, 걸다, 내어 걸다

1031 使

亻 + 吏
사람 인 다스릴 리

부릴 사
하여금 사

하나님이 다스리려고(吏) 인자(亻)를 세상에 보내셨다(使).

하여금, 가령, 만일, 설사, 심부름꾼, 하인, 벼슬 이름, 사신, 부리다, 시키다, 따르다, 순종하다, 방종하다, 제멋대로 하다, 쓰다, 운용하다, (사신으로)보내다, (사신으로)가다

イ(40)···侄···侈···似···便···個

1032	侄	イ + 至 사람 인 이를 지	조카 질 어리석을 질
		사람(イ)이 이르는(至) 곳은 어리석다(侄).	
		어리석다, 굳다, 단단하다, (한 곳에)머무르다, 조카	

1033	侈	イ + 多 사람 인 많을 다	사치할 치
		사람(イ)은 많이(多) 사치한다(侈).	
		사치하다, 무절제하다, 난잡하다, 과장되다, 많다, 과분하다, 오만하다, 크다, 넓다, 벌리다, 떠나다, 벗어나다, 호사, 사치	

1034	似	イ + 以 사람 인 써 이	닮을 사
		인자(イ)로써(以) 하나님을 닮는다(似).	
		닮다, 같다, 비슷하다, 흉내 내다, 잇다, 상속하다, 보이다	

1035	便	イ + 更 사람 인 고칠 경	편할 편 똥오줌 변
		인자(イ)가 고치면(更) 영혼이 편하다(便).	
		편하다, 아첨하다, 쉬다, 휴식하다, 익히다, 익다, 말을 잘하다, 소식, 똥오줌, 오줌을 누다, 곧, 문득	

1036	個	イ + 固 사람 인 굳을 고	낱 개
		굳은(固) 인자(イ)는 혼자(個)다.	
		낱낱, 하나, 개, 명, 사람, 키(몸의 길이), 크기, 곁방, 어조사, 이, 단독의	

イ(40)···伊···俗···保···他···侍

1037	伊	イ + 尹 사람 인 다스릴 윤	저 이
		다스리러(尹) 인자(イ)로 오신 예수님이 저(伊)다.	
		저, 이, 그, 그이, 그녀, 너, 또, 또한, 그래서, 이리하여, 물 이름	

1038	俗	イ + 谷 사람 인 골 곡	풍속 속
		사람(イ)의 깊은 골(谷)에서 나오는 게 풍속(俗)이다.	
		풍속, 관습, 속인, 평범하고 속되다, 평범하다, 심상하다, 대중적이다, 통속적이다, 저급하다, 품위가 없다, 비속하다, 저속하다, 속되다, 새로운 맛이 없다, 신기하지 않다	

1039	保	イ + 口 + 木 사람 인 입 구 나무 목	지킬 보
		인자(イ)가 십자가(木) 말씀으로(口) 지킨다(保).	
		지키다, 보호하다, 보위하다, 유지하다, 보존하다, 책임지다, 돕다, 보우하다, 기르다, 붙다, 귀순하다, 편안하다, 안정시키다, 작은 성 차지하다, 믿다, 의지하다, 보증, 보험, 고용인, 조합, 포대기,	

1040	他	イ + 也 사람 인 잇기 야	다를 타
		인자(イ)와 이어진(也) 사람은 다르다(他).	
		다르다, 간사하다, 겹치다, (짐을)싣다, 남, 다른 사람, 다른 곳, 다른 데, 다른 방면, 딴 일, 두 마음, 부정, 겹쳐 쌓이는 모양, 그, 그 사람, 그이, 누구, 다른, 딴	

1041	侍	イ + 寺 사람 인 절 사	모실 시
		사람(イ)이 성전(寺) 되어 하나님을 모신다(侍).	
		모시다, 받들다, 시중들다, 기르다, 양육하다, 부탁하다, 믿다, 기다리다, 권하다, 시중드는 사람	

亻(40)···低···例···侵···促···債

1042 低	亻 + 氏 + 一 사람 인 성씨 씨 한 일	낮을 저
	인자(亻)가 땅(一)에 영생의 씨(氏)로 오셔서 낮아지셨다(低).	
	(높이, 온도 등이)낮다, (값이)싸다, (머리를)숙이다, 약하다, 구부리다, 머무르다	

1043 例	亻 + 歹 + 刂 사람 인 살바른 뼈 알 칼 도	법식 례(예)
	사람(亻)이 칼(刂)로 뼈에서 살을 바르는(歹) 것은 제사 법식(例)이다.	
	법식, 규칙, 규정, 조목, 본보기, 예, 보기, 관례, 전례, 선례, 전고(옛 사실), 인증, 비류, 사례, 경우, 대개, 의례적인, 관례적인, 정례적인, 규칙을 따라 행하다, 전례를 따르다	

1044 侵	亻 + 彐 + 冖 + 又 사람 인 머리 계 덮을 멱 또 우	침노할 침
	머리(彐) 되신 하나님이 죄를 용서하고(又) 덮어주신(冖) 사람(亻)이 천국을 침노한다(侵).	
	침노하다, 범하다, 어기다, 엄습하다, 흉년 들다, 버리다, 초라하다, 추하다, 차츰, 조금씩, 흉년	

1045 促	亻 + 足 사람 인 발 족	재촉할 촉 악착스러울 착
	인자(亻)가 발(足)을 재촉하셨다(促).	
	재촉하다, 다그치다, 촉진하다, 촉박하다, 급하다, 다가오다, 가까이하다, 빠르다, 신속하다, 군색하다, 구차하다, 짧다, 좁다, 협소하다, 갑자기, 악착스럽다	

1046 債	亻 + 責 사람 인 꾸짖을 책	빚 채
	인자(亻)께서 꾸짖는(責) 것이 죄의 빚(債)이다.	
	빚, 부채, 빌려 준 금품, 빌려 줌, 빌리다	

亻(40)…倮…偪…借…傷…億

1047	倮	亻 + 果 사람 인 실과 과 선악과(果) 앞에서 사람(亻)이 벌거벗겨졌다(倮). 벗다, 벌거벗다, 알몸, 벌거숭이, 좁다, 넓지 않다	벗을 라(나)
1048	偪	亻 + 畐 사람 인 가득할 복 하나님 말씀이 가득한(畐) 사람(亻)을 세상이 핍박한다(偪). 핍박하다, 죄다, 강박하다, 호되게 독촉하여 받다, 접근하다, 육박하다, 좁다, 행전, 나라 이름	핍박할 핍
1049	借	亻 + 昔 사람 인 예 석 옛(昔) 예언대로 하나님이 사람(亻)의 몸을 빌리셨다(借). 빌리다, 꾸다, 기대다, 꾸어주다, 빌려주다, 의지하다, 가탁하다, 구실 삼다, 핑계 삼다, 타다, 가령, 비록~이라 할지라도, 설령, ~라 할지라도	빌릴 차
1050	傷	亻 + 𠂊 + 日 + 而 사람 인 사람 인 가로 왈 말미암을 이 말씀으로(日) 말미암아(而) 사람(𠂊)으로 오신 인자(亻)가 받는 게 상처(傷)다. 다치다, 해치다, 애태우다, 근심하다 불쌍히 여기다, 상하다, 상처	상처 상 다칠 상
1051	億	亻 + 意 사람 인 뜻 의 하나님의 뜻(意)으로 세워진 인간(亻)이 많다(億). 억, 많은 수, 편안하다, 헤아리다, 추측하다, 자세히 살펴 연구하다, 아!(감탄사)	억 억

イ(40)…倒…儒…候…儉

1052	倒	イ + 至 + リ 사람 인 이를 지 칼 도	넘어질 도
		심판(リ)에 이른(至) 사람(イ)은 넘어진다(倒).	
		넘어지다, 거꾸로 되다, 반대로 되다, 뒤집다, 실패하다, 도산하다, 망하다, 후퇴하다, 역으로 움직이다, 마음에 거슬리다, 몸 상태가 나쁘다, 바꾸다, 따르다, 붓다, 쏟다, 양도 하다, 넘기다, 이동하다, 오히려, 재촉, 힐문, 양보	
1053	儒	イ + 雨 + 而 사람 인 비 우 말미암을 이	선비 유
		사람(イ)은 생명수(雨)로 말미암아(而) 너그러운 선비(儒)같다.	
		선비(학식은 있으나 벼슬하지 않은 사람), 유교, 유가, 난쟁이, 억지로 웃는 모양, 나약하다, 유약하다, 너그럽다, 부드럽다, 어색하다, 짧다, 키가 작다	
1054	候	イ + ㅣ + 그변형 + 矢 사람 인 뚫을 곤 장인 공 잃을 실	물을 후 기후 후
		창조주(그)를 잃은(矢) 인간(イ)이 진리(ㅣ)를 묻다(候).	
		기후, 계절, 철, 때, 5일, 닷새, 상황, 상태, 조짐, 증상, 징후, 염탐꾼, 망꾼, 살피다, 망보다, 염탐하다, 방문하다, (안부를)묻다, 관측하다, 탐색하다, 돈을 치르다, 지불하다, 기다리다	
1055	儉	イ + 僉 사람 인 다 첨	검소할 검
		재물을 다(僉) 사용한 사람(イ)은 검소하다(儉).	
		검소하다, 낭비하지 않다, 넉넉하지 못하다, 가난하다, 적다, 흉년이 들다, 험하다, 흉작	

亻(40)…倭…假…攸…修

1056	倭	亻 + 委 사람 인 맡길 위	왜나라 왜 유순할 위
		맡겨진(委) 사람(亻)은 유순하다(倭).	
		왜나라, 일본, 구불구불하다, 삥 돌다, 유순하다, 아름다운 모양, 나라 이름	

1057	假	亻 + 叚 사람 인 빌릴 가	거짓 가
		사람(亻)을 빌리는(叚) 귀신은 거짓(假)이다.	
		거짓, 가짜, 임시, 일시, 가령, 이를테면, 틈, 틈새, 빌리다, 빌려주다, 용서하다, 너그럽다, 아름답다, 크다, 멀다, 이르다, 오다	

1058	攸	亻 + 丨 + 攵(文변형) 사람 인 뚫을 곤 칠 복	처소 유
		진리(丨)로 다스려지는(攵) 사람(亻)은 하나님의 처소(攸)다.	
		곳, 장소, 처소, 이에, 어조사, 재빠른 모양, 위태로운 모양, 달리다, 빠르다, 아득하다, 위태롭다, 오래다, 장구하다	

1059	修	攸 + 彡 처소 유 터럭 삼	닦을 수
		하나님의 처소(攸)에서 삼위일체 하나님의 영(彡)으로 인격이 닦인다(修).	
		닦다, 익히다, 연구하다, 꾸미다, 엮어 만들다, 고치다, 손질하다, 다스리다, 정리하다, 갖추다, 베풀다, (도덕, 품행을)기르다, 길다, 높다, 뛰어나다, 거행하다, 뛰어난 사람	

彳(41)···行···待···徐···從···往

1060	行	彳 + 亍 조금걸을 척 자축거릴 촉	다닐 행
		사람들(彳)이 자축거리며(亍) 길에 다니다(行).	
		다니다, 가다, 행하다, 하다, 쓰이다, 보다, 관찰하다, 유행하다, 돌다, 순시하다, 늘다, 뻗다, 장사지내다, 시집가다, 길, 고행, 행실, 행위, 여행, 행직(품계는 높으나 직위는 낮은 벼슬), 일, 장차, 바야흐로, 먼저, 줄, 대열	

1061	待	彳 + 寺 조금걸을 척 절 사	기다릴 대
		성전(寺) 된 사람들(彳)이 예수님을 기다리다(待).	
		기다리다, 대비하다, 대접하다, 대우하다, 모시다, 시중들다, 돕다, 거들다, 의지하다, 기대다, 더하다, 저축하다, 비축하다, 기대를 걸다, 지속하다, 지탱하다, 임용하다, 막다, 방비하다, 때	

1062	徐	彳 + 余 조금걸을 척 남을 여	천천히 서
		남은(余) 사람들(彳)은 평온하다(徐).	
		천천히 하다, 평온하다, 조용하다, 다, 모두, 천천히, 고을 이름, 나라 이름	

1063	從	彳 + 从 + 止 조금걸을 척 좇을 종 그칠 지	좇을 종
		죄를 좇던(从) 사람들(彳)이 그치고(止) 예수님을 좇았다(從).	
		좇다, 따르다, 나아가다, 다가서다, 모시다, 시중들다, 일하다, 놓다, 모이다, 근심하다, 높고 크다, 조용하다, 느릿하다, 흔적, 제멋대로 하다, 말미암다, 따라서 죽다, 오래다, 세로, 남북	

1064	往	彳 + 主 조금걸을 척 주인 주	갈 왕
		사람들(彳)이 주(主)를 향해 가다(往).	
		가다, (물품을)보내다 보내 주다, 향하다, 과거, 옛날, 이미 지나간 일, 이따금, 일찍, 언제나, 뒤, 이후	

彳(41)···後···徒···得···徘···徙

		彳 + 幺 + 夂	뒤 후
		조금걸을 척 작을 요 뒤져올 치	임금 후
1065	後	사람들(彳)을 위해 아기(幺) 예수님이 아담에 뒤져(夂) 뒤(後)에 오셨다.	
		뒤, 곁, 딸림, 아랫사람, 뒤떨어지다, 뒤지다, 뒤서다, 늦다, 뒤로 미루다, 뒤로 돌리다, 뒤로 하다, 임금, 왕후, 후비, 신령	

		彳 + 走	무리 도
		조금걸을 척 달릴 주	
1066	徒	인생을 달리는(走) 사람들(彳)은 무리(徒)다.	
		무리, 동아리, 동류, 제자, 문하생, 하인, 일꾼, 보병, 맨손, 맨발, 죄수, 갇힌 사람, 형벌, 징역, 고된 노동을 시키는 형벌, 헛되이, 홀로, 다만, 단지, 곁, 옆, 걸어 다니다, 보행하다	

		彳 + 日 + 一 + 寸	얻을 득
		조금걸을 척 가로 왈 한 일 마디 촌	
1067	得	사람들(彳)은 말씀(日)으로 하나님(一) 마음(寸)을 얻는다(得).	
		얻다, 손에 넣다, 만족하다, 고맙게 여기다, 깨닫다, 알다, 분명해지다, 적합하다, 이르다, 도달하다, 이루어지다, 만나다, 탐하다, 사로잡다, 덕행, 이득, 이익	

		彳 + 非	노닐 배
		조금걸을 척 아닐 비	
1068	徘	사람들(彳)이 비방하며(非) 인생을 배회한다(徘).	
		어정거리다, 방황하다, 배회하다, 노닐다, 그리워하다	

		彳 + 步변형	옮길 사
		조금걸을 척 걸음 보	
1069	徙	에덴동산에서 사람들(彳)이 걸어서(步) 옮겨가다(徙).	
		옮기다, 이사하다, 교화되다, (자리를)옮기다, 넘기다, (한도를)넘어서다, 거닐다, 배회하다, 귀양 보내다, 잡다, 취하다, 물리쳐 내쫓다, 빼앗다, (나뭇가지가)한쪽으로 쏠리다, 고을 이름	

彳(41)···德···御···徵···微···役

1070	德	彳 + 悳十 + 罒 + 一 + 心 두사람 인 열 십 그물망 한 일 마음 심	큰 덕 덕 덕
		죄의 그물(罒)에 갇혀 죽게(十) 된 사람들(彳)을 향한 하나님(一)의 마음(心)이 덕(德)이다.	
		크다, (덕으로)여기다, (덕을)베풀다, 고맙게 생각하다, 오르다, 타다, 덕, 도덕, 은덕, 복, 행복, 은혜, 선행, 행위, 절조, 능력, 작용, 가르침, 어진 이, 현자, 정의, 목성	

1071	御	彳 + 卸 조금걸을 척 풀 사	거느릴 어 모실 어
		예수님은 죄를 풀어(卸) 사람들(彳)을 거느리신다(御).	
		거느리다, 통솔하다, 다스리다, 통치하다, 어거하다, 임금이 나들이하다, 짐승을 길들이다, 교합하다, 시중들다, 드리다, 권하다, 막다, 제압하다, 마부, 벼슬아치, 영접하다, 영합하다	

1072	徵	彳 + 山 + 一 + 王 + 攵 조금걸을 척 메 산 한 일 임금 왕 칠 복	부를 징
		왕(王)이신 하나님(一)이 사람들(彳)을 치려고(攵) 산(山)에서 부르셨다(徵).	
		부르다, 징집하다, 소집하다, 구하다, 모집하다, 거두다, 징수하다, 징계하다, 밝히다, 증명하다, 검증하다, 이루다, 조짐, 징조, 현상, 효험, 음률의 이름	

1073	微	彳 + 山 + 一 + 几 + 攵 조금걸을 척 메 산 한 일 안석 궤 칠 복	작을 미
		산(山)에서 제사할(几) 때, 사람들(彳)을 치시는(攵) 하나님(一)의 음성이 작다(微).	
		작다, 자질구레하다, 정교하다, 정묘하다, 자세하고 꼼꼼하다, 적다, 없다, 어렴풋하다, 어둡다, 쇠하다, 아니다, 숨다, 엿보다, 다치다, 천하다, 조금, 몰래, 없다고 하면, 처음, 시초, 대발, 종기	

1074	役	彳 + 几 + 又 조금걸을 척 안석 궤 또 우	부릴 역
		하나님을 의지하는(几) 사람들(彳)에게 용서하는(又) 일을 시키셨다(役).	
		부리다, 일을 시키다, 일하다, 힘쓰다, 경영하다, 줄짓다, 죽 늘어서다, 골몰하다, 낮다, 천하다, 일, 육체적 노동, 부역, 일꾼, 직무, 싸움, 전투, 전쟁, 병사, 제자, 학도	

복음한자(福音韓字)로 본 단동십훈(檀童十訓)

* 단동십훈(檀童十訓)은 <단동치기십계훈(檀童治基十戒訓)>의 줄임말로서 '단군왕검의 아이들을 다스리기 위해 기본으로 가르쳐야 할 열 가지 계명'을 의미한다. 그러나 이 말의 출처는 그리 정확하지 않다. 단군 시대부터 내려오는 왕족들의 양육법이었다느니, 옛날 불교에서 하던 양육법이었다고 하는 설만 난무할 뿐 그 기록은 거의 없다.

다만 언제부터 이 단동십훈을 교육해 왔는지 모르지만, 우리 선조들이 아이가 옹알이를 시작하면 삶의 이치로 이 단동십훈을 교육해 왔다는 것은 분명하다. 단동십훈은 의태어와 의성어 같기도 하고 반복되는 후렴구 같기도 한 '훈'을 리듬에 맞춰 반복 훈련한다. 걸음마, 주먹 쥐기, 손바닥 찔기, 고개 돌리기, 손뼉 치며 춤추기 등을 되풀이하는 동안 아이는 뇌신경과 소근육이 발달하고 더불어 어느새 삶의 교훈을 마음에 새기게 된다. 이렇게 탁월한 조상의 육아훈련법인 단동십훈을 기적의 복음한자에 의거하여 해석하면 다음과 같다.

檀 박달나무 단 : 木 나무 목(예수 **십자가**)
　　　　　　　　　 亶 믿음 단(말씀을 듣고 생명의 하나님께 돌아오기 위해 필요한 **믿음**)
童 아이 동 : 立 설 립 + 田 밭 전 + 土 흙 토(에덴동산의 흙으로 세워진 **아이**)
十 열 십 : 一 한 일 + ㅣ 뚫을 곤(십자가는 하나님의 완전한 **진리**)
訓 가르칠 훈 : 言 말씀 언 + 川 내 천(생명수의 말씀으로 **가르침**)

따라서 "단동십훈(檀童十訓)"을 기적의 복음한자로 재해석하면, '예수 그리스도의 십자가 믿음을 가진 아이에게 주는 열 가지 진리의 가르침'이다.

제1훈 : 弗亞弗亞(불아불아 – 부라부라)

弗 아닐 불 - 아니다, 말다, 근심하다, 다스리다, 어긋나다, 떨다, 빠른 모양
　　　　　　성령(ノ)과 진리(ㅣ)에서 활(弓)처럼 구부려진 것은 인간의 본 모습이 아니다(弗).

亞(亜) 버금 아 - 버금, 무리, 아귀, 곱사등이, 다음 가는 자리, 회칠하다, 뒤떨어지다
　　　　　　사탄이 하나님(一)을 배반하고(业=北) 하나님의 십자가 사랑을 흉내내 버금가려(亜=亞) 하다.

* 동작 : 할아버지 할머니들은 어린이의 허리를 잡고 세워서 왼편과 오른편으로 기우뚱기우뚱하면서 '부라부라' 라고 부르며, 귀에 들려준다.

* 의미 : 하나님과 버금가려고 교만하지 마라.

제2운 : 詩想詩想(시상시상)

　　　詩 시 시 - 시경, (시를)읊다, 짓다, 기록하다, 받들다,

　　　　　　말씀(言)이 흙(土)의 몸에 들어와 마음(寸)를 이룬 것이 시(詩)다.

　　　想 생각 상 - 생각하다, 그리워하다, 상상하다, 사색하다, 원하다, 닮다, 비슷하다

　　　　　　십자가(十)를 보고(目) 마음(心)에 두어 생각하다(想)

　　* 동작 : 어린이를 앉혀놓고 앞뒤로 끄덕끄덕 흔들면서 "시상시상"하고 부른다.

　　* 의미 : 십자가 말씀을 몸과 마음에 두고 늘 생각하며 살아라.

제3운 : 道理道理(도리도리)

　　　道 길 도 - 길, 도리, 이치, 재주, 방법, 근원, 바탕, 기능, 작용, 주의, 사상, 제도

　　　　　　머리(首) 되신 예수님이 가신(辶) 삶이 길(道)이다.

　　　理 다스릴 리 - 다스리다, 재판하다, 처리하다, 수선하다, 깨닫다, 의뢰하다

　　　　　　왕(王)이신 예수님이 마을(里)을 다스린다(理).

　　* 동작 : 머리를 좌우로 돌리는 동작

　　* 의미 : 예수님과 같이 살아서 주변을 다스려라.

제4운 : 持闇持闇(지암지암 - 쨈쨈)

　　　持 가질 지 - 보존하다, 보전하다, 유지하다, 지키다, 돕다, 믿다, 모시다, 바로잡다

　　　　　　십자가 마음(寸)을 흙(土)으로 된 육체에 붙잡고(扌) 가져야(持) 한다.

　　　闇 숨을 암 - 숨다, 어둡다, 희미하다, 어렴풋하다, 닫힌 문, 밤, 어두움

　　　　　　서야 할(立) 말씀(曰)이 마음의 문(門)에 가려 숨겨졌다(闇).

　　* 동작 : 두 손을 앞으로 내놓고 손가락을 쥐락펴락하는 동작

　　* 의미 : 십자가 마음을 가져 숨겨진 어둠을 몰아내라.

제5운 : 坤地坤地(곤지곤지)

　　　坤 땅 곤 - 땅, 왕후, 왕비, 서남쪽, 유순함

　　　　　　흙(土=몸)을 펼친(申=진리의 말씀을 펼치다, 거듭나다) 것이 땅(坤)이다.

　　　地 땅 지 - 대지, 장소, 노정, 육지, 국토, 처지, 바탕, 본래 성질, 신분, 분별, 살다

　　　　　　흙(土=몸)으로 이어진(也) 것이 땅(地)이다.

　　* 동작 : 오른 손 집게손가락으로 왼쪽 손바닥을 찍는 동작.

　　* 의미 : 진리의 말씀으로 거듭나라.

제6운 : 西摩西摩(서마서마 - 섬마섬마)

　　　西 서녘 서 - 서쪽으로 가다, 깃들이다, 옮기다

아담이 옮겨 간 곳에서 에덴동산(口) 제단(兀)이 있는 곳, 서(西)쪽을 향하다.

摩 갈 마 - 갈다, 문지르다, 연마하다, 쓰다듬다, 어루만지다, 소멸하다, 줄다,
　　　　　　닿다, 접근하다, 갈무리하다, 감추다, 고치다, 새롭게 하다, 헤아리다,
　　　　　　기분이 좋다.
　　　　　　손(手)으로 삼(麻=베옷=회개 의미)을 갈다(摩).

* 동작 : 어린이를 세우며 하는 동작
* 의미 : 회개하는 마음으로 하나님을 향해 서라.

제7운: 業非業非(업비업비 - 에비에비)

業 업 업 - 일, 업, 공적, 기초, 선악의 소행, 순서, 차례, 두려워하는 모양, 이미,
　　　　　　벌써, 시작하다, 창시하다, 잇다, 계승하다, 위태롭다, 불안하다, 높다
　　　　　　죄 짓고 달아난(业=北) 사람(人)이 하나님의 어린 양(羊)으로 하나님께
　　　　　　제사(예배)하는 것이 일(業)이다.

非 아닐 비 - 아니다, 그르다, 나쁘다, 등지다, 배반하다, 어긋나다, 벌하다, 비방하다,
　　　　　　나무라다, 헐뜯다, 없다, 원망하다, 숨다, 거짓, 허물, 잘못, 사악
　　　　　　인간들(++)이 죄를 짓고 달아나며(北) 하나님을 비방했다(非).

* 동작 : 눈을 크게 뜨고 주의하라고 하는 동작을 취함
* 의미 : 죄짓지 말고 예배하라.

제8운 : 亞合亞合(아합아합 - 아압아압)

亞(亜) 버금 아 - 버금, 무리, 아귀, 곱사등이, 다음 가는 자리, 회칠하다, 뒤떨어지다
　　　　　　사탄이 하나님(一)을 배반하고(业=北) 하나님의 십자가 사랑을 흉내내
　　　　　　버금가려(亜=亞) 하다.

合 합할 합 - 합하다, 모으다, 맞다, 대답하다, 만나다, 적합하다, 짝, 마을, 싸우다
　　　　　　인간(人)은 하나님(一) 말씀(口)과 합하여야(合) 한다.

* 동작 : 아가 입에 손바닥을 대고 아가 입을 막았다 뗐다 하며 "아~"하고 소리 냄.
* 의미 : 흉내만 내지 말고 하나님 말씀과 합해라.

제9운 : 作作弓作作弓(작작궁 작작궁 - 짝짝궁 짝짝궁)

作 지을 작 - 짓다, 만들다, 창작하다, 일하다, 행하다, 부리다, 일어나다, 이르다,
　　　　　　비롯하다, 임명하다, 닮다, 농사, 일, 작품
　　　　　　하나님은 사람(亻)을 잠깐(乍) 사이에 지으신다(作).

弓 활 궁 - 활, 궁술, 활의 길이, 활 모양, 여덟 자, 길이 단위, 구부정하게 하다
　　　　　　죄 때문에 영(丿)이 빠져나가 몸(弓)이 죽어 활(弓)처럼 구부정해졌다.

* 동작 : 두 손바닥을 마주치며 소리 내는 동작
* 의미 : 하나님이 구부러진 몸을 새롭게 지으신다.

제10훈 : 地羅呵備 活活議(지라가비 활활의-질라아비 월월의)

地 땅 지 - 몸
羅 벌릴 라 - <u>벌리다</u>
呵 꾸짖을 가 - <u>웃다</u>, 꾸짖다, 불다
備 갖출 비 - 갖추다, <u>준비하다</u>
活 살 활 - 소생, <u>생기</u>, 생존, 살다
議 의논할 의 - 꾀하다, 계획을 세우다, 강론하다, <u>의논하다</u>
* 동작 : 나팔을 불며 춤추는 동작
* 의미 : 몸을 벌려 웃고 서로 의논하며 생기 있게 살 준비를 하라.

과외 : 覺躬(각궁-깍꿍)

覺 깨달을 각 - 깨닫다, 깨우치다, 드러내다, 밝히다, 나타나다, 터득하다, 높고
크다, 깨달음, 선각자, 견주다
모든 것을 보시는(見) 하나님이 은혜로 덮을(冖) 때, 비로소 허물(爻)
이 없어지는(爻) 것을 <u>깨닫는다(覺)</u>.

躬 몸 궁 - 몸, 신체, 자기, 자신, 활, 몸소, 스스로, 직접, 스스로 하다, 굽히다
죄 때문에 몸(身)이 활(弓)처럼 <u>구부러졌다.</u>
* 동작 : 아이의 눈을 향해 두 손으로 손뼉을 한 번 쳐 아이를 살짝 놀라게 한다.
* 의미 : 자신이 구원받아야 할 죄인임을 깨달아라.

<참고> 불아불아, 이상교 지음, 언어세상 / 네이버 지식백과, 단동십훈, 문화콘텐츠닷컴(문화원형 용어사전), 2012.

기적의 복음한자 학습요령

1. 지면 맨 위 〈복음한자 맵〉을 눈을 감고 마음에 연상하며 순서대로 쓴다.

2. 〈복음한자 맵〉 순서대로 각 한자의 파자(派字) 구성과 뜻음을 확인하며 쓴다.

3. 파자(派字)된 한자를 근거로 스토리텔링하며 본래 한자를 써 구성해 본다.

4. 번호순서대로 점과 획을 더하며 통으로 써 본다.

5. 〈복음한자 알파벳〉-〈1단계 복음한자〉-〈2단계 복음한자〉-〈3단계 복음한자〉
   순으로 한자를 읽힌다.

기적의 복음한자 특징

1. 한자를 성경 속에 흐르는 복음의 관점으로 해석하였다.
   지사문자, 상형문자, 회의문자 중심으로 구성하였다.

2. 한자를 쉽게 배우도록 점과 획을 더하며 구성하였다.
   단순한 한자에서 복잡한 한자로 구성하였다.

3. 한자를 쉽게 많이 외우도록 연상법을 활용하였다.
   낱글자(한 자씩 따로따로)가 아닌 통글자(여러 자를 한 꺼번에) 외우도록
   구성하였다.

4. 〈복음한자 맵〉 박스 안 앞 한자에 관련 일련번호를 제시하여 연관된 확장
   한자를 더 많이 외울 수 있게 하였다.

5. 한자를 오래 기억하도록 분해하여 스토리텔링으로 설명하였다.

6. 한자의 어휘력이 확장되도록 여러 뜻을 소개하였다.

7. 회의문자(651자) 중심 복음한자를 제시하여 형성문자, 가차문자,
   전주문자로의 응용 확장성의 기초를 마련하였다.

기정의 복음한자

2020년	6월 1일 초판 1쇄 발행
지은이	서재현
발행처	선교횃불
등록일	1999년 9월 21일 제54호
등록주소	서울시 송파구 백제고분로 27길 12(삼전동)
전 화	(02) 2203-2739
팩 스	(02) 2203-2738
이메일	ccm2you@gmail.com
홈페이지	www.ccm2u.com